余英時文集——05

中國近世宗教倫理與商人精神（增訂版）

余英時——著

余英時文集編輯序言

聯經出版公司編輯部

余英時先生是當代最重要的中國史學者，也是對於華人世界思想與文化影響深遠的知識人。

余先生一生著作無數，研究範圍縱横三千年中國思想與文化史，對中國史學研究有極為開創性的貢獻，作品每每別開生面，引發廣泛的迴響與討論。除了學術論著外，他更撰寫大量文章，針對當代政治、社會與文化議題發表意見。

一九七六年九月，聯經出版了余先生的《歷史與思想》，這是余先生在台灣出版的第一本著作，也開啟了余先生與聯經此後深厚的關係。往後四十多年間，從《歷史與思想》到他的最後一本學術專書《論天人之際》，余先生在聯經一共出版了十二部作品。

余先生過世之後，聯經開始著手規劃「余英時文集」出版事宜，將余先生過去在台灣尚未集結出版的文章，編成十六種書目，再加上原本的十二部作品，總計共二十八種，總字數超過四百五十萬字。這個數字展現了余先生旺盛的創作力，從中也可看見余先生一生思想發展的軌跡，以及他開闊的視野、精深的學問，與多面向的關懷。

文集中的書目分為四大類。第一類是余先生的**學術論著**，除了過去在聯經出版的十二部作品外，此次新增兩冊《中國歷史研究的反思》古代史篇與現代史篇，收錄了余先生尚未集結出版之單篇論文，包括不同時期發表之中英文文章，以及應邀為辛亥革命、戊戌變法、五四運動等重要歷史議題撰寫的反思或訪談。《我的治學經驗》則是余先生畢生讀書、治學的經驗談。

其次，則是余先生的**社會關懷**，包括他多年來撰寫的時事評論（《時論集》），以及他擔任自由亞洲電台評論員期間，對於華人世界政治局勢所做的評析（《政論集》）。其中，他針對當代中國的政治及其領導人多有鍼砭，對於香港與台灣的情勢以及民主政治的未來，也提出其觀察與見解。

余先生除了是位知識淵博的學者，同時也是位溫暖而慷慨的友人和長者。文集中也反映余先生**生活交遊**的一面。如《書信選》與《詩存》呈現余先生與師長、友朋的魚雁往返、詩文唱和，從中既展現了他的人格本色，也可看出其思想脈絡。《序文集》是他應各方請託而完成的作品，《雜文集》則蒐羅不少余先生為同輩學人撰寫的追憶文章，也記錄他與文化和出版界的交往。

文集的另一重點，是收錄了余先生二十多歲，居住於**香港期間**的著作，包括六冊專書，以及發表於報章雜誌上的各類文章（《香港時代文集》）。這七冊文集的寫作年代集中於一九五〇年代前半，見證了一位自由主義者的青年時代，也是余先生一生澎湃思想的起點。

本次文集的編輯過程，獲得許多專家學者的協助，其中，中央研究院王汎森院士與中央警察大學李顯裕教授，分別提供手中蒐集的大量相關資料，為文集的成形奠定重要基礎。

最後，本次文集的出版，要特別感謝余夫人陳淑平女士的支持，她並慨然捐出余先生所有在聯經出版著作的版稅，委由聯經成立「余英時人文著作出版獎助基金」，用於獎助出版人文領域之學術論著，代表了余英時、陳淑平夫婦期勉下一代學人的美意，也期待能夠延續余先生對於人文學術研究的偉大貢獻。

清華文史講座緣起

清華大學在民國七十三年秋創設一個新的學院，稱之為人文社會學院。這個學院的創立雖不敢說是要繼承北平時代清華人文學術的光榮傳統，但是其目標仍在拓展人文學與社會科學的研究領域，使清華恢復成為一個完備綜合大學的理想。三年來，清華在人文學領域一方面已設有中國語文、外國語文、歷史、語言學等系所，不久將來亦擬設立文學研究所，在文史方面之科系可說已略有規模，而教學與研究亦齊頭並進，相輔發展。

清華校方對人文社會學術風氣之提倡亦不遺餘力，首先於七十四年六月全校畢業典禮中，邀請余英時院士蒞校作特別演講，其後每學期均提出相當經費，配合國家科學委員會之資助，供各文史系所邀約極負聲望的學者來校擔任講座，發表系列演講。擔任講座的諸先生，對清華特別厚愛，不是携講稿來校，就是事後整理成篇，願供清華出版為文史講座，此一雅意，對清華人文社會學院師生是一個很大的鼓勵，我們自然不可能做到真如英時先生期望歷史所同學「學際天人，才兼文史」的境界，但是總希望藉他們提示的經驗與方向，為學術拓展一個新園區。

歷史研究所杜正勝所長為這一講座的策劃最費心力，又經他的接洽，聯經出版公司劉國瑞總經理慨允刊行這一叢刊，謹向他們表示謝意；同時也要再次對過去以及將來支持這一講座出版的學者，敬致謝忱。

李亦園

民國七十五年歲末
寫於新竹清華園

目錄

原商賈——余著〔中國近世宗教倫理與商人精神〕序

楊聯陞

余英時教授要我爲他這本新書作序，誼不容辭。我讀了原稿，寫信說「雖是大題，而有綜合，有推論，有新證，可爲得意之筆。」換句話說，義理、考據、詞章，都有出色之處。我們相知三十年，絕非「戲臺裏喝采」。

近二三十年來，明清社會經濟史，已有不少收穫，研究仍在逐步深入中。所謂「資本主義萌芽」，曾引起不少討論，現在塵埃似已大致落定，急待新的構想指引。英時此書，貢獻正得其時。

寫序的人，自己也該有點貢獻。本書分上中下三篇，我的漫談主要集中在下篇的範圍之內。上篇論新禪宗、新道教，我有兩點可以補充。第一是「一日不作，一日不食」（本書頁二三—二六）的教條，「作」指何事，意義有無改變，實行至何程度，都值得探究，看元明留下的「百丈清規」，「作」可以是作務、工作、勞作，但也許不必限於體力。中篇論儒家「做事」和清教徒「工作」，都有社會分工的涵義，不專指體力勞動（頁七一—七二）。禪宗的「作」可能也是一樣。直歲之下有園頭、磨頭、莊主等職務輪擔，此外如唱衣、焰口、施食等法，可得襯錢，大約也可算爲「作」。第二點是英時根據陳援菴先生的研究，介紹了新道教的入世苦行，其中引了「無頭陀縛律之苦」一句話（頁二八），這使我想起金元時代有「糠禪」即頭陀宗，很值得重視。我多年來留心搜集有關這一宗的記載，最近讀到繆荃孫從〔永樂大典〕輯出的〔順天府志〕（北大重印），其中有若干糠禪資料，準備將來寫一短文。但是還希望能看到耶律楚材的老師萬松老人行秀的「糠禪賦」。耶律楚材反對糠、邱，邱即長春眞人。耶律斥邱，陳援菴先生論之已備，但糠禪則連他好像也未知其詳，「南宋初河北新道教考」（頁一一〇）說：「毗盧、糠禪、混元等教，亦盛於金元，今皆無考。」我猜想糠禪與佛道二教關係都不簡單。希望方家指教。

本書下篇論中國商人精神，主要論十六至十八世紀商人的自覺與自負，論證新穎，發人所未發。也有不少地方，引及〔史記〕「貨殖列傳」。我想從這裏試爲發揮。大體言之，英時的討論，只回到宋代。我的漫談感想多在上古，有些題目貫穿帝制時代，但只能點到爲止。假定有人要寫商人通史，也許可供參考。英時此書以思想史爲中心，我的漫談則迴旋於社會經濟史和思想史之間。如果允許我引藝術史上的佳話來作一種自我陶醉式的比喻，這也許可以算是石濤畫蘭竹，而王原祁或王石谷補坡石吧！

「原商」與「說儒」

上古日中為市，交易而退。那時恐怕還沒有專業的商人，有人推斷商人或已存在於部族之間。看〔春秋左傳〕的記載，如出名的鄭商弦高退秦師，即自稱為鄭國代表。談商人之起源，特別是商賈與殷商之商有無關係，有多少關係，是一個有趣味的問題。

日本前輩學人小島祐馬先生（西京法學部教授一八八一—一九六六）有「原商」一文頗有名。刊在〔東亞經濟研究〕廿週年紀念號（二〇卷第三號，一九三六年，頁一三三—一四四），後收入〔古代中國研究〕（一九六八），引用典籍「貿遷有物化居」與「肇牽車牛，遠服賈」證殷人本有經商傳統。（聯陞按，化居，化即貨，居謂居積，註者已多。遠服賈，聞一多先生連下文讀，以賈用為一詞，與詩「氓」賈用不讎之賈用同，解為價佣不售不酬，其說可喜）遺民在周代續有發展，同初分與魯、衞的殷民六族、殷民七族，看族名就可推定有技工專業者（聯陞按：或如日本古代技工專業之「部」小島先生必已想到），遺民在商業上以經計之長，亦演了重要角色。〔詩經〕之氓，即亡民，「氓之蚩蚩，抱布貿絲」是其例。（聯陞按：王毓銓以布為貨布）蚩蚩似指愚蠢（恐不確）。周代有些故事，如揠苗助長、守株待兎等，都譏笑宋人，而宋國定為殷後，似乎是征服者把被征服者拿來取笑，「宋人資章甫而適諸越，越人斷髮文身，無所用之」出賣故國異地的文物，眞是可悲而又虧本的生意（小島文末以比猶太人艱苦奮鬥。）

小島此文最重要的是〔左傳〕昭十六年子產替鄭商說話的一段：

> 昔我先君桓公，與商人皆出自周，庸次比耦以艾殺此地，斬之蓬蒿藜藋而共處之，世有盟誓以相信也，曰：爾無我叛，我無強賈，毋或匄奪，爾有利市寶賄，我勿與知。恃此盟誓，故能相保，以至於今。

此段確實重要。鄭先公與商人共同開發，保障公平交易與商市存貨的自由，見於盟誓。這在古代是不能再重的契約，因相信違約者必遭神譴。這一段極見商人之重要，也可推原商人之自出。

關於殷遺民，胡適先生的「說儒」，與傅斯年先生的「周東封與殷遺民」是兩篇非常重要的文章。同時在〔歷史語言研究所集刊〕四卷三期發表，時在一九三四年六月，據傅先生自記，此文大約寫於一九三〇年多或一九三一年春，請胡先生看過。胡文證儒者多出於殷遺民，以治喪相禮爲業。孔子家世由宋遷魯，本是殷人。殷士轉爲儒，由老子之柔懦轉爲儒家之剛毅。

傅文解〔論語〕「先進於禮樂，野人也」是殷民先進。分析齊、魯、宋、衞，都是殷遺民之國。引〔左傳〕定四年，成王周公分魯以殷民六族，衞以殷民七族。皆「啓以商政，疆以周索」解爲「雖取其統治權而仍其舊來禮俗。」自是史家通說。胡、傅兩先生的論題，各占地位。與小島「原商」文，時間相去不遠，都是討論殷遺民，似非互相影響，重要者沒有人說商賈都是殷人。

英時細心提醒我「說儒」文中提起徐中舒先生有商賈出於商人之假說，大意見於〔國學論叢〕

二卷七號，又爲我查出題目年月等（「從古書中推測之殷商民族」，一九二七年六月，頁一〇九至一一二）。徐引〔左〕昭十六年此段最早。近有楊向奎〔中國古代社會與古代思想〕發揮徐說，除引〔左傳〕、〔尚書〕外，還以殷墓發掘的自然貝、銅貝爲貝貨，又〔周禮〕鄭玄注「賈人知官物賈者」「賈人知物美惡也」爲證，又有推闡。（未提胡文，未供徐目）

「貨殖列傳」的三大賢

〔史記〕卷一百二十九「貨殖列傳」（有Nancy Lee Swann孫念禮，*Food and Money in Ancient China*〔漢書食貨志譯註〕，附，一九五〇）以陶朱（范蠡）、子貢（端木賜）、白圭三人起首，可稱爲三大賢，值得討論。

貨殖二字，見〔論語〕，孔子談到子貢，先以顏回之安貧守道爲比，然後說「賜不受命，而貨殖焉，億則屢中。」朱子說命是天命。錢賓四先生〔論語新解〕，分諸家之說爲二：一是祿命，其中應有貧富貴賤之天命，祿與爵可以相連，則〔左傳〕昭七年所謂「一命而僂，再命而傴，三命而俯」之命。〔詩〕「小星」「寔命不同」之命或亦同此（小星不必是侍妾）。另一解指出古代工商食官，子貢不代表官府而私自營業，是謂不受命。此說出於俞樾，劉寶楠〔正義〕引之。賓四先生贊同，我也附議。實則兩說皆可通。官商下節再討論。

子貢在仲尼弟子列傳有長傳。說「少孔子三十一歲（比顏淵還小一歲），利口巧辭」，孔子似頗喜愛這位小朋友，說他是瑚璉之器。以後一大段，田常欲作亂於齊，憚高、國、鮑、晏，故移其兵欲以伐魯。子貢得孔子允許，各處遊說，結果存魯、亂齊、破吳、強晉而霸越。子貢一使，使勢相破，十年之中，五國各有變。功蹟不小！子貢方才：喜揚人之美，不能匿人之過。

子貢好廢舉（賣出或囤積）與時轉貨貲，看記載他可能是賈而優則學，學而優則仕，爲魯相。朱注引程子的話，說子貢受教於孔子之後，就不再貨殖了。或即如此推定。也可見程朱對子貢是賢人而貨殖，心有未安，只好解說是前科。結駟連騎聘享諸侯在何時，就不必問了。

范蠡助越滅吳之後，變名易姓，之陶爲朱公。三致千金，再分散與貧親友，傳業與子孫，遂至萬萬。「故言富者皆稱陶朱公」，聯陞按，至今商店門聯仍多寫「經營不讓陶朱富，貨殖何妨子貢賢」，口氣大而有當，不知何時何人所作。

錢賓四先生〔先秦諸子繫年考辨〕體大思精，有破有立，對范蠡與白圭都有專論。先生對計然非人名而是范蠡著書，有長辨。對馬總〔意林〕所謂范子十二卷，以十證明其爲僞託。立場堅定。但我以爲輯佚之書，重要看所輯內容，有無價值，包括思想史之價值。如危微精一之說，雖出於晚出〔尙書〕，豈可不論。

賓四先生說「蓋〔史記〕所謂『計然七策，越用其五』者，計然乃范蠡爲越謀富強報吳復仇之書，故入之兵權謀。范蠡功成，又欲移其致富之術，試之私家，故〔史記〕摘其語於貨殖傳，後之造僞書者不辨，專以天時陰陽農事殖產爲說，故入農家。」按計然七策，〔漢書〕作十策，

七、十字近，此處以十為是[1]。蔡謨說范蠡用其半，五正是十之半。更重要者，十策可入兵權謀，其中若干應亦可用於商戰、財經，如〔管子〕「輕重」所論。蓋貨幣起源甚早，墨子已說「歲變糴則歲變刀（即刀幣）」子貢之廢著，正以物價有昇降，如今人買賣股票，必有漲落，只看是否「億則屢中」。農產依賴天時，歲穰飢水旱，今人尚不能完全控制，古人已說「物之理也」。政策由糶二十病農九十病末之發現，定為上不過八十，下不減三十，則農末俱利。「平糶齊物，關市不乏，國之利也」「財幣欲其行如流水」。都是可寶貴的經濟思想。至於「貴出如糞土，賤取如珠玉」亦如今日買股票，有人專選買新起之小公司。如大發展，即如珠玉。此等話可能引起「將欲取之必姑與之」等可以多方使用的計策。白圭說：「吾治生產，猶伊尹、呂尚之謀，孫吳用兵，商鞅行法是也。是故其智不足與權變，勇不足以決斷，仁不能以取予，彊不能有所守，雖欲學吾術，終不告之矣。」這裏有智慧、有精神、見解高、用途廣，令人難及！無怪「天下言治生祖白圭。」

賓四先生〔考辨〕之中，有「白圭考」，反對梁玉繩而主張白圭有兩人之說。但前人對白圭行事，傳說甚多，不易董理，信疑一時不易決定。如范蠡是否陶朱，賓四先生致疑，我則主張暫時保存，留為佳話（好故事，宋代「說話人」之「話」。）如「陶為天下之中」賓四先生以地理

---

1 七與十之誤，可校正者，如〔管子〕「山權數」（三權數?）「高田十石，間田五石，庸田三石。」十應作七，七、五、三是級數。

證其言不在范蠡時，似尚可疑。陶之地望，「貨殖列傳」：「夫自鴻溝以東，芒碭以北，屬巨野，此梁、宋也。陶、睢陽，亦一都會也。」徐廣云：「今之定陶」。范蠡時，此地發展如何，難以懸斷。如是大都市，又在天下之中，可能發掘出有匋字之貨幣，或兼有刀幣、布幣，最好，至少這是一條取證的線索。

如賓四先生所考，白圭似曾在魏爲相，而且在孟子遊梁（魏都）之前，他自稱「丹（梁玉繩說：『丹名，圭字。』賓四先生亦謂丹殆卽白圭名）之行水也愈於禹」（韓子）「喻老」：「白圭之行堤，塞其穴，無水難。」丹大言治水，似非空話。（史記）「六國表」「梁惠王二十七年丹封名會，丹，魏大臣也。」梁玉繩以爲名會乃於澮之訛，澮爲魏地。其說可喜。但如改會爲澮而解爲畎澮，或由行水而得之地，「名」解爲名有，卽名田之名，似亦可通。

白圭曾主張二十而取一（卽百分之五）的稅制，孟子罵他是貉道，卽野蠻人的辦法。太輕了。又提到大貉小貉，與大桀小桀，桀是暴君，取民太重。孟子贊成什一。稅制是很複雜的問題，論賦役，沒有兵役、力役，稅有粟、米、布、帛等物資之征，有的以貨幣計，有的折算（役也可以折），還有附加稅等，唐代租庸調制，計算已精，後來改爲兩稅，才有杜佑（通典）那一篇細帳，還是難算幾分取幾。若漢之算緡錢，及後來貨物稅等商稅，計算分數則較爲容易，也有不少資料。

古人計算多用分數，「貪賈三之，良賈五之」（本書頁一五三）我想以「三之」是一年利潤爲本錢三分之一，「五之」則爲五分之一。卽是什二，最爲通順。作爲周轉次數之說，日本有宮崎市定先生，中國有石聲漢先生（〔齊民要術今釋〕第三分册頁四四一）。我想他們兩位互不相知。不過要假定每次輪轉所投之資爲同一數量，不計複利，「五之」才能得到「歲息萬二千」之利息或利潤，稍嫌費解。劉奉世的解釋最通，但他認定爲子貸取息，稍嫌固執，利息利潤之率本可通論，西文所謂 rates of returns 是也。二十而取之，顯然是輕稅，魯哀公對孔子說：「二吾猶不足」是已有什二之稅，相差甚多。法令計算度量衡，二十分之一往往是一大關，値得注意。如睡虎地秦簡「效律」「衡石不正，十六兩以上貲官嗇夫一甲」，石是一二〇斤一九二〇兩，即誤差二十分之一以上。「斗不正，半升以上，貲一甲」誤差二十分之一；「升不正，廿分升一以上」更說明是二十分之一了。

「貨殖列傳」提到的論述，除計然有書之外，似多以口語相傳，如引用的「無財作力，少有鬥智，既饒爭時」「本富爲上，末富次之，姦富最下」（注意姦與巧有別）「用貧求富，農不如工，工不如商，刺繡文不如倚市門。」用貧求富等語，〔齊民要術〕「貨殖第六十二」引作諺語。史公記「魯人俗儉嗇而曹邴氏尤甚，以鐵冶起，富至巨萬，然家自父兄子孫約，「俛有拾，仰有取」此家約簡明，亦爲〔齊民要術〕所引。又宣曲（在關內）任氏在秦敗時，不爭取金玉而獨窖倉粟，以此起富。富人爭奢侈而任氏折節爲儉。力田畜，田畜人爭取賤賈（價），任氏獨取貴善。」（妙在不爭）富者數世。然任公家約，非田畜所出弗衣食，公事不畢，則身不得飲酒食肉。以此爲閭里率。此條家約，重自律，重公事，即事業之公事，甚可注意。當時已有影響。不爭而能得時，不戰而勝，自是高妙，白圭「趣時若猛獸鷙鳥之發。」爭取時機。時會有一縱即逝者，仍在人之把握。

中國歷史中商人之角色（上）

此題包括：1.什麽是商人的角色。2.商人除自己的角色之外，還演了些什麽角色，3.什麽人演商人的角色。問題複雜，只能略作分析，擧幾個實例，請讀者自作評斷或引伸。

大致言之，商人除了自己營業，還可以爲皇帝、貴族、官僚營業，或代辦，或專任，辦事即是服務。其中有官私難分之處。從皇帝下至臣僚，都可作爲公，作爲官。皇帝稱爲「官家」。理論上皇帝的財庫（漢之少府，地方官也有少府）與政府的財庫（大司農所管）有分別。日本加藤繁先生，中國經濟史大家，有專文討論。我在評孫念禮博士譯注的書評中，也有討論，引清代戶部與內務府爲例。（海關監督，西人稱 Hoppo，有人說是戶部之譯音，有人說是河泊所之河泊變來。海關主管與織造相似，都是主子的親信。收入與沒入，大致都歸皇帝。）帝制時代，自然是從政府庫向皇帝庫撥款時多。貴族官僚與商人勾結，屢見不鮮。理論上在上者不可與下民爭利，實情相反。商人可能由配角升爲主角。出了問題，一個罵奸商，一個罵贓官，各有道理。平情而論，歷史中頗有勤政愛民的循吏，也有公買公賣的安良商賈，尤其是義擧、善擧的貢獻，突出傳統倫理道德的作用。英時教授此書，著重近代商人精神，確有貢獻！

古代工商皆屬官。齊「國」分（即都城與近郊）二十一鄉，工商之鄉六。工商可能在一處，或近處，便於營業。將來考古發掘，或可證明。左定八年傳：「苟衞國有難，工商未嘗不爲患，使皆行而復可。」杜正勝〔周代城邦〕解爲工商共赴國難（頁一三一至三）是對的。日本竹添光鴻（〔左傳會箋〕）也如此說。「工商食官」之食，可能指稟食。管子說「賈而不爲官賈，工而不爲官工」，「與工而不與分」大約是說記功而不予稟食或衣食（〔管子〕「乘馬」）。古代工商屬官，俞樾有大段發明：

> 古者商賈皆官主之。故〔呂氏春秋〕「上農篇」曰：凡民自七尺以上，屬諸三官：農攻粟、工攻器、賈攻貨。以〔周禮〕考之，貨賄掌於官，度量純制掌於官，貨賄之璽節掌於官。下至春秋之世，晉則絳之富商，韋藩木楗，以過於朝。鄭則商人之一環必以告君大夫。蓋猶皆受命於官也。若夫不受命於官而自以財市賤鬻貴，逐什一之利，是謂不受命而貨殖。〔管子〕「乘馬篇」曰：賈知賈之貴賤，日至於市，而不為官賈，此其濫觴與！蓋不屬於官卽不得列於太宰之九職，故不曰商賈，而曰貨殖。子貢以聖門高弟，亦復為之，陶朱、白圭之徒由此起也。太史公以貨殖立傳，而首列子貢，有開必先，在子貢固不得而辭也。（〔羣經平議〕）

劉寶楠〔論語正義〕引俞說，以爲近理。但又說：「古者四民各習其業，未有兼爲之者，凡有所業，以爲命所受如此也。」漢有二業之禁，副業是否二業，尚可研究。

士農工商，四民分業。對於商之角色，〔管子〕（「小匡」）有詳細的說明：（簡單說是「通財鬻貨爲商」，見〔漢書〕「食貨志」）「今夫商，羣萃而州處。觀凶飢、審國變。察其四時而監（監，視也）其鄉之貨。以知其市之賈（價）。負任擔荷，服牛軺馬，以周四方。料多少，計貴賤。以其所有，易其所無，買賤鬻貴。是以羽旄不求而至，竹箭有餘於國，奇怪時來，珍異物聚。……商之子常爲商。」父兄敎育子弟，四民各傳其世業，中外各有父子傳業者，也有兒子嫌父親太高明不可及，自己獨立入他業者。常爲商，常字不可拘泥。世業自然有之。這一段動詞有「觀、審、察、知、料、計」等字，都是觀察、計算等知識信息方面的操作，不只是體力勞動，大可注意。商可列於四民之中，同爲「石民」（〔管子〕「小匡」），即柱石之民。正在於此。

我加入信息二字，想到孟子講壟斷「以左右望（得了信息）而罔（網）市利」的賤丈夫，征商自他爲始。後來劉晏主持財政，注重信息，政府大得其利。「旣饒爭時」是貨殖家的高論。供求不全操縱在己之時，仍然要爭。〔淮南子〕卷一說：「得在時，不在爭」還承認「時」（時機、時會）之重要。〔管子〕有「失時」一小段，說：「時之處事精矣，不可藏而舍也。故曰：今日不爲明日亡貨。昔之日，已往而不來矣。」時不是財貨，不可藏而舍。即不可囤積。「富於春秋」貴在善用。「今日不爲，明日無貨」確解不詳，望文生義，是今天不作事，明天不會有錢。上文有「不道之以事，而民不爲，與之分財，則民知得正矣」可證。也可解作今天不用（利用），明天未必有錢給你用（如通貨膨脹之類，可減幣值。）主張「財幣欲其行如流水」者，可能注意到此。

以下想把〔漢書〕「食貨志」裏關於商人的記載，略作討論。先從禹貢之貢說起。任土作貢，「遠近各因所生，賦入貢棐（篚也）。」貢是人民對主上，特別是皇帝的責任。不限於「夏后氏五十而貢」的農業（日本農民對地主納租，仍有「年貢」一詞）。各地的土產、特產都應該貢，項目、種類見於政書，如〔通典〕及正史地理志、方志等。由地方官徵取貢上；或政府派專人收買、坐辦、給價不給價都是人民負擔。商人爲政府或皇帝服務時，即是官商、官買，採辦運輸，都可有責任。貢之意義，不限於貢物，人也在內。科舉制度，重在貢士，舉人進士，舉、進都是貢與皇帝。明清有貢生（生指生員），有五種之多。何炳棣教授〔明清社會史論〕（*The Ladder of Success in Imperial China; Aspects of Social Mobility, 1368-1911,* 1962）有討論。〔學政全書〕等處有資料。元明有貢吏，明有所謂農吏，似以矯正元代以吏爲治之弊。（〔明會典〕有資料）但效果有限。地方吏（特以書吏爲多）中央吏雖已有人研究，仍有餘蘊。我是多年前房兆楹教授提醒的。

「漢志」提到秦始皇發閭左之戍，可證商人地位已低。注引應劭曰：「秦時以適（謫）發之，名適戍。先發吏有過，及贅壻、賈人。後以嘗有市籍者發，又後以大父母、父母嘗有市籍者。戍者曹輩盡，復入閭取其左發之。未及取右而秦亡。」贅壻可能與「生分」有關，下文再論。閭是里門。秦似尚右，先取較賤之閭左。漢也有「七科謫」之說。商人不能買「復」的，要服兵役。傳統思想，不論儒法，都以豪強兼幷（或幷兼）爲害。〔管子〕「輕重」，政府斂散以時，要地方按家數藏穀、藏錢（注家說：人君所藏以贍民者），則「大賈畜家，不得豪奪吾民矣。」大賈豪畜常是政府整治的目標。可能是統治者眼紅，兼自利。不過，眞愛民而以民爲民之人君也有，不應一概抹殺。

漢初「天下已平，高祖乃令賈人不得衣絲乘車，重租稅以困辱之。孝惠高后時，爲天下初定，復弛商賈之律，然市井子孫，亦不得宦爲吏。」不同階級的生活方式，有法令規定，歷代都有。瞿同祖教授〔中國法律與中國社會〕有專章討論，徵引甚廣（當然尚可補充）。所論包括飲食、衣飾、房舍、輿馬。不但講個人而且論家屬。早的如〔管子〕立政「百工商賈不得服長鬈貂。」近如明代穿靴大有限制。商人在不許穿靴之列。手邊有 C. R. Boxer, *South China in the Sixteenth Century* (1953)，作者是倫敦大學葡文教授。頁二六〇有插圖，商人夫婦，是一五九〇年附近馬尼拉的圖繪，上題「常來」Sangley，我疑心是「生理」之誤，但亦可能與商人稱爲「常賣」有關（見米芾〔畫史〕及〔夢粱錄〕等書。）

商人戴高（毡）帽，衣衫分兩截，下截有摺。蓋脚皮或布鞋（或所謂皮札翰，只蓋脚面，決不是靴）持摺扇，頗樸素。商婦有釵、髻，有衫、裙，稍覺華貴。可能在南洋限制不嚴。不過此時西、葡、荷等國都已東來，華僑命運轉惡，有幾次大受屠殺。一次大屠殺在呂宋，華僑受萬曆帝好貨之累，有人說呂宋有機易山出銀，可採。皇帝相信，派宦官帶人來查考，是礦監、稅監報效中之一事，引起當地殖民主管疑忌，大屠華僑。

商人被屠，不限於海外，明末移到關外的所謂遼人。卽屢受努爾哈赤（太祖）之殺戮。葉夢珠〔閱世編〕（上海掌故叢書）說：

> 太祖果於殺戮，凡殺遼人十次。初殺貧人，後殺富人、惡人（卽識字者），名目不一。有一次殺不畜雞犬者，云：家無六畜，其意在逃也。遼人百僅存一。太宗立，卽加撫

> 恤，遂得其用。今人但見遼人建牙佩印，薰灼炫目，比於南陽貴人，而不知其老者皆鋒鍔之餘，少者皆死亡之孤也。
>
> 福建學道范君自言，在遼為「買賣人」。一日，忽被綁去，不知所謂。其叔尤之曰：若（你）平日慣好着靴帽，今取死矣。忽大人本行頭（人名，似譯者）來點閱。驅其叔及同巷數人，俱被殺。范獨得留，亦不知其由也。（下略）

買賣人一詞，今日仍常用。「生理」明清多用，生活（作人家）亦常用。「着靴帽」非商人所宜。所以說「取死」。〔東京夢華錄〕說：「其士農工商諸行百戶衣裝，各有本色，不敢越外」以香鋪裹（？）香人，質庫掌事爲例。〔夢粱錄〕略同，但增「街市買賣人，各有服色頭巾，各可辨認是何名目人。」又說：「自淳祐年來，衣冠更易，有一等晚年後生，不體舊規，裹奇巾異服，三五爲羣，鬥美誇麗」頗似近代城市。

中國歷史中商人之角色（下）

漢代商人從政，對國策有重要影響的，應推武帝時的東郭咸陽、孔僅、桑弘羊三人。同時在位執掌財權，實行與商人企業家爭利的決策，很值得注意。東郭業鹽、孔業鐵，都以大農令鄭當時的舉薦，任大農丞，分掌鹽鐵。官營專利，古稱爲「榷」或「斡、筦（管）」。當時酒也有榷（茶酒在宋代特別重要）。桑弘羊是洛陽賈人子，十三爲侍中，受武帝特賞，以少年參加財經智囊團，歷任要職。孔僅任大農令，他任大農丞。在昭帝召開鹽鐵會議時（西元前八一年），他以御史大夫即副丞相代表政府，與賢良文學討論鹽、鐵、酒榷、均輸等問題，舌戰羣儒。在桓寬傳下來的〔鹽鐵論〕中，他是主角。書裏反映了不少思想與歷史狀況的資料。

深入研究〔鹽鐵論〕要避免一刀切。農商對立，儒法鬥爭，都是過於簡化的交代。桑大夫自稱「結髮束脩」，他受過傳統士人的訓練。所讀之書，絕不限於管、商、申、韓，〔鹽鐵論〕第一篇他就引了〔易經〕：「通其變，使民不倦。」後來又引春秋之法「君親無將，將而必誅」（〔公羊傳〕）文學引〔詩〕：「百室盈止，婦子寧止」大夫也引「百室盈止，婦子寧止」針鋒相對。

賢良文學也有準備，對於要反對的幾點，都有說詞，對農具官造官賣的弊害，尤爲痛切。此外還提到假田，即以公田假於人民，可能是開荒，如〔九章算術〕中的問題第一年稅三錢，第二年稅二錢，第三年稅一錢。如此輕稅必是鼓勵三年連作才有成效。再依照應劭注爲「北假田官」地名新秦中，頗有大舉開邊殖民的意味，賢良文學對此類政策是反對的。

武帝開邊，近於〔管子〕三滿中之武滿，引起財政赤字，確是問題。桑大夫以鹽鐵均輸等補救（同時已有楊可告緡，卜式輸財等）自有道理。鹽鐵論議，給賢良文學六十餘人論辨的機會，可見政府相當開明。結末時，大夫說：「諾！膠車倏逢雨，請與諸生解」（五十九篇末）頗有風趣，奏請「且罷郡、國榷沽、關內鐵官」，奏可。政府作了有限度的讓步。此話記在第四十一篇之末。姚鼐說：「四十二篇以下，乃異日御史大夫復與文學所論。」想是對的。

〔鹽鐵論〕有大半英譯（Esson N. Gale, *Discourses on Salt and Iron*, 1931）。Gale曾在鹽務任職，後在加州大學（柏克萊）任講師，自序承認得力於林同濟碩士（當時任助教）與卜弼德（Peter A. Boodbery）博士（後任教授）。譯註第一至第十九篇成書。後來林、卜兩位又譯註二十至二十八篇，在 *Journal of the North China Branch of the Royal Asiatic Society*, Vol. 65（1934）發表，臺灣成文出版社一九七三年合爲一册，很便利。

我曾在日本京都大學講讀〔鹽鐵論〕，時在一九六二年四至六月，是所謂集中講義，兼用中、日、英文，日文多蒙佐伯富教授指教。講時他與寺田隆信助手（今任東北大學教授），每次都出席，此外常來聽的有十幾位，如梅原郁、礪波護、佐竹靖彥等，多數已成教授了。

回美路上，在陳世驤教授席上遇見卜弼德教授，我勸他續譯，他說太忙，讓我做，我敬辭說不敢續貂。一九七七年春季，我在哈佛開〔鹽鐵論〕講讀，只有三五位聽衆，譯註三十八（「備胡」）及四十二至四十五篇。最難的（第二十九）「散不足」（應作「羨不足」）藍德士（Mark W. Landes）博士從外雙溪故宮博物院寄來他的譯註。他是加大出身，很有功力。我與他曾通信討論（末一次是一九七七年六月九日）。希望他能單獨發表。

桑弘羊確是一位傑出的理財家。後世往往以唐之劉晏相比，稱爲桑劉，可惜的是兩位都在政爭中失勢喪命。在武帝時，桑與孔僅、東郭三人同掌計權，打破了「市井之人不得仕宦爲吏」（吏指大官）的舊令。又爲推行鹽鐵、平準、均輸，在全國各地任用了不少賈人。這個局面，在王莽時又有重演。論政策，桑弘羊對平準、均輸貢獻爲多。此後，宣帝時，大司農中丞耿壽昌對漕運有貢獻，在邊郡置常平倉，「民便之」。史稱耿「善爲算，能商功利」可能有商學而不是商人。論政策，則王莽六筦五均之中，又根據新發現的〔周官〕（〔周禮〕）增加了賒貸，是政府貸款與人民。賒爲救急，不取利息，貸爲生產、取息。與當時的高利貸相比，可算德政。只是與後來王安石的青苗法相似，美意也能害民。（唐代的青苗錢只是一種田畝附加稅，不可與安石新法相混）。

王莽的新政，規模弘大。六筦五均，也用了不少賈人，〔漢書〕「食貨志」說：「羲和（相當於計相）置命士，督五均六斡，郡有數人皆用富賈。洛陽薛子仲、張長叔（督？）臨菑姓偉等（洪亮吉曰：三人皆見「貨殖傳」）乘傳求利，交錯天下」又有「王孫卿以財養士，與雄桀交，王莽以爲京司市師，漢司東市令也。」班固說：「（莽）欲法武帝，然不能得其利」，〔史〕、〔漢〕對貨殖議論不同，胡適之先生早已指出（見〔胡適論學近著〕中「司馬遷爲商人辯護」一文）。

〔漢書〕「食貨志」記成哀間成都羅裒，已有人注意。他是長安巴蜀間的大賈。其事可連註討論。「初，裒賈京師，隨身數十百萬（師古曰：言其自有數十萬且至百萬）（數十而不及百，是古漢語法。數百千人，數千萬頃，同例）爲平陵石氏持錢（顧炎武云：猶今人言掌財也。）」顧炎武注意生理，傳說他與錢莊銀號之興起有關，尚待證實。洪亮吉很注意趙翼或趙之友人如李保泰可能營運生財，杜維運近著〔趙翼傳〕供有線索。致富一節頁二五九—二六一引洪、趙詩，洪詩：「廣陵絳帳設五年，秦賈越商皆列侍。……我言十萬信不虛，質庫況亦盈吳趨」。趙輓李保泰「喜聞質庫開闤闠，更買商閎俯麗譙」喜聞是喜而不妒。質庫自十八九世紀大興。一位明清史專家告訴我，就他所知，沒有一縣的質庫與縣太爺沒有連繫的。志又說：「石氏訾次如、苴（如氏、苴氏，皆饒財），親信，厚資遺之，令往來巴蜀，數年間致千餘萬。裒舉其半（聯陞按：此是分帳）賂遺曲陽定陵侯（師古曰：謂王根、淳于長也），依其權力，賒貸郡國，人莫敢負（錢大昭曰：此谷永所謂爲人起賣，分利受謝是也）。」方式與後漢初「富商大賈，多放錢貨，中家子弟爲之保役，趨走與臣僕等勤，收稅與封君比入」（「桓譚傳」）非常相似。羅裒早年已是中賈，到長安與大賈石氏合夥，爲他持錢掌財。往來巴蜀，又利用小賈幫他增殖，終至鉅萬。是一個「夥計」成功的實例。

市籍二字，值得推敲。范文瀾〔中國通史簡編〕有幾處說「有市籍地主」、「無市籍地主」、「有市籍豪強」、「無市籍豪強」，認爲雙方「一向存在着矛盾」（一九五七年修訂本第二編頁九五及四八、七三、七六、七七、九三）似乎過分強調市籍。以常識推定，秦漢至唐末都市中之市場有定區。西漢長安九市，六市在道西（大約依五行西方爲金之故。蜀漢成都水城在西，市在其中，見左思「蜀都賦」，北魏〔洛陽伽藍記〕詳記城西之市里（此書已有 W. J. F. Jenner,〔1981〕，與王伊同分別英譯），三市在道東，九市開場，貨別隧分，其中居廛列肆之人，自應爲籍之對象，以收市租，出入市之人，或亦登記以便檢查。籍有一要義，即是登記，過關門不止登記，而且要證明文件，符傳過所之類。英時有〔漢代中外經濟交通〕(*Trade and Expansion in Han China*, 1967) 一書有討論，很重要。

貨殖營運，不必是本人，顯貴要避免「食祿之家不與下民爭利」之譏，大可委之可靠的奴僕。歷史中賈事聽此奴，聽此僕之例甚多。不合法的販鬻，發覺便於委罪。此外，漢代人頭稅（算賦），奴婢加倍，商賈加倍。奴婢商賈合一，未必就加二倍，這個漏洞是否存在，值得注意。有商業行為者不必業商賈，業商賈者不必有市籍。論者要分析。

西漢王褒「僮約」，描述奴隸對主人的各種服役，包括服賈遠行。「僮約」有韋慕庭（Martin Wilbur）英文譯註（一九四三），宇都宮清吉日文譯註（一九五五）。英時〔漢代中外經濟交通〕書中都已利用。參考書西文部分（包括俄、德、法、英文）著者有近九十人之多。西方漢學家只有嘆服。提到的市有軍市、胡市、關市、私市、亭市、外市。關於南北朝的市，〔隋書〕「食貨志」有一條要改，「淮北有大市百餘，小市十餘所」不合理。應依〔通典〕作「淮北有大市，自餘小市十餘所」方妥。大市所在待考。〔清華學報〕（一九三七）有小文「中唐以後稅制與南朝稅制之關係」，引「隋志」未改。陶希聖師與武仙卿合著〔南北朝經濟史〕（一九三七）已改從〔通典〕。呂思勉先生〔兩晉南北朝史〕（一九四八）引「隋志」未改。我評白樂日譯註「隋志」時，指出改正。此評收入〔漢學論評集〕。〔清華學報〕小文被收入〔中國經濟發展史論集〕（一九八〇），事先未得通知，不能改正，深以為歉。此文是大學時代習作（論文之一章），似不必選。此外入選的「傳統中國政府對城市商人之關係」，比較成熟，尚可參考。

商人對一般財政，特別是官俸，有所貢獻。地方財政細節，可讀沈榜〔宛署雜記〕。中古北魏初百官無祿，依賴商人，大概出於營運，可能包括胡商。後來增賦頒祿，才罷簡商人。唐之公廨錢，爲官署食料，有「基金」（有新資料）由商人（包括捉錢戶）營運，遼之云爲戶（云爲卽營運），宋之公使錢、公用錢都有資料，清代發商生息，亦是此類。古之辦差，卽今所謂服務，說穿了大抵是「當鋪的招牌」——（歇後語）「兩盆」。至於元代斡脫（卽商團）與海商，常與皇室親貴服務，規模更大，一般士大夫，亦有附帶投資之例。

英時的〔漢代中外經濟交通〕以胡化、賈化的靈帝作結，文筆酣暢。這位皇帝商人，自鳴得意，賣官會講價錢，在後宮坐列肆，使諸采女販賣，自著商估服（胡服）飲宴爲樂。舉動確有時代性。（尤其妙在省得「微行」冒險，市場與俠少往往爲鄰。）我要借此提出兩個大問題。一是靈帝以藩侯入繼，來自河間，其母長樂夫人據童謠「河間姹女工數錢，以錢爲室金爲堂」。母后好聚金而工數錢，此好此工是遺傳？是後天？或二者兼有？二是婦女在中國商業史、商人史，也有一定的地位。古代大市中也有販夫販婦，逆旅酒舍都可以翁嫗同營。女性壽長，不始於近代。老太君或中年貴婦已得鑰權（仁井田陞有專文提此點）者，可以指揮奴僕營運，無需自倚市門（特別區域，有販婦特多者，不具論）。

回到本書的重點，商人精神與傳統倫理，如包括婦女，願抄幾條〔庭幃雜錄〕作結，其中李氏所生三子，裳、表、衮。袁表又名黃，了凡其字（一五三三—一六〇六）。〔明代名人傳〕有房杜聯喆博士給寫的傳。父名仁，字參坡，世業儒醫，先娶王氏生二子衷、襄。繼娶李氏生三子，故了凡行四。〔庭幃雜錄〕輯者錢曉，稱袁衷爲內兄。稱參坡「博學淳行，世罕其傳。李氏賢淑有識，磊磊有丈夫氣」都不是過譽。選錄五條，以與本書印證。

〔庭幃雜錄〕選抄五條：

⑴吾父不問家人生業。凡薪菜交易皆吾母司之。秤銀既平，必稍加毫厘。余問其故。母曰：細人生理至微，不可虧之。每次多銀一厘，一年不過分外多使銀五六錢。吾旋節他費補之。內不損己，外不虧人。吾行數十年矣。兒曹世守之，勿變也。　男袁裳錄

⑵父與予講太極圖，吾母從旁聽之。父指圖曰：此一圈從伏羲一畫圈將轉來，以形容無極太極的道理。母笑曰：這個道理亦圈不住。只此一圈亦是妄。父告予曰：太極圖汝母已講竟，遂掩卷而起。　男袁表錄

⑶吾母暇則紡紗，日有常課。吾妻陸氏勸其少息，曰：古人有「一日不作，一日不食」之戒。我輩何人，可無事而食？故行年八十而服業不休。

⑷母平日念佛，行、住、坐、臥皆不輟。問其故，曰：吾以收心也。嘗聞汝父有言：人心如火，火必麗木，心必麗事。故曰：「必有事焉。」一提佛號，萬妄俱息。終日持之，終日心常斂也。

⑸四兄登科。報至，吾母了無喜色，但語予曰：汝祖、汝父讀盡天下書，汝兄今始成名。汝輩更須努力。　男袁袞錄

一九八六年一月三十日初稿於阿令屯

補記　此序原無總題，「原商賈」是後來商定的，取其簡括。原字廣義包括源與流（不限一源）商賈通稱亦不再分別。

文中討論小島祐馬「原商」，尚有宮崎市定先生「賈の起源に就いて」（序原賈）可以併論。文先見於〔東洋史研究〕五卷四號（一九四〇年六月），又收入〔アジア史研究〕第二，頁八〇—九四。

宮崎先生指出：與賈音義相通之字：居、沽、酤、盬皆以古字爲音符。鹽味鹹苦，苦與古通，此音符有買賣之義，或起於鹽之買賣。此種由音義通聯之見解，大有啓發性。

先生又指出，賈無行坐之限，〔白虎通〕等書行商坐賈之說（行曰商止曰賈）是强爲分別。自然，先生也承認行販坐販有別。此外，居與坐義近。居積之物可以是貝玉，可以是穀鹽，若要守護屯積，則不易行動，大賈商家所以連稱，當是有所見而云然。

後序：近世制度與商人

劉廣京

余英時先生這一部新書是近年史學界一部大著作，對中唐以來的思想史和社會史都有最重要的發明，對清代及近代史的研究，啓發甚多。玆就筆者近來讀到的清代商人會館碑刻資料，摘錄若干則，以爲余先生論點的佐證。並請略論近世商人興起的制度背景，以供讀余先生新書者參考。

余先生所論的中國入世宗教及商人地位與精神，自清代而言，在制度上有其基礎。最重要的私有財產制在家族禮法裏生根滋長。明清法律對於「分家財」及「產」和「業」的規定雖然極爲簡單，其肯定私有財產制是沒有問題的。學者研究清代契約及有關分家的文件，發現律例以外有習慣法。契約和分家文件同受人尊重。契約無論是「紅契」（有官府蓋印的契）或「白契」（即未由官證實者），只要有合乎程序的居中、見證，宗族及法庭基本上皆承認其效力[1]。財產私有制和中國家族制度分不開，亦與源流深遠的倫理傳統分不開。

中國的私有財產制明末以降更爲牢固，和宗族組織的發展有關。中國人自遠古已「聚族而居」，古書裏有不少關於宗族的理論。西漢以降有士族的發展，強宗大族與讀書之士結合，取得「仕宦世家」的地位。宗族的理想制度宋代儒者多所討論，元末明初少數家族已設義田、祠堂等。但是具體而複雜之近世宗族制度（包括祭田、祠墓、宗祠、族規、族塾等）必待商人財富增加、及商人宗族觀念加強後始得擴展。這一點筆者目前僅能作爲假設提出[2]。根據日本學者多賀秋五郎發表的數字，他在日本曾看到中國宗譜一千二百二十八件，其中知其屬於明代者共十三件，知其屬於清代者則有八百九十二件[3]。多賀氏所謂宗譜包括族譜、家譜、家乘、通譜等。現存屬於明代之宗、族譜必較上述數字爲多。但在其他數字未確定前，多賀氏的統計是值得參考的。

晚明以降的宗族對於商人是重視的。嘉靖年間的安徽徽州休寧汪氏族譜載有該族遠祖汪體仁

1 方豪先生於一九四六年於南京地攤購得一批清代所傳江南產權與商人的文件，包括產業契據，後分題摘鈔，刊於〔食貨月刊〕復刊第一卷第四期至第二卷第七期（一九七一年五月至一九七二年十月）。方先生鈔出六篇後「知（此六篇之）文件實出自安徽省休寧縣。……」近十年來有大批臺灣公私收藏歷史上產權文件之複製，內包括華南清代資料。請閱：王世慶主編、張偉仁等序，〔臺灣公私藏古文書彙編〕。此篇乃影印，有目錄，已出第一至第十二輯（一九七七年起）；第九輯包括加州胡佛學院東亞圖書館所藏廣東文契。關於中國習慣法，目前之研究及稍前之日本著作，玆不一一列擧。

2 戴維斯加州大學歷史系周啓榮先生現正自清代學術思想史入手，研究宗族制度之理論與實際發展，不久當有論文問世。

3 多賀秋五郎，〔宗譜の研究（資料篇）〕（東京：東洋文庫，一九六〇年），頁五八。

（南宋紹熙元年、一一九〇年進士）所遺家訓，他的「十三世孫」汪尚和於正德癸酉（一五一三年）讀到家藏之本，「奉刻西門宗祠之壁」。汪體仁是該宗第一個進士，但是他的遺訓裏說[4]：

> 吾累者雖不能取功名富貴，以榮其親；而皆能勤于生理，隨分有成，亦粗足以慰吾心。

遺訓後面又說：

> 孜孜為學，期取科第而榮其親，性弗明者使之治生理，以裨其家而無後負于平生所望之意。

這裏雖然說「性弗明者」纔治生，但卻承認「裨其家而無後負于平生所望」的重要性，其訓商人也可以崇奉。

中國雖然一向重家和族，但是北宋歐陽修等的宗族思想，似乎到了晚明纔開始發展為牢固的複雜制度。嘉靖十二年（一五三三）有一本在休寧流傳的〔新安休寧、嶺南張氏會通譜〕，在凡例裏說[5]：

> 譜圖之列，所以明世次，別親疏也。舊譜六世為圖，旁無小傳，則小宗失序，行實無稽。今定五世為一圖，放歐（陽修）譜例，下注小傳，放〔史記〕年表、〔唐書〕世系表例，旁注世次，所以明繼先也。

4 原件刊於同上，頁六〇一—六〇二。

5 同上，頁八四一。

關於徽州商人的史料中常說到商人致富之後在家鄉「敬宗收族，嘘植貧寒，」且負起有關宗族設施的責任，「建合宗之祠，任勞不惜。」[6]商人與宗族之間的密切關係，晚明已在江南一帶發端，但似乎要到清代纔普遍於江南及若干地區。這個假設能否證實，要看進一步的研究了。

近世中國制度還有幾方面對商人有助力。明清政府的承商制（特別是鹽法），使商人有成為巨富的機會。兩淮等處設有鹽運使，招徠商人奉引行鹽。「引」是官發的專賣證。運銷的區域雖經指定，但除交引稅和捐獻之外，運銷之利是商人的。明代山西商人之興起，早期是因為有「開中法」：商人在北方邊境駐軍處納粟（有時也納茶與布），便可領引在兩淮、河東販鹽。謝肇淛〔五雜俎〕卷四，有著名的引句論晚明商人的財富：「富室之稱雄者，江南則推新安（徽州），江北則山右（山西）。新安大賈，魚鹽為業，……山右或鹽、或絲、或窖粟。」所謂魚鹽其實是指鹽。汪道崑（一五二五—九三）所撰傳記中的人物就有好幾個是大鹽商。例如：「吾郡中稱閭右世家，首東門許氏，……以鹽筴賈；」又「邑中以世業顯者莫如諸程，有開必先則（鹽祭酒）長公以也。」[7]萬曆〔歙志〕說徽州大賈有黃氏、汪氏、吳氏：

邑（指歙縣）之鹽筴祭酒而甲天下者，初則有黃氏，後則汪氏、吳氏，相遞而起，皆由

---

6 張海鵬、王廷元主編，〔明清徽商資料選編〕（合肥：黃山書社，一九八五），頁一三五引〔歙事閑譚〕；頁一三八引〔橙陽縣志〕。

7 汪道崑，〔太函集〕，萬曆辛卯（一五九一）自序，卷二九「許長公傳」；卷三二「程長公傳」；卷五四「明故處士谿陽吳長公墓誌銘」。

數十萬以汰百萬者[8]。

引句說的「鹽筴祭酒」乃指鹽商的「總商」。鹽商而爲總商，不但要有企業能力及衆商的擁護，而且要有鹽運使的信任。汪道崑記其祖父汪玄儀之拔擧爲兩浙鹽總商[9]：

（汪玄儀）遂起鹽筴，客東海諸郡中。……公少文辭，然徒以口德自重。部使者（鹽運使）視鹽筴，必召公畫便宜。有司籍名，遂以公為鹽筴祭酒。

汪道崑記休寧商人孫次公爲鹽商總商：「爲賈人祭酒，顧獨折節，以然諾重公卿間。」[10] 汪氏又記有嘉靖萬曆間歙縣商人吳伯擧在揚州擢任兩淮鹽總商時之活動[11]：

伯擧（吳伯擧）慷慨持大體。諸吳有不決，率片言折之。往往居賈人間，諸上賈西面事之，為祭酒。其居賈故久，握算故長。獨內外應解紛、結客、課子，日不暇給。則傾橐而授掌計，伯擧受成。

明清時代商人地位之鞏固又須自科擧、功名等制度來看。能爲鹽商且任總商的商人，畢竟少數，但有餘力延師課子的商人則數目衆多。在教育子弟、爭取功名的機會上，商紹不在士之下。

8 萬曆〔歙志〕，卷十。轉引自藤井宏，「新安商人の研究」，〔東洋學報〕，卷三六，一至四號（一九五三—五四），引句見第三號，頁三四五。

9 〔太函集〕，卷四三「先大父狀」。

10 同上，卷七一「孫次公徵會記」。

11 同上，卷一五「贈吳伯擧序」。

據原錄自北京歙縣會館觀光堂的名單，有清一代僅歙縣一縣本籍與寄籍，到光緒甲辰（一九〇四年）爲止，拔取擧人約近千人，進士二百九十六人[12]。按現有統計清代全朝出進士較多之（杭州府）仁和、錢塘兩縣，共有進士七五六人，（蘇州府）長洲、元和、吳縣三縣共有進士五〇四人[13]。蘇杭是商業最發達的區域。功名繁盛必亦與商人財富有關係。

我們要注意晚明以降的商人對傳統儒士文化是認同的。汪道崑說：「良賈何負閎儒！」這是商人的新自覺。但是，汪道崑先後又說[14]：

若以舍賈而來，必不以趨賈而去。（「太學生潘圖南傳」）

使吾以儒起家，吾安能以臭腐為粱肉？使吾以賈起富，吾安能以質劑為詩書？（「明故禮部儒士孫長君墓誌銘」。按末句「質劑」一詞作券據解，似指貸款業，包括徽州商人常操之典當業。）

夫賈為厚利，儒為名高。夫人畢事儒不效，則弛儒而張賈。既則身饗其利矣，及為子孫計，寧弛賈而張儒。（「海陽處士金仲翁配戴氏合葬墓志銘」）

往前看，汪道崑的理想應該是家有四子，分立儒賈。就如汪氏所記徽商吳姓（次公）有四個兒子，取名曰：大繼、大純、大縉、大紳。吳次公老病時嘗說：

---

12 〔明清徽商資料選編〕，頁五〇〇—五〇四，引〔歙事閒譚〕。

13 Ping-ti Ho, *The Ladder of Success in Imperial China: Aspects of Social Mobility* (New York: Columbia University Press, 1962), p. 254.

14 分見〔太函集〕，卷三十、五十、五二。

大繼當室。大純佐之。大縉業巳游成均、治經術，大紳從之。四者左提右挈，以亢而宗，而翁瞑矣。（「吳田義莊吳次公墓誌銘」）[15]

用現代的話來說，這些碑誌應代表一種終極的關懷，意義的歸宿。無論從仕、從商，皆承認家族、仕途、儒學的意義；而商爲正業之一，且爲維持生理之重要職業，乃不可缺。余先生所論的晚明觀念，「士商異術而同志」，可自汪道崑所撰傳記中再舉兩例證明[16]：

（金仲翁）呼二子前，命長子曰：「茂，爾當室，第卒業子舍中。」命次子曰：「芝，爾攝賈而儒，毋隊世業。」（「海陽處士金仲翁配戴氏合葬墓志銘」）

伯子希周請服儒，命之儒。仲子希召請服賈，命之賈。（「吳太公暨太母合葬墓志銘」）

自商人的制度環境言，我們似應強調捐官制度，明代已啓其端，至清代而擴展，晚清尤盛。明正統十四年（一四四九）土木之變後，朝廷爲財政之需要而「令生員納粟入國子監」。明初國子監乃眞正的太學，此後便難於維持。明代「監生」可以補低級官職，也有商人子弟經此途徑得到實缺，其中必有人視捐官爲利藪。汪道崑文集裏有一些商人自我批評的話，可見中國近世官商之間的分別趨於模糊，對於行政的素質，有各種不同的影響[17]：

15 同上，卷五六。
16 分見同上，卷五二、五七。
17 分見同上，卷十八、四五。

幸而以貲通籍，得請一官，奉檄而行，奄有民社；視簿領如左券，納苞苴如子錢。（「蒲江黃公七十序」）

（兩浙鹽商總商原籍山西太原）王君名全，字守一，季年以貲賜級承事郎。……諸豪賈借資貴人，往往傾下賈。承事主退讓、恥干貴人權。于是縉紳大夫皆願請交承事。（「明承事郎王君墓誌銘」）

清代捐納的例更寬。自康熙朝始，不但賣監生，不時也賣實缺。據嘉慶三年（一七九八）的「滿漢文武官生名次錄」，該年除監生之銜外，出售低級京官一千四百餘職，省及地方三千餘職[18]。這種制度和宋代以來愈為顯明的「胥吏衙役」制度同為清代行政上的大問題，大多數商人是受這些制度之苦的。

以上討論的捐納、鹽法等是清代所繼承而擴大的「弊政」，有理想的學者、仕宦深表不滿，但在君權泛濫下無從改革。中國制度見於典章者多半是皇權之下建立的制度。但是近世商人有沒有他們自己的制度呢？除了個別營業的組織之外，就要看會館的歷史了。會館是同鄉人士在異鄉城市建立的組織。北京的會館最早可推至明永樂朝，本來是同鄉仕宦公餘聚會之所，後來才變成試館、行館，供赴京考試的士子住宿，及候補、候選等官停留[19]。這種會館雖然有由商人創辦的

---

[18] 引自 Ping-ti Ho, *The Ladder of Success*, pp. 47, 366.

[19] 何炳棣，〔中國會館史論〕（臺灣學生書局，一九六六），頁一一—二一。

痕跡，但是根據何炳棣先生研究的〔歙館錄〕，乾隆六年（一七四一）重訂的館章說：

> 創立之意，專為公車及應試京兆而設。其貿易客商自有行寓，不得於會館居住以及停頓貨物，有失義擧本意。

何先生認為乾隆初年歙館雖為試館，但平時的管理乃委諸「在京殷實有店業者」，而平時歙商亦未嘗不能利用會館的種種便利[20]。

近年學者研究會館歷史，有新的統計，表示清代在北京的許多會館，大多數雖以省、府、縣名館，而其中絕大多數仍應士子及官員旅京之需。同時則有工商會館的出現。北京、蘇州、漢口、上海等城市，且確有可考其為商人會館者。如果所有的會館都算在內，則明代北京有四十一個，蘇州有三個，其他不詳。清代在光緒年間（宣統及不詳者不計）北京有三百八十七個，蘇州有四十四個，漢口有二十一個，上海有十九個[21]。這中間依碑刻資料考其為「商人會館」，且有創建時期可考者，北京、蘇州、上海的統計表如下[22]：

---

20 同上，頁一八—一九。

21 呂作變，「試論明清時期會館的性質和作用」，〔中國資本主義萌芽問題論文集〕（江蘇人民出版社，一九八三），頁一七五—一七七，一七九—一八一，一八六—一八九，一九四—一九六。

22 此表錄自許滌新、吳承明，〔中國資本主義的萌芽〕，中國資本主義發展史第一卷（北京：人民出版社，一九八五），頁二九〇。

商人會館創建時期

創建時期	北京	蘇州	上海
明代	3	2	
康熙	4	8	1
雍正	3		
乾隆	3	8	3
嘉慶	4	2	1
道光、咸豐、同治、光緒	1	8	10
合計	18	28	15

此表中所稱「商人會館」，並不包括乾隆晚期以降始多見於資料之商業及手工業「公所」。會館、公所兩詞原可會通。但稱公所者到了道光以降漸多爲行業的組織，常仍以地方幫爲主，但鄉土性漸沖淡。玆另表介紹關於蘇州、上海商業「公所」之統計（其中不包括前表所列之「商人

會館」，亦不包括「手工業性」之公所）[23]：

蘇州、上海（商業）公所

創建時期	蘇州	上海
乾隆	1	6
嘉慶	5	2
道光	15	4
咸豐	5	2
同治	16	8
光緒	15	1
合計	57	36

會館、公所在商業上的職能包括聯鄉誼，通行情，避免同業競爭，儘可能議訂價格、統一度

23 同上，頁二九七。同書有「蘇州、上海手工業性公所名錄」，除碑刻外，兼用文獻材料。自乾隆至光緒末，蘇州建有此類公所二十九個，上海建有十二個（其中乾隆朝建者蘇州、上海各僅一個）。同上，頁二九九—三〇〇。

量衡。這些情形，在這裏不多論。概括言之，商人會館大多是中、小商人的組織，其眞正成爲職能全備的組織，爲期較晚。大城市裏的商人會館，雖然各認鄉土，但不是宗族直接參與的組織。祀祖事先之禮不在會館行之。商人會館須與官有聯繫，早期且常有由官倡立者。但是到了十八世紀後期，主要模式是由商人公立。商人會館的董事早期就叫做「公直」，是要爲會館的公務盡心的。商人會館立了許多石碑，也就是近世中國在制度上有創新的證據。本文僅摘鈔一些北京與蘇州碑刻資料[24]，舉例略述商人會館崇奉之民間宗教，碑刻中所見之義、利，公、私觀念，以及商人會館制度的演變。明代的資料極少，晚清又太多。摘錄資料不但以北京、蘇州爲限，且以清代初葉、中葉爲限。

一　民間宗教

商人會館供奉之神明，除極少數同時奉「鄉賢」（如下文將提到之潮州商人附祀韓愈，徽州商人附祀朱熹）外，正供似皆爲朝廷與仕宦認爲無礙之神靈，可總稱之爲「正神」。最重要的

24 李華編，〔明清以來北京工商會館碑刻選編〕（北京：文物出版社，一九八〇）；江蘇省博物館編，〔江蘇省明清以來碑刻資料選集〕（北京：三聯書店，一九五九）；蘇州歷史博物館、江蘇師範學院歷史系、南京大學明清史研究室合編，〔明清蘇州工商業碑刻集〕（江蘇人民出版社，一九八一）。另有上海博物館圖書資料室編，〔上海碑刻資料選輯〕（上海：人民出版社，一九八〇）。本文未用。

神，如關帝、天后、眞武，明清兩代皆見於祀典[25]。仕宦所祭之先師、社稷等，商不能祀。商人會館之秉承民間傳統，乃極自然之事。

北京、蘇州有些商人會館，可以追溯到明末、清初，主要的證據是明末、清初該行幫等商人所祀的廟宇，後來重修，立有碑石。北京現存最早的一個商人會館石碑是在山西商人顏料會館舊址（亦即桐油行舊址）發現的，名曰「重修廟宇碑記」（康熙十七年、一六七八）。碑上說[26]：

于是敬卜吉期，重修大殿。設□（殘缺一字）關聖、玄壇、財神于左，真武大帝居中，葛、梅（諸葛亮、梅福）二仙于右，為衆人所頂禮。

後來乾隆六年（一七四一）重修戲臺、罩棚等，主其事的商人六人（不列職銜）追憶該行幫的歷史[27]：

我行先輩，立業都門，崇祀　梅、葛二仙翁，香火悠長，自明代以至國朝，百有餘年矣。……每歲九月，恭遇仙翁誕辰，獻戲設供，敬備金錢、雲馬、香楮等儀，瞻禮慶賀。

商人對其環境之未能控制可以自山西桐油行被冒充牙行之人逼擾之事見之。乾隆癸酉（一七

25 〔大明會典〕（萬曆十五年（一五八七）本，臺灣東南書報社影印），卷九三—九四；〔大清會典〕（光緒二十五年（一八九九）本，臺灣中文書局影印），卷三五—三六。
26 〔明清以來北京工商會館〕，頁一。
27 同上，頁一—二。

五三年）之「公建桐油行碑記」云[28]：

如顏料行桐油一項，售賣者惟吾鄉人甚夥。自生理以來，絕無開行店□（缺一字），亦絕無經濟評價，必本客赴通（州）自置，搬運來京，報司上稅，始行出賣。其由來固匪伊朝夕也。無何，有網利傅天德者，既不開行，又不評價，不知執何年月日之帖，平空索取牙用，揑詞疊控，嘵嘵不已。幸蒙 都憲大人，執法如山，愛民如子，無事聽斷之煩，而宵小之奸洞悉。牌批云：「凡一切不藉經紀之力者，俱聽民自便，毋得任其違例需索，擾累舖戶，致干未便。」煌煌鐵案，炳若日星，不數日而弊絕風清，冰消瓦解。誠哉定國復生，尤矣龍圖再世。

嘉慶二十四年（一八一九）再修仙翁廟時，碑文中提及會館。所云舊有碑記，似即指康熙十七年現存最早之碑文。新碑曰[29]：

舊有平遙會館，乃吾鄉顏料一行祀神之所，創建年月有碑記可考，無庸縷述焉。館之後院，正殿為真武宮。關聖帝君、玄壇、財神列于左；梅、葛仙翁列于右。神光顯赫，靈佑昭彰。錫玆祉福，吾鄉在京商賈，托庇寧有窮哉。其東南前院北殿則火帝星君神也。上應天宿，下蔭民生，鄉之人得安居廛市，從不遭回祿災者，未必非祀事孔明之報

28 同上，頁二—四。

29 同上，頁四—七。

也。

商人會館所拜的神不限於祀典，有時而且很特別。但總應「不列於淫祀」，不應入「邪」。山西潞安府銅、鐵、錫、炭諸商會前後修建伏魔殿、佛殿，又於乾隆十一年（一七四六）修建原來殘破的爐神庵。此庵「僅存前明張姓碑版，初不詳其創建所由。詢庵所得名，則以供奉李老君像，故爐神之。」[30] 當時任御史的孫家淦作「重修爐神庵老君殿碑記」云：

> 予思先王神道設教，使百姓由而不知。後世求福情勝，不核祀典，往往創為臆說，曰某事某神司主，某業某神主之。支離附會，其可笑如老君之為爐神，何可殫述？然苟其不列于淫祀，類足以收攝人心，生起敬畏，而移其敬畏神明之念。貨力不私，以急公上；勤孝養時，鄉里匱乏，固其所優為。則吾鄉人之共成此舉，其可嘉止自有在。

孫嘉淦自儒學及朝廷之立場，說明老氏之說，雖為異端而「無大謬」。老子「心超萬物，絕無所絲毫芥蒂於于名、利者。」但是信老子為爐神，反足證老子並非無意於塵世，蓋：

> 丹爐之說，固不足信，卽有其求。當夫青牛仙去，方將□（殘一字）名養拙于無何有之鄉，廣漠之野。而猶寓意塵世，博後來崇奉，棲神紅爐赤燄間哉。此其老掌故，學有本原，必無大謬於聖人之道，又可知也[31]。

30 同上，頁四〇。
31 同上，頁四〇—四一。

（完）

孫嘉淦的碑記最後說：「老君自可有世祀，而祀老君者，不必其在爐神也。」這表示近世的三教互相包容，多所融滙。商人崇奉的民間宗教雖有創新，但其與基本倫理不背，似可從本文所討論之史料中見之。

二　義與利

商人會館有祀老子而無祀孔子，當然是因爲祀典規定惟有官能主持祀孔，但亦符合士商異業的原則。商人宗教絕不反對儒家倫理，但可供奉財神，言「義中之利，利中之義」，與程朱道學之嚴辨義、利，理、欲，表面上不同。此點康熙五十四年（一七一五）廣州商人在北京創仙城會館時建立的石碑言之最暢。該館「首事」李兆圖、馬時伯兩位商人請御史張德桂撰碑記。張德桂在碑上說[32]：

> 余問二子，厥館所由？李子曰：由利。鄉人同為利，而利不相聞，利不相謀，利不相一，則何利？故會之。會之則一其利，以謀利也，以是謂由利也。馬子曰：由義。鄉人同為利，而至利不相聞，利不相謀，利不相一，則何義？故會之。會之則一其利。以講義也，以是謂由義也。

這些話未必是李、馬兩位商人的話，但却反映當時設立仙城會館的主要目的，就是要由同

32 同上，頁一五—一六。

鄉、同業公議貨價；同時抵制官設牙行之評定價格。碑記的下文說：

> 非斯館也，為利者方人自爭後先，物自徵貴賤，而彼幸而為贏，此無所救其絀，而市人因得以行其高下刁難之巧，而牙儈因得以肆其侵凌呑蝕之私。則人人之所謂利，非即人人之不利也耶？亦終于忘桑梓之義而已矣。惟有斯館，則先一其利而利同。利同則義洽，義洽然後市人之抑塞吾利者去，牙儈之侵剝吾利者除。是以是為利而利得也，以是為義而義得也。

這一段話對於「物自徵貴賤」的市場狀態有一點模稜兩可。會館商議物價，可以使市人不能「行其高下刁難之巧」。但是市人還不能算是「私」。那些和胥吏衙役有勾結的牙行人等「侵凌呑蝕」，纔是不道德的私。會館商人利同則「義洽」，然後「市人之抑塞吾利者去，牙儈之侵剝吾利者除」。這一種公、私之辨是就會館商人的立場訂立的。義是「桑梓之義」，包括上述同鄉商人「利同則義洽」的共同利益，亦應包括控制吏、役、牙儈的營私。

自商人會館看來，同鄉的同業要能共同合作纔能以公護私。雍正五年（一七二七）山西河東煙商創河東會館，奉祀火德眞君、關聖帝君、福財之神。到了乾隆戊寅（一七五八），因「惡徒強欲私抽稅用事，合行不忿（服）」，同舉公直（董事）」。乾隆二十五年（一七六〇）的「重修河東會館碑記」[33]，文末刊刻該館公直八人，副公直十二人，幫公直八人，散公直六十六人的姓

33 同上，頁四六—五〇。

名。另有「外行施財花名」二十六名，募化人五十五名。外行施財人中有「稅局郭樹言、張同杰」二人，共施銀二十五兩。這兩個人似是河東會館與稅局的新聯繫。乾隆三十五年（一七七〇）該會館的「建立罩棚碑序」[34]裏說該館「前有行規，人多侵犯」，茲則與「郭局」（指由郭樹言主持的稅局）議定：

同立官秤一杆，准觔拾陸兩。凡五路煙包進京，皆按觔數交納稅銀，每百觔過稅銀肆錢陸分，□□（殘二字）輕重，各循規格，不可額外多加觔兩。

到了乾隆四十四年（一七七九）又有碑文[35]記近事：

去年易州煙莊牙儈為奸，行中不通交易者幾乎經年。卒賴　三聖（似指火神、關帝、財神）之靈，其人自來懇請定為章程，永歸平允。行中同人欣喜過望之無巳也，願出囊金，重新神宇。

撰碑文的刑部主事山西平陸人范三綱加按語，把儒家的天人觀念和民間信仰的「神與人共助」，聯起來講：

天之所助者順也，人之所助者信也。如諸公之同心和氣，而不涉于私，神與人共助之也。

34　同上，頁五〇—六〇。
35　「河東會館碑記」，同上，頁六〇—六一。

神廟獻祀是吉慶的事。除祀神外，商人會館又常設「義園」、「義塚」，供同鄉之歿於當地者暫厝或永葬。上文已述徽州歙縣明代嘉靖年間早有「歙館」，專為「公車及應試京兆而設」。現存北京石碑中有下列三座，可惜因原碑字跡模糊而未能錄印於選編，其碑名如下：「歙縣會館義園告示碑」（乾隆三十四年、一七六九），「歙縣會館義阡碑」（乾隆五十年、一七八五），「重修歙縣會館碑記」（嘉慶十九年、一八一四）[36]。

義園、義阡之重要可自浙江紹興銀號商人在北京所創正乙祠的碑刻裏見之。正乙祠於康熙六年（一六六七）創祀。康熙五十一年（一七一二）建造「集議之所」前，已經置有義塚。這一年的「正乙祠碑記」說[37]：

> 吾越介居浙東，山深土瘠，其民淳樸無文。然安力作而務居業，不肯少休，以自窘其中，蓋其俗使然也。其世家巨族，讀書而務實學。而其次者，則商賈江湖，以阜其財。而其又次者則操奇贏，權子母，以博三倍之利。逐所便易，則不憚涉山川、背鄉井，往遠至數十年而不返。

因為有長住遠地的人，同鄉的厝地、墓地乃有需要。晚清同治四年的「重修正乙祠碑記」追憶康熙六年以後之事[38]：

36 同上，附錄，頁二〇三—二〇四。
37 同上，頁一〇—一一。
38 同上，頁一一—一二。

正一祠：浙人懋遷于京者創祀之。以奉神明，立商約，聯鄉誼，助游燕也。每至春秋假日，祀神飲福，冠裳畢集，獻酬□（殘一字）錯，相與為歡。其能敦桑梓之誼者，猶莫如建立義園一事。

三　商人會館之制度化

茲請就蘇州碑刻資料，討論清代中葉商人組織的新動向，及會館董事等的職守觀念。蘇州是一府、三縣的都會，商多而官亦多。商人會館立碑，似應先有官府的默契。但是儘管如此，我們仍認為會館立碑，有為商人保障自由的作用。商人會館有鄉土觀念，同時有行業的自覺。會館的幹事稱「公直」，或稱「董事」，職責所在，應公直無私，勿負委託。

蘇州的嶺南會館明末即已建立。最早的碑刻是雍正七年（一七二九）的「廣業堂碑記」[39]。碑中說：

嶺南會館之建，始於有明萬曆年間。至康熙丙午歲（一六六六），廓而新之。其制中建武帝大殿，棟椽軒豁，制度焜煌矣。但傍僅數宇以為棲息。……康熙戊戌（一七一八）蒲月，帝君嶽降辰祝餘福，集議於殿右更建客堂，……設簿沿簽，踴躍勸事。

39 〔江蘇省明清以來碑刻〕，頁三三七—三四〇。

撰這一篇文字的人是候選儒學訓導、進士鄭彪。鄭氏於雍正己酉（一七二九）「假旋抵蘇州」，住在「嶺南館之廣業堂，與同鄉戚友促席道故」。而同鄉們拿出重修會館名簿，請他作序：

余閱冊中，或仕或商皆欣然解助。遂樂為志之……嗣是而仕與商，廣其業于朝市間，則聲名文物將與姑蘇並垂不朽矣。

碑志以後有助金者題名。兩個官（山東武定州正堂何多學、江南金山衞正堂蔡國玖）領銜而未書明捐多少；而其他出資的都是商號或商人，捐銀六兩至六十六兩的有十五家；捐銀一兩至五兩的有二百零十家。這是一個很典型的小商人會館。這種會館數目在清代初葉、中葉增多。起初通常要請一個有官職、功名的人來領頭題名。但是到了乾、嘉之際，蘇州出現由衆商或董事「公立」的會館石碑，這就很有意義了。

蘇州的潮州會館可溯源於明末在南京的同名會館[40]。

國初始建于蘇郡北濠，基址未廣。康熙四十七年（一七〇八），乃徙上塘之通衢，列層五楹。……敬祀　靈佑關聖帝君、　天后聖母、　觀音大士，已復買東西旁屋，別祀昌黎韓夫子。

觀音與關帝、天后同供於正殿，而「鄉賢」韓愈卻只別祀而已。商人會館的宗教顯然有超越的成

40　「潮州會館記」，同上，頁三四〇—三四五。碑中提到乾隆南巡，曾有兩次，即於辛未、甲辰（誤印為甲寅）年，道經蘇州上塘。第一次「衆商跪迎于門外，……輿情鼓舞。」第二次，「敬設歌臺燈彩，衆商踴躍輸將，輸誠歡慶。」

分。但是現有碑記（乾隆四十九年、一七八四）中注重的卻是塵世的事：設董事，立規條，保障商人的現世利益。

這一篇碑文付刻時，該會館的董事是一個潮州人的進士，名馬登雲。馬氏是一七七二年的進士，但因「銓選有待，暫歸舊里」，於一七八一年出任蘇州潮州會館之職。但是碑文是由「潮郡七邑衆商萬世榮公記。」馬登雲書全碑之大部分，並撰「後序」。但是後序之後有「後跋」，由一個長輩商人姚振宗「識並書」[41]，顯然最有力量。姚氏說：

辛丑（一七八一）冬，延請漢階馬老先生（登雲）主館，凡契卷參差，規條紊淆，無不恢復整頓，今已三載矣。更代屆期，議將祀產基址，詳勒貞銘，以垂永遠。余愧無文，未敢贅言。第數年間，俱游吳下，衆商等以余癡長，令襄是事。

這一座碑上刻的「潮州會館祭業」卻是由糧戶萬世榮署名的[42]。這一份祭業是該會館全部房地產契約的清單，附每年應完漕糧稅額。有了這一座石碑，潮州會館每年應交的稅糧較有範圍，產業多了一層保障。

更可注意的是這一篇碑文中要求該會館的管理此後「恪守前規」，用現代的話說就是制度化：

41　同上，頁三四五。
42　同上，頁三四四。

議定規條，將歷置房產，設立册簿。所有現帶租銀，征收以供祭祀，餘充修葺諸款動用，並襄義舉。延請董事經理，三年一更，七邑輪舉。一應存館契券，遞交董事收執。先後更替，照簿點交，永為定例。

董事責任很重，應有的資格和素質，碑文裏著重地說：

所以敦請董事，必擇才具賢能、心術公正之人，綜理巨□（殘缺），其責鄭重。我郡同人互相勉勵，善保始終，尤會館之第一要務也[43]。

四　制度化與商人信仰

上述潮州會館的模式，到了十八世紀末，有許多蘇州商人會館也都採用。此處只能抽檢個案，舉江西會館爲例，並略論徽州商人在蘇州晚出的會館。

雍正十二年（一七三四）的「江西會館萬壽宮記」[44]是一個同鄉御史寫的。但是這個御史卻承認建會館官最多只能提倡而已，要有商人集資，才能實現。

國朝甲子（一六八四年）間，是時開府余公籌劃基址，頗費經營。祇緣規制逼隘，未盡

43 同上，頁三四〇。
44 同上，頁三五九—二六〇。

周詳。迨至丁亥歲（一七〇七），吾婣翁李公修水先生總藩，（再議募建未卽成功）……我輩同鄉挾資來遊此地，各貨雲集，慷慨持躬之風，郡郡皆然。歷年以來，白麻一貨盛行於蘇。唯吾君子皆有心人，公議白麻每擔抽貲肆分。是時衆志同心，踴躍從事，一歲之內卽可集貲八百兩有餘。不數年共勷盛大，非曩日逼隘之規制矣。

到了嘉慶元年（一七九六）立「重修江西會館記」碑[45]時，雖然曾向十幾個大小官員募捐，而碑記僅由「倡捐董事」兩人自署。

江西會館供奉的是旌陽許（遜）眞君，也就是唐代及北宋的「孝道」、南宋以降的「淨明忠孝道」所奉祖師，應屬道教而實倡忠、孝。上述雍正十二年的碑記裏說：

真君獨以一儒者，躬修至德。道氣凌雲，長蛟降伏。凡屬水鄉，咸沾過化存神之妙，其功不在禹下。是蓋純忠孝、節義、經濟。……垂忠垂孝，開千百年綱常名教之宗。

但是嘉慶元年的碑文（兩個董事自署名的）卻比較樸素，似乎強調許眞君「實爲江右福星」，在江西有許多人相信，故應崇奉，且藉以聯鄉誼：

旌陽許仙真君，蓋江右忠孝神仙也。而實為江右福星，直省府以及各鎮莫不建立廟宇，崇祀聖象。凡所以專其誠敬，而鄉人亦時借以敍桑梓之義焉[46]。

---

45 同上，頁三六〇—三六六。

46 頁三六〇與三五九—三六〇比較。

據嘉慶元年的碑文，萬壽宮曾於乾隆壬戌（一七四二）和辛巳（一七六一）重修。到了癸丑年（一七九四）再籌修建時便由「倡捐董事」負責「經營籌畫」，而仕宦之「官于斯客于斯者」（包括曾在會館住過的同鄉仕宦）亦「捐資斧、踴躍相從。」碑文所附捐單有各級官員十六人共捐七百餘兩。而商人或商號出資者一〇九人，雖然多數人出資十兩以下，而痲貨商幫捐一千二百兩，江西南城縣商幫捐一千六百兩。

董事兩人對他們的責任似有明確的觀念。他們相信會館重修成功便是「神佑」的表徵：

> 乙卯（一七九五）之秋，厥工告竣，煥然改觀，所謂有舉而弗廢也。神佑故至此□（缺一字）余等矢公矢慎，圖始圖終，未敢稍存怠志[47]。

五　制度化與商人地位

茲請舉乾嘉之際徽州商人在蘇郡的會館爲例。安徽寧國府的仕、商康熙三十六年（一六九七）已在蘇州創宛陵會館。徽州人似乎也可能於乾隆朝已在蘇城創「新安會館」[48]。該館到了道光十二年（一八三二）才在碑傳資料裏提及；那時似爲二十八家棉布舖號所組成[49]。早在乾隆三

47 同上，頁三六一。
48 呂作燮，「試論明清時期會館」，頁一八六—一八九。
49 〔明清蘇州工商業碑刻集〕，頁八〇。

十五年（一七七〇），蘇州徽商中的澇油、蜜棗、皮紙三幫要在蘇城建一個名爲「徽郡會館」的組織；但是其他徽商未能眞正合作，興建有困難。當時澇油、蜜棗、皮紙三幫選委董事二十人，其中潘維長列第三名，似乎實際負責推動。他在「修建徽郡會館捐款人姓名及建館公議合同碑」（乾隆三十八年、一七七三年）裏說[50]：

> 緣我等公同創立徽郡會館，敬奉　先賢朱夫子。在吳邑閶五圖地方。數年以來，大殿猶未建造，乃因後殿左右缺凹兩間。

後來有人購買鄰居之屋，捐贈這兩間地基。但是建造計劃雖有上述三幫和三十幾個人一兩到六兩的捐款，因爲有許多同鄉的議論，建郡館、祀朱熹的事在蘇州城也就沒有下文了。留下來的只是這一座「建館合同碑」，主要目的是釐清捐款數目。

> 蒙諸公以維長等為人正直，秉公無私，承委之後，競競業業，懼無以副諸公之望。……彼時諸君踴躍樂從，輸者雲集。第其間有批輸即付出者，亦有先付其半而後找完者，亦有未經付者。揩載昭然，本無私意。乃人心不一，好為譏評。批輸之後，或有以為借公事而飽私囊，致令已捐者遲廻，未捐者氣阻。若不急將已收、未收，注疏詳明，與支存開載明白，使羣疑釋而物論已，不幾以急公之心而蒙害公之謗乎[51]？

50　〔江蘇省明清以來碑刻〕，頁三七七—三八〇。

51　同上，頁三七七。

明末以降徽州巨商的遺跡，在他們故鄉的宗族設施中，昭然可見。他們早期有無關於商人會館的活動，仍待研究。但是徽商活動推廣到蘇州府屬的重要市鎮，至少中小商人需要官府的明文保護。住在昭文縣的徽商早設有梅園公所，「置地厝棺，以安旅骨。」乾隆六十年（一七九五）又建存仁堂「以為徽人寄棲醫病之所」。但該地似有治安問題。有十二個仍寄徽籍但捐有職監的商人向昭文縣具呈[52]：

惟虞私約無常，客居招侮，業經具稟詳憲，蒙批准勒石示禁遵守等諭。

在蘇城初未實現的徽州全郡會館後來卻在吳江縣盛澤鎮實現。盛澤鎮是絲織品貿易中心。嘉慶十四年（一八〇九），徽州所屬六邑在盛澤鎮的商人購地建殯舍，「旋議增建殿宇、會館。」盛澤鎮來自寧國府旌德縣的商人已先有會館，但因「地隘水沖，正欲卜地遷建」，乃議合併，所謂「古云：四海之內，皆為兄弟，何況毗連鄰郡耶？」[53]其實蘇州城自康熙以來已有其他省份的商人會館，至少名義上以一省為範圍，如前述之江西會館及乾隆年間建立的陝西會館及全晉會館[54]。徽商能六邑共處一館，並收容旌德縣，已屬難能了。

盛澤鎮的徽寧會館有正殿三間，正供關帝等神，另有殿東「行館」，供朱熹：

52 〔明清蘇州工商業碑刻〕，頁三四九—三五〇。
53 同上，頁三五五—三五七。
54 同上，頁三三一—三三七。

> 正供威顯仁勇協天大帝神座，東供忠烈王汪公大帝神座，西供東平王張公大帝神座。殿之東建造行館，供奉紫陽徽國朱文公[55]。

這個徽寧會館到了道光十二年（一八三二）才有碑，由「徽寧兩郡七邑董事公立」；列有姓名歙邑十八人、休邑十二人、婺邑三人、祁邑四人、黟邑二人、績邑六人、旌邑十人。「共捐總數及會館基地一應公產，另勒碑石。」各邑捐款數目，自嘉慶十三年至道光十年，總數爲一七、四六三、三〇〇文。地基及公產清單附有糧稅數目[56]。

除了上述兩碑外，盛澤鎮徽寧會館同年又立一座碑，仍書明「徽寧七邑董事公立」，但有歷任御史、翰林院編修、實錄館纂修、順天鄉試同考官的程邦憲所撰碑文[57]。這一座碑象徵商人雖然有自己的會館制度，仍需要仕宦的認可和保護。

但從程邦憲所撰的碑文看來，仕宦對於商人的宗教和制度是贊許的。程文對該館的供祀，略加評論：

> 中為殿以祀關帝，東西供忠烈王、東平王。朔望香火，歲時報賽惟虔。殿東啓別院，奉紫陽朱文公。以皖人有遷居隸籍于吳，及僑居而遂家焉者，俾其子弟有所矜式，故謹祀

---

55 同上，頁三五五。

56 同上，頁三五八—三五九。

57 同上，頁三五六—三五七。

焉[58]。

這等於說：商人虔誠崇奉關帝、忠烈王、東平王等神，並無不可。朱子只是子弟的矜式而已。因爲會館是商人在這一代，這一地的組織，一般本不必祀朱熹。徽商既認朱子爲婺源人，祀朱子也無不可，可以使子弟猶如在本鄉讀書，有所矜式。

程邦憲對商人捐資組織會館，只有贊許：「一切公需，資費較鉅，皆賴同鄉竭力襄助。而其中遷居入籍諸君，猶能敦念本根，仍以鄉誼，咸預斯舉。」程氏自己是徽州人，贊成建徽郡會館。但是他又是翰林院編修，做過御史、考官，也就不自覺地論到仕宦和商人志同道合之處：

> 諸君子篤故土之念，勤修善之緣，願力既堅，永期勿替。益以邀神祐之庥，而宏富有日新之業，尚何廢之不舉，何難之不易耶？記有之曰：合志同方，營道同術。願與諸君子共勉之而已[59]。

這段話所講的「合志同方，營道同術」，顯然是從仕宦的儒學觀點，認爲仕與商既道相同、志相同，其術亦無不同。這似乎比晚明時代所說的「士商異術而同志」，更進一步。仕宦撰如此措辭的會館碑文，其重視商人可知。

一九八六年六月二十八日於加州戴維斯鎮

58 同上，頁三五七。

59 同上。

自序

這部〔中國近世宗教倫理與商人精神〕是史學的專題研究（初稿刊於〔知識份子〕季刊一九八五年冬季號）。驟看起來，這個題目似乎太大，與現代一般「窄而深」的史學專題不合。以範圍而論，本書概括了儒、釋、道三教的發展和社會變遷；以時間而論，它上起中唐，下迄乾嘉之世，差不多涵蓋了一千年的歷史過程。但事實上，本書並不是泛論宗教史、社會史之作。現代的史學論文大致是以「問題」為中心的；一般而言，史學工作者都遵守十九世紀艾克頓（Lord Acton）的名言：「研究的對象是問題而不是斷代。」（"study problems not periods"）本書所討論的問題是經過比較嚴格地規劃的，因此問題的焦點相當集中。我的中心問題是：中國儒、釋、道三教的倫理觀念對明清的商業發展是否曾發生過推動的作用？這一中心問題像一塊石頭投入平靜的湖水中一樣，自然會激起一輪輪問題的波紋，從中心一直延伸到邊緣。本書所包括的時代雖長，所涉及的方面雖廣，但是整個論點却是扣緊着問題的結構而建立起來的。

本書分析禪宗、新道教和新儒家是從三教的入世倫理及社會影響這一特殊角度着眼的。因此上篇既不是通論性質的宗教史，中篇也和一般哲學史或思想史對宋明理學的處理迥異其趣。我所特別注意的是三教在入世倫理方面相互交涉的複雜過程，尤其是禪宗對理學的影響。宋代新儒家「援釋入儒」，開創了理學的新傳統；從歷史的觀點說，這是早在宋代卽已成定案的了。程伊川撰「明道先生行狀」和呂與叔撰「橫渠先生行狀」都不諱言明道、橫渠早年出入釋、老，最後才「返求諸六經」。宋儒「援釋入儒」的成功正是他們對中國文化的偉大貢獻。我們今天既無理由更無必要來翻案了。而且我可以斷言，任何翻案的努力都將是白費的。但是宋儒究竟爲什麽非「援釋入儒」不可？又通過那些具體的方式來「援釋入儒」？這一類在思想史上具有關鍵性的大問題似乎到現在爲止還沒有人認眞地從事系統的研究。有之則不過挾偏見以攻擊理學而已。我在中篇試圖從入世倫理的觀點對這些問題提出若干觀察。我當然承認，這些觀察是初步的，並且不免帶有片面性。但是我必須堅持，如果我們希望對理學在中國文化史上的地位獲得一種比較完整的瞭解，那麽本書所特別強調的這一面無論如何是不能忽略的。

在分析了三教入世倫理之後，我們才能進一步研究宗教和道德觀念對中國商人階層的影響。這是本書下篇的主旨所在。但是一涉及觀念的社會後果，我們的研究便不能限於思想史的範圍之內，而必須進入社會史的領域。所以下篇事實上是從思想流轉與社會變遷的交光互影中觀察商人階層及其意識形態的新發展。從十六世紀以來，中國商人階層的社會功能在實質上日益重要。與此相隨而來的是他們在社會價值系統中所佔據的位置顯然上升，甚至他們的法律身分也有改善的跡象。近幾十年來，中國大陸和日本的史學界對明清商人的研究作出了辛勤的努力，他們蒐集並整理了大量的歷史資料，也對許多具體的制度和事象進行了詳細的考證。但一般而論，由於基本預設、概念架構、以及分析方法都不相同，他們的主要興趣集中在商人的客觀世界和經濟活動方面。至於商人的主觀世界，包括文化背景、意識形態、價值觀念各方面的問題，在他們的研究取向上是不佔重要地位的。通過本書下篇對問題的提法及其解答的嘗試，我希望促起史學界正視明清思想史和社會史上這一大片未經充分開拓的園地。

這部專題研究的撰寫起於兩種外緣：第一是五十年代以來中國大陸史學界關於「資本主義萌芽」的熱烈討論；第二是近年來西方社會學家企圖用韋伯（Max Weber）關於「新教倫理」的說法解釋東亞經濟現代化的突出現象。我在本書的「序論」中已提到這兩點，但仍有未盡之意應該在這裏略作補充。

我先後讀了幾百萬字以上大陸史學家關於「資本主義萌芽問題」的論文和專著，但是我所得到的整個印象只是這樣或那樣手工業的發展、這裏或那裏商業的成長、這種或那種制度或組織的嬗變。我並沒有眞正看到有什麼「資本主義的萌芽」。毛澤東曾說過一句話：「中國封建社會內的商品經濟的發展，已經孕育着資本主義的萌芽，如果沒有外國資本主義的影響，中國也將緩慢地發展到資本主義社會。」大陸史學界的無數研究就是爲了要證明這句話是「正確的科學論斷」。

結論早在研究之前已經有了，以後的問題只是如何去「證實」它，以及確定「萌芽」的時期究竟始於那個世紀，上可以早到隋唐，但下不能遲於一八四〇年。這便是三十多年來大陸史學界討論這一問題的中心意義之所在。

馬克思所謂「資本主義」，其涵義是非常嚴格的，即指西歐十六、七世紀以來所發展的一套經營和生產方式，現代一般史學家都承認西方資本主義可分爲兩個大階段，而以十九世紀的工業化爲分水嶺。在此之前是所謂「早期資本主義」（"early capitalism"），十九世紀以後則是「工業資本主義」（"industrial capitalism"）。但在精神上，資本主義的前後兩期仍然是一貫的，因爲它自成一套「系統」。無論是馬克思或韋伯，都認爲這一套經濟系統是西歐所特有的。如果我們想要證實中國有「資本主義萌芽」，其關鍵便在於整套系統的出現是否在中國史上已有顯著的跡象，而不在其中個別組成部分是否發生了這樣或那樣的變化。個別因子如資本積累、各種手工業、市場、甚至雇傭勞動、商業競爭等等也可以存在於中國傳統社會之中。但是如果整個組成和運作的系統不同，則縱使中國的個別因子在發展過程上和西方有某種平行的現象，我們仍不能據以斷定「資本主義」已經在中國「萌芽」。從嚴格的史學觀點說，我們只有一條路可以建立這一論點，即對中西社會經濟史進行了全面而詳盡的比較研究之後，發現雙方有一個共同的發展階段，不但在個別的部門中有相同的變化，而且在整體結構上也趨向一致。在這一工作沒有完成之前，所謂「資本主義萌芽」的問題是連提出的資格也不具備的。

我在「序論」中已經指出，馬克思本人並沒有說過，西方近代特有的資本主義也是中國社會發展史上所必經的階段之一。馬克思和韋伯不同，他對中國歷史從來沒有做過任何有系統的研究。卽使他有過這樣的表示，那也只能看作一個外行人的偶然妄說，不足以構成中國史研究的根據。所以分析到最後，大陸史學界三十多年來關於「資本主義萌芽」問題的提法在史學上是缺乏經驗的基礎的。他們的巨大的努力之所以未曾取得預期的收穫，主要是由於他們問錯了問題。但是從另一方面說，任何努力都不會是完全白費的。「資本主義萌芽問題」的討論至少使我們對明清社會經濟史的大體面貌有了比較明確的認識。有兩點與本書論旨相關的值得在這裏特別提及：第一、明清的商業遠比以前爲活躍。第二、這一歷史變化大致發生在十六世紀。這兩點基本認識我覺得今天是可以確定的。大陸史學界的討論對這兩個重要史實的建立是功不可沒的。但是我也必須指出，日本史學界在明清社會經濟史研究上的貢獻至少有同等的重要性。事實上，日本史學界在這一方面是領先一步的。遠在一九五五年「資本主義萌芽問題」出現之前，日本史學界便已對明清工商業各方面的發展從不同的角度進行了深入而細緻的分析。由於他們比較不爲特殊的意識形態的框框所限，他們所提供的線索和資料往往更爲有用、更可信賴。日本史學家所能運用的概念架構比大陸史學家爲自由而廣闊，他們不但有馬克思，而且偶然也接觸到韋伯的歷史社會學。一般而言，他們是根據材料說話的考證派，並不預設「資本主義萌芽」的問題。總之，如果沒有中日史學界所共同奠定的研究基礎，我這部專論是寫不成的。

但是上面已經說明，本書所研究的是明清商人的主觀世界，包括他們的階級自覺和價值意識，特別是儒家的倫理和敎養對他們的商業活動的影響。這是現代中日社會經濟史學家所比較忽略的問題。在這一方面，我則參考了韋伯〔新教倫理與資本主義的精神〕一書所提供的範例。最近西方社會學家討論儒家倫理與東亞經濟發展之間的關係引發了我對這個問題的新興趣。但是我並不想問「資本主義爲什麽沒有在中國出現」這樣的問題。單獨地提出來，這個問題是完全沒有意義的。我也不想直接參加社會學家關於現代儒家倫理的討論，因爲我們還沒有充分的經驗性的證據可以作爲討論的基礎。在本書「序論」中，我已說明我所提出的是所謂「韋伯式」（Weberian）的問題，而不是韋伯在〔新教倫理〕一書中所研究的具體問題。在全書的論證過程中，我不但隨處以新教倫理，特別是喀爾文派的倫理，與中國的宗教倫理相比照，而且還着重地批判了韋伯關於中國宗教的看法。因此我覺得有必要澄清一下本書和韋伯的論點之間究竟有什麽關係。

首先我必須鄭重說明，韋伯並沒有企圖建立任何歷史社會學的規律、公式或固定的方法論，因此我也不可能應用韋伯的特殊公式或方法。韋伯是堅決反對歷史單因論的。他曾說：

> 我抗議一種說法。……以（歷史上）某一種因子，無論是技術或經濟能成為其他因子的「最後的」或「真正的」原因。如果我們觀察（歷史上的）因果線索，我們便會發現在某一時期它是從技術向經濟和政治方面走動，但在另一時期則又是從政治向宗教和經濟方面走動。總之，這條線索上是沒有休止點（resting point）的。在我看來，我們所常聽到的那種歷史唯物論的觀點，卽以經濟在某種意義上是因果系列中的最後定點已是

一個完全破產的科學命題了。(引自 Gordon Marshall, *In Search of the Spirit of Capitalism, An Essay on Max Weber's Protestant Ethic Thesis*, Columbia University Press, 1982, p. 151.)

韋伯的歷史多因論和我自己的一貫看法大致相合，而且今天多數的史學家也都持類似的見解。所以，這個一般性的觀點並不能代表韋伯的特有的立場。我所謂「韋伯式」的問題或論點則專指「新敎倫理」一書處理宗敎觀念影響經濟行爲的問題而言。把喀爾文派的敎義看作資本主義興起的原因之一確是韋伯個人的創見。在這一創見的背後當然隱含了一種假定，即思想本身也自有其某種程度的獨立自主性，在客觀條件的適當配合之下，思想也可以成爲推動歷史發展的力量。韋伯對馬克思的歷史分析是很佩服的。他認爲馬克思從經濟和技術方面去探討歷史事件的造因確是發前人所未發。但是他不同意把這一新的觀點提升爲一種全面的「世界觀」(Weltanschauung)，更不能承認物質因子可以成爲解釋一切歷史事象的最後之因。(見 Marianne Weber, *Max Weber: A Biography*, tr. by Harry Zohn, John Wiley & Sons, 1975, p. 335.) 我可以斷言，像所謂「存在決定意識」這樣的抽象命題在韋伯的眼中是沒有眞實意義的，因爲在這個命題中，不但「存在」和「意識」兩個名詞的語意是含混的，而且「決定」這個動詞也可以有各種程度的強義 (strong sense) 或弱義 (weak sense) 的解釋。今天稍受過哲學訓練的人只能把這個命題當作「廢話」來處理了。

〔新教倫理〕雖是對歷史唯物論的一個有力的反駁，但是韋伯的論旨是以具體的歷史經驗爲根據的；他並沒有把它提升爲一套整體的歷史觀。我們都知道，韋伯在〔新教倫理〕中不但把新教和天主教加以區別，而且在新教各派中還特別挑出喀爾文派來作爲專題研究的對象。照理說，從這一狹窄的歷史經驗中所獲得的結論，其理論的投射力應該是非常有限的。然而不然，自一九〇五年問世以來，〔新教倫理〕竟成爲史學家和社會學家爭論不止的一個中心問題。最近三十年來更不斷有人把這個問題推廣到東方地區的宗教信仰和經濟現代化之間的關係上面。例如關於日本、印尼、和印度都已有個案研究的專書或論文。（詳見 Robert N. Bellah, "Reflections on the Protestant Ethic Analogy in Asia" 收在 S. N. Eisenstadt ed., *The Protestant Ethic and Modernization, A Comparative View*, Basic Books, Inc., 1968, pp. 243—251.）這種廣大的影響力當然是來自韋伯的「理想型」（"ideal-type"）的研究法。他的具體研究對象是喀爾文教派，他所全神貫注的則是通過具體的歷史經驗而建立一種「理想型」。「理想型」雖不是韋伯最先發明的，但却是因爲經過他的大規模的運用而卓著成效的。所謂「理想型」，最簡單地說，卽是通過想像力把歷史上的事象及其相互關係連結爲一整體。這樣建立起來的「理想型」，其本身乃是一個烏托邦，在眞實世界中是找不到的。但是，從另一方面看，「理想型」超越了經驗而同時又包括了經驗。它本身不是歷史的本相，但爲歷史本相提供了一種清楚的表現方式；它本身也不是一種假設，但其目的則在引導出假設的建立。我們必須先建構「理想型」，以與實際的歷史經驗相比較，然後才能看出一組歷史事象中的某些構成部分是特別有意義的。所以「理想型」的建構一方面是以特殊的歷史經驗爲對象，另一方面又以具有普遍意義的問題爲核心。〔新教倫理〕一書便是最好的例證：就喀爾文教義和現代資本主義的興起而言，韋伯所研究的歷史經驗是特殊的，但是就宗教信仰和經濟行爲之間的關係而言，則他所提出的問題又是具有普遍性的。由於「理想型」中的普遍性永遠離不開特殊的歷史經驗，史學家在研究過程中便不得不根據特殊的經驗對象而不斷地創造新的「理想型」；同時，一切已建構的「理想型」也不能不隨着新的研究成果的出現而不斷地受到修正。（以上論「理想型」曾參用上引 Marianne Weber 的〔韋伯傳〕，頁三一四。）

誠如紀爾玆（Clifford Geertz）所說的，韋伯關於宗教信仰和經濟行爲之間的關係的廣泛討論，一方面固然頗有啓發性，另一方面則又令人難以捉摸（elusive）。〔新教倫理〕的讀者彷彿覺得「恍兮忽兮，其中有物」，但是其確切的意義卻不易完全看得清楚。因此我們在研究亞洲現代經濟發展的宗教背景時，並沒有現成的韋伯公式可資利用。研究者只有對〔新教倫理〕一書的基本理論重新加以改造（reformulation）才能建構一個和自己的專題研究相應的「理想型」（見 Geertz, "Religious Belief and Economic Behavior in a Central Japanese Town," 收在上引 Eisenstadt 主編的 *The Protestant Ethic and Modernization* 一書中，特別是頁三〇九—三一〇）。基本上，我同意這種看法。但以本書的主旨而論，我的問題和紀爾玆、貝拉（Bellah）等人所關注者則根本不同，因爲他們都是以現代資本主義型的經濟發展爲研究的對象。例如紀爾玆在上引文中所討論的是爪哇（Java）各種宗教系統和現代工商業的關係：貝拉在〔德川宗教〕（*Tokugawa Religion—The Values of Pre-Industrial Japan*, The Free Press, 1957）中則注重武士階級的倫理對日本型的資本主義的影響。我在本書中則根本不涉及現代資本主義的問題。本書從兩個重要的歷史事實出發：第一是中唐以來宗教的入世轉向；第二是十六世紀以來商業的重大發展。這兩個事實都是史學界所早已共同承認的。本書的目的便是要探索這兩者之間究竟有沒有聯繫。但是我不僅不預設中國的商業發展必然會導向現代資本主義，而且也無意把中國新禪宗以下的宗教發展比附於西方的新教革命。由於中西文化有「內在超越」和「外在超越」的根本差異，宗教在雙方文化系統中所扮演的角色是完全不能相提並論的。有的讀者也許會問：既然如此，本書的討論為什麼又偏偏要牽涉到西方的新教倫理呢？我想試從兩個方面來說明這一點。

第一、今天研究任何地區的文化、思想、歷史、或社會的人大概都很難完全避免比較的觀點。比較的範圍當然可大可小。例如研究美國宗教思想史的人往往要與歐洲各國的背景相比較；研究日本儒學史的人也要取中國和韓國的儒學發展作為比較的資據。這是在同一大文化系統之內的比較研究。但更多的情況則是不同文化系統之間的比較，韋伯的工作便提供了一個最顯著的實例。以十九世紀末葉以來中國文化和歷史的研究而言，我們更是拋不開西方文化的影子。在有意或無意之間，研究者總不免要根據他所瞭解的西方背景來處理他所面對的中國經驗。現代中國的人文學者和社會科學家之所以普遍地有這種中西比較的傾向，其心理的背景是相當複雜的，其中有情緒的成分，也有理智的成分。這裏無法作深度的分析。情緒的問題可以撇開不談，單從理智的方面看，這一比較的觀點在道理上是站得住的，甚至是必要的。但在實踐中，它是否成功則完全繫於研究者個人對於他所比較的具體對象是否都具有正確的瞭解。而且卽使大體上瞭解不誤，其中也仍然有深淺之別、高下之分、精粗之異。

文化的比較必然涉及異與同兩個方面，卽莊子所謂：「自其異者視之，肝膽楚越也；自其同者視之，萬物皆一也。」用今天的話說，「異」卽是「特殊性」，「同」卽是「普遍性」。一切文化都是人創造的，其中自不能沒有大體相同的部分；否則不同文化之間的溝通將是不可能的。我們用不着援引任何精微的哲學理論，簡單的歷史事實已足以說明不同文化之間仍然具有「普遍性」的一面。但人文現象和自然現象畢竟不能等量齊觀。這一點也已愈來愈成爲人文和社會科學界的共識了。所以我們在比較中西歷史和文化之際又不能不特別注意其相異之處。然而文化異同的層次是無窮的，並不能簡單地、平面地、靜態地分別爲「異」、「同」兩項。如果我們從動態的觀點細察中西某一方面的演變，我們可以發現其中有一層層的異中有同、同中有異的辯證關係。有時部分之異不能掩整體之同，有時部分之同又不能掩整體之異，反之亦然。不但如此，更有時表面的相似正含蘊着實質上的差異，而表面上相反，却轉而包藏着實質上的類似。文化異同的複雜現象阻止了任何化約論的成立的可能性。「放之四海而皆準」的歷史規律或發展公式至少到今天爲止還是無法建造起來。然而這又決不等於說世界文化之間完全沒有普遍性的存在。文化上的普遍性是不可否認的，不過不能像自然現象那樣變成「可以形式化的知識」（formalizable knowledge）罷了。總之，如果運用得當，比較觀點足以加深研究者對他所研究的特殊人文現象的理解，其關鍵端在他對異同之間的分寸是否掌握得恰到好處。

讓我舉一個具體的例子來說明這一點。現代研究中國思想史的人常不免自覺或不自覺地發生一個比較性的問題：爲什麼西方發展了現代科學而中國則沒有？這是同一問題的兩面，但兩面的答案都不簡單。姑不論最後的答案是什麼，我們尋求答案的重要途徑之一必然是研究「知識」在中西文化系統中的異同及其在雙方歷史上的發展和變化。沒有任何一個高度發展的文化是離得開「知識」的，所以「知識」是具有普遍性的，是一切文化之所「同」。然而「知識」的性質、位置、和它的發展方向等則不可避免地因文化而異。如果我們眞要解答上述的問題，我們很自然地便會首先注意到儒家「道問學」的傳統及其與「尊德性」之間的微妙關係。在與西方的知識傳統互相對照和比較之下，我們不但會更深刻地認識到儒學史上關於「尊德性」與「道問學」的各種爭論的特殊意義，而且還能更進一步揭示儒學在世界思想史上的普遍意義。這種比較研究是現代人重新瞭解中國文化的始點。比較與一般的比附不同，因爲它不是要證明中國是否已有「科學意識」，而是要闡明中國人的知識觀何以與西方人有如此這般的異同。稍稍研究過中國思想史的人大概都不難看出這種比較研究的現代意義。

本書的比較觀點正是在同一要求之下成立的。宗教和商業也是一切文化所同有的，其內容、位置、和發展情況也同樣因文化而異。只有在比較了各種層次的中西異同之後，我們才能從現代的觀點認識中國近世宗教倫理和社會變遷的意義。本書是有關中國史的研究，因此它的首要任務自然是揭示中國宗教入世轉向的特殊途徑，和中國商人階層興起的特殊形態。比較與對照不是要證明中國也有喀爾文教的倫理或資本主義萌芽，而是爲了使中國史的特殊性更爲鮮明。但是從另一方面看，宗教的入世轉向和商人階層的興起又是中西歷史進程中的共同現象，儘管具體的歷史經驗彼此大有不同。我也希望本書的研究多少能有助於我們對文化普遍性的理解。

第二、本書的討論之所以不得不涉及新教倫理還有另一更重要的原因。韋伯不但在〔新教倫理〕中曾一再引用中國的宗教倫理和商業道德以與西方的情況相對照，而且還寫了一部有關中國宗教的專論（*The Religion of China*），繼續發揮〔新教倫理〕中的主要論點。在〔中國宗教〕中，他所問的主要問題便是：「中國爲什麽沒有發展出西方式的現代資本主義？」他承認中國有「理性主義」（rationalism），當然更肯定儒家的入世性格。但是中國的「理性」和「入世」，在他看來，都和基督新教尤其是喀爾文派不同。所以從思想根源上着眼，他斷定中國不可能出現「資本主義的精神」。韋伯的最後結論也許是正確的，但是他獲得這一結論的理由則是站不住的。詳細的討論已見本書各有關的部分，這裏毋須重複。現在我只想補論一個關鍵性的問題。

我認爲整個問題的關鍵發生在韋伯關於新教倫理的研究所建立的「理想型」。他用「入世苦行」（innerworldly asceticism）來概括新教諸派的倫理，並對「入世苦行」作了種種具體的描寫。他的最後結論則是這種「入世苦行」的宗教倫理是西方所獨有的，而在喀爾文諸派的教義中發展到最高峯。專就思想而言，這是資本主義精神的主要來源。爲了進一步證明這一精神確爲西方所獨有，而不見於任何其他的宗教傳統，他不但研究了猶太教，而且也研究了中國和印度的宗教。這些宗教傳統或者和資本主義精神直接衝突（如印度教），或者對它無足輕重（如猶太教），或者不僅無助而且有礙（如儒家）。（可參看 Stanislav Andreski, "Method and Substantive Theory in Max Weber," 收在 Eisenstadt 上引書中，特別是頁五九—六三）〔中國宗教〕和〔印度宗教〕（*The Religion of India: The Sociology of Hinduism and Buddhism*, Free Press, 1962）兩部書的主旨則尤其是要從反面說明新教倫理是獨一無二的，所以二者的結構和結論大體都相似（參看 Gordon Marshall 上引書，頁五九—六〇）。

韋伯關於新教倫理的「理想型」在西方一直受到史學家、神學家、經濟史家、社會學家的挑戰。有關這一爭論的文獻眞可以說到了汗牛充棟的地步；在今天所謂「韋伯學」(Weberology) 中，新教倫理實佔據了相當中心的位置。我曾就力之所及，閱讀了一些具有代表性的論著，包括全面反對的（如 Kurt Samuelsson）和全面支持的（如 Gordon Marshall）的兩極。但是我既不是「韋伯學家」，也不是新教專家，決沒有資格判斷韋伯關於喀爾文派和清教的教義的陳述究竟是否恰如其分。不過我所獲得的一般印象是：他基本上並沒有歪曲喀爾文的原始教義或後來的清教各派的倫理觀。（詳見 Gordon Marshall 對各種批評的檢討，上引書頁八二—九六。）從我的研究觀點說，韋伯的原始論旨的正誤其實是一個無關緊要的問題。我可以假定他所建立的「入世苦行」的典型是可信的。我所特別感到興趣的則是下面這個問題：中國近世的宗教倫理（尤其是儒家倫理）是否如韋伯所說的，和新教倫理形成了明顯的對照，因而不能爲中國資本主義的出現提供精神的基礎？讀者將會在本書中發現，我的答案恰好與韋伯相反。依照韋伯本人對問題的建構方式，我們必須說，中國的宗敎倫理大體上恰好符合「入世苦行」的形態。（除了我在正文中所引各節外，讀者並可參考韋伯在 *Economy and Society* 一書中對「入世苦行」倫理的各種描寫。見頁五四二—四；五五五—六；六一六。）韋伯當時因爲沒有可靠的資料可以依據，他對於中國宗敎倫理的判斷往往適得其反。今天縱非專門研究中國的西方學者也已感到韋伯關於中國宗敎的「一般論旨」（general thesis）是錯誤的。（如 Andreski 前引文，頁六〇）有些地方，他認爲某些觀念或行爲乃中國所無而爲新敎倫理所獨有者，事實上也正是中國宗敎倫理的要素。我當然不是說中國倫理和新敎倫理基本相同。前面已經指出，中西文化之間存在着各種層次的異同，因此儒家和西方新敎之間是不可能隨便劃等號的。我只是要強調，以「理想型」而言，韋伯所刻劃的「入世苦行」也同樣可以把中國宗敎包括進去。我們只能說二者之間確有程度的不同，卽新敎所表現的入世苦行的精神比中國更強烈、更鮮明、因而也更有典型性。但是除非我們重新建構韋伯的「理想型」，我們已不能用他原有的「入世苦行」的觀念作爲劃分儒家和新敎的有效標準了。

　　本書之所以廣引新敎倫理與中國宗敎相比較是出於不得已，因爲韋伯關於中國宗敎的錯誤論點必須予以徹底的澄清。我當然不敢說我對韋伯論點的理解可以免於錯誤，我也不敢說我對於中國宗敎倫理的分析必然正確。我只能說我已盡量平心體會韋伯的理論，希望把誤解減少到最低限度。因此我不但遍讀韋伯本人的有關作品，而且特別仔細地參考了屈爾施（Ernst Troeltsch）〔基督敎會的社會敎義〕（*The Social Teaching of the Christian Churches*）中有關的部分。屈氏的書是公認的經典之作，而且是根據韋伯的觀點寫成的。所以現在關於新教倫理與資本主義的論點一般已稱之爲「韋伯、屈爾施學說」（"the Weber-Troeltsch theory"）了。（Ephraim Fischoff, "The Protestant Ethic and the Spirit of Capitalism: The History of a Controversy", 見 Eisenstadt 上引書，頁六八）這是因爲韋伯的〔新教倫理〕尙只有開山之功，而屈爾施的巨著才眞正把這個學說全面地建立了起來。屈氏的書是一個很可靠的嚮導，可以幫助我們理解韋氏原作中那些過於簡略或比較含混的部分。

我雖然肯定了中國宗教倫理是屬於「入世苦行」的一型，但是我並不因此斷定資本主義遲早也會在中國出現。那麽是不是我的研究動搖了韋伯關於新教倫理的基本理論呢？其實不然。這裏有兩種可能的方式足以解除韋伯理論所面臨的困難。第一種方式是原有的「理想型」可以重新建構，使新教倫理中有利於資本主義的精神因素更爲突出、更爲集中。同時這種因素又必須確爲西方所獨有而爲中國所絕無。這樣，韋伯的原有論點仍然可以維持其有效性。第二種方式是減低思想方面的論證力量，承認「入世苦行」的倫理必須在其他客觀條件的適當配合之下才能推動資本主義的發展。事實上，韋伯在〔經濟通史〕（*General Economic History*，頁二七六—八）中已列舉了六項現代資本主義成立的前提：一、合理的會計制度；二、市場自由；三、理性的技術；四、可靠的法律；五、自由勞動力；六、經濟生活的商業化。韋伯從來便沒有認爲新教倫理是促使資本主義興起的唯一力量。因此只要稍加調整，他的基本理論仍然是經得起考驗和檢證的。另一方面，我們也可以從中國文化的特徵上爲韋伯的理論尋求開脫之道。中國雖然有「入世苦行」

的宗教倫理，也有「理性主義」；然而「苦行」和「理性」却未能深入政治和法律的領域之中。中國並沒有「可靠的法律」，而現代學者也大致斷定中國的「官僚國家」構成資本主義發展的最大障礙。（Andreski 也持此說，見上引文頁六一）。所以我們如果必須答覆韋伯關於中國爲什麽沒有出現資本主義的問題，我們也許可以說：其原因並不在中國缺乏「入世苦行」的倫理，而是由於中國的政治和法律還沒有經歷過「理性化的過程」（"the process of rationalization"）。這仍然是一個「韋伯式的」答案。

最後，我必須指出，本書是一篇思想史和社會史的研究論文，而不是韋伯的歷史社會學在中國史研究上的應用。我雖然深受韋伯〈新教倫理〉一書的啓發，但是我的目的並不在建立任何社會發展的通型。我只希望通過韋伯的某些相關的觀點來清理中國近世宗教轉向和商人階層興起之間的歷史關聯和脈絡。所以下篇討論商人和宗教倫理的關係完全以文獻證據爲根據。這是和〈新教倫理〉取徑截然不同之所在。韋伯學家也承認，〈新教倫理〉的全部論證是建立在神學家、作家的議論上面的，全書沒有引用過一個企業家的實例。換句話說，這部書僅僅提供了「新教倫理」方面的證據，但沒有舉出資本家怎樣運用「新教倫理」的證據。這種研究方式從歷史社會學的觀點說也許是可以接受的，但是從嚴格的史學觀點說，則究嫌美中不足。究竟什麽樣的歷史證據能够眞正「證實」或「否證」韋伯的論點雖然是一個極其複雜的問題，但原則上這個論點是可以而且必須用歷史證據來檢驗的。（關於這一點，可看 Gordon Marshall 上引書第五章 "The Heart of the Matter"）本書是屬於純史學的性質，自然更不能不嚴守證據這一關口。不但如此，中西宗教形態的根本不同也產生了對於證據的不同要求。西方的基督教各派都有嚴密的教會組織；通過種種經常性的組織活動，教會對教徒的信仰的控制力量是相當強固的。一般而言，只要我們確知某一地區的人民屬於某一特殊教派，我們便能大致斷定他們的宗教信仰中包含着哪些具體的教義。如果研究者再進一步假定這些信仰可以支配他們的實際行爲，那麽，即使沒有經驗證據的支持，他仍不妨從某一地區的教派背景來推斷某一套特殊的宗教倫理（如喀爾文教義）對其教徒的社會經濟活動的方式（如資本主義的精神）具有決定性的影響。也許是由於這一假定，韋伯才沒有去尋找有關喀爾文派商人的經濟行爲的直接證據。他可能認爲這類經驗證據之有無對他所要建立的「理想型」並不發生關鍵性的作用。儘管從史學的觀點看，我們對上述的假定不能輕易地接受，但以西方宗教而言，這個假定至少不是全無根據的。中國宗教倫理的情況則完全不同。中國沒有西方式的宗教組織。儒家固不必說，佛、道兩教雖有寺觀與宗派，但與信徒之間的關係則根本不能和西方的教會相提並論。三教中各派的思想都在社會上自由流通，我們完全無法判斷一般中國人的信仰系統中到底包含了哪些具體的成分。在中國傳統社會中，受過教育的人雖然都讀過孔、孟、程、朱的書，可是我們並無法判斷其中哪些道德觀念對讀者曾發生過實際的影響，甚至是否發生過任何影響。在這種情形下，史學家要想建立信仰與行爲之間的關聯，除了依靠具體的經驗證據之外，實別無他途可走。而且即使找到了文獻的證據，其中還有眞實性的嚴重問題存在。這便進入了中國史學傳統中考據的領域。本書的考據不僅有時涉及個別記載的眞僞問題，而且更涉及一切個別的證據怎樣相互聯繫成爲一有機體，以說明中國商人精神的全面發展歷程。這決不是隨意抄摘字面相同的史料便能聯綴成篇的。但本書的撰寫雖懸此爲標的，限於個人掌握和解釋材料的能力，錯誤和疏漏大概都是不能避免的。我唯一能保證的是：本書曾盡量避免得出任何缺乏證據的結論而已。

史學論著必須論證（argument）和證據（evidence）兼而有之，此古今中外之所同。不過二者相較，證據顯然佔有更基本的地位。證據充分而論證不足，其結果可能是比較粗糙的史學；論證滿紙而證據薄弱則並不能成其爲史學。韋伯的歷史社會學之所以有經久的影響，其原因之一是它十分尊重經驗性的證據。甚至馬克思本人也仍然力求將他的大理論建築在歷史的資料之上。韋、馬兩家終能進入西方史學的主流決不是偶然的。我之所以必須強調這一層是有感於最近海內外中國人文學界似乎有一種過於趨新的風氣。有些研究中國文史，尤其是所謂思想史的人，由於受到西方少數「非常異義可怪之論」的激動，大有走向清儒所謂「空腹高心之學」的趨勢。這些「異義怪論」主要起源於今天的法國和德國；它們自有其本土的歷史和文化的特殊根源。其中個別的論點或不無可取之處，但以整個系統而論，則大抵都不免過於張皇其詞之嫌。西方史學界也有少數旁逸斜出的人走這條捷徑，其得失非一言可盡，姑置不論。西方現代思想中本有一些「荒謬的」（absurd）支流，恰可爲這些「異義怪論」提供用武之地。此外，如果我們研究的對象是「非理性」、「瘋狂」、「犯罪」、「性變態」、「巫術」之類，這些「異義怪論」也未嘗不可備參考。在西方的多元史學傳統中，任何新奇的觀點都可以覓得容身之地，但在長距程中，却未必能撼動其主流的大方向。最近十餘年來，歷史敘事（historical narration）從衰落到復興便是一個最顯著的例子。要求史學論著完全不敍述人和事件在時間中的流變終究是不切實際的空想。重新抬頭的敍事史學雖然在內容上已頗有改變，但這一源遠流長的史學體製之終不可廢則顯然可見。(可看 Lawrence Stone, "The Revival of Narrative: reflections on a new old history", 收在他的 *The Past and The Present*, Routledge & Kegan Paul, 1981, pp. 74-96. 參考 George G. Iggers, *New Directions in European Historiography*, revised edition, Wesleyan University Press, 1984, pp. 200-2.) 不但如此，不同流派的哲學家如丹陀 (Arthur C. Danto, *Narration and Knowledge*, Columbia University Press, 1985) 和呂柯 (Paul Riccoeur, *Time and Narrative*, Vol. I. tr. by Kathleen McLaughlin and David Pellauer, The University of Chicago Press, 1984) 現在也開始分析敍事與歷史知識的特別關係了。誠然，今天不少西方的史學家都要求超越於歷史資料之上以期能更深一層地理解歷史發展中所表現的「意義的型態」(Patterns of meaning)。但是很顯然地，史學家只有在徹底地掌握了資料之後才能超越資料；「超越」並不是「跳過」。

以中國史的研究而論，馬克思的整個系統固不可用；其中有些個別觀點也必須經過重新改造才能和中國的材料接得上榫。卽使是韋伯的開放性的論點，倘非加以適當的調整，也無法生搬硬套。至於西方那些新興的「異義怪論」是否都具有普遍的有效性則尙遠有待於事實的證明。我很願意承認有些新的理論如詮釋學（hermeneutics）可以在有限的範圍內和中國經典詮釋的傳統互相溝通。但是其中另一些怪說，如德里達 (Derrida)、傅柯 (Foucault)、哈伯瑪斯 (Habermas）等人的理論系統，究竟怎樣才能和中國思想史的具體研究結合起來，我至今仍然茫無所解，我希望提倡這些怪說的人快點用實踐——研究成果——來證明他們的信仰。必須注意，我在這裏所強調是整個「系統」，而不是其中的個別論點，因爲這是提倡者的基本立場。我在前面已經說過，他們的個別論點並非全無可取；而且這些論點往往前有所承，不必是他們的創見。最使我躭憂的是：有志於史學的青年朋友們在接觸了一些似通非通的觀念之後，會更加強他們重視西方理論而輕視中國史料的原有傾向。其結果則將引導出一種可怕的看法，以爲治史只需有論證而不必有證據。我十分贊成研究中國史的人隨時盡可能注視世界史學或相關學科中的新動態。但是我必須下一轉語：了解外界的一般行情只是史學研究的邊緣活動，它永遠不能也不應代替我們在自己園地中耕耘的基本功夫。我們只有在努力繼承了中國史學研究的豐富遺產之後，才有資格談到開闢新方向的問題。「大抵有基方築室，未聞無址忽成岑。」陸象山這兩句詩是值得我們反復吟味的。

本書的構思和資料的搜集已積之有年，原是我研究宋代以來的中國思想史的一個構成部分。這次之所以提前單獨成篇則出於兩種因緣。第一是承清華大學校長毛高文先生的雅意，邀請我在民國七十四年六月參加該校的畢業典禮。毛校長希望我在畢業典禮的致詞之外，再作一次學術專題演講。六月十九日下午我在新竹的清華大學，以「儒家倫理與商人精神」爲題，對本書的內容作了一次口頭報告。當時臺北各大報都有報導，而以〔聯合報〕在六月二十和二十一兩天所連載的較爲詳細，因爲那是經過我自己校補的。但本書的論證是相當繁複的，資料更是十分龐雜的。

兩個小時的講演和報紙上的記錄最多只是一個提綱。我相信當時的聽衆和讀者未必都能把握到本書的中心論旨所在。我願意借此機會對他們表示我的歉意。

我在清華講演時並沒有成稿，所根據的只是平時所摘錄的史料。而且我當時也沒有決定是否把講演正式整理出來。一九八四年年底，在美國出版的〈知識份子〉季刊曾計劃推出一個「儒家思想與經濟發展」的專號，約我參加一份。我當時雖接受了這一稿約，但是並沒決定究竟寫什麽題目。我的清華講演刊出之後，〈知識份子〉的梁恒和杜念中兩位先生都鼓勵我把講稿寫出來，因爲他們都覺得這正符合〈知識份子〉專號的需要。他們並慷慨地提供整個季刊的三分之一的篇幅，以便一次刊完我的論文。這是本書之得以提早完成的第二個因緣。現在本書以專刊的形式問世，我必須首先向清華大學的毛高文校長和人文社會科學院的李亦園院長表示我的謝意。他們兩位肯把本書列爲「清華叢書」之一，更是給予我個人的一種殊榮。其次，我也要感謝〈知識份子〉的梁、杜兩位朋友，如果不是他們的特別熱心，本書是不可能在這樣短的時間內撰成的。我尤其感謝他們允許我重刊本書的好意。

本書初稿刊在〈知識份子〉第二卷第二期（一九八五年冬季號）上。這次重印曾作了修正和補充。在補充的部分，最重要的是新資料的發現。其中最值得指出的是一九八五年八月出版的〈明清徽商資料選編〉（張海鵬、王廷元主編，黃山書社刊行）。這是一本內容極其豐富的材料書，其中所收集的資料，有不少是海外所看不到的孤本或稿本。但是可惜我一直到最近才有機會讀到這部書，因此沒有能够充分地加以利用。大體上說，這部材料書全面地證實了本書的基本論點，使我對自己的看法更具信心。在增訂過程中，爲了避免版面的改動過大，我儘量把新獲得的資料添入附註中；祇有極少數重要的文字列入了正文。所以本書中有些較長的附註，其重要性並不在正文之下。這是希望讀者特別注意的。

最後，我要特別感謝楊蓮生師的前序和劉廣京先生的後序。這前後兩序各有重要的貢獻。楊序雖偏重在古代，但也爲中國商賈與貨殖的傳統劃出了一個鮮明的大輪廓。劉序則偏重在近世，以凸顯中國經濟史上的新變化爲主旨。所以這兩篇出色當行的論文恰可以匡正本書之所未逮，讀者幸勿以尋常的序跋文字視之。楊序和劉序的雙重保護加強了我的安全感，使我更有勇氣把這部未成熟之作提早呈獻給海內外的讀者。

一九八六年五月十七日余英時序於美國康州之橋鄉

序論

韋伯（Max Weber）在今天西方的社會科學界和史學界上顯然是處於中心的位置。在近代西方哲學史上，哲學家中有人向康德立異，也有人和他同調，但決沒有人能夠完全不理會他的學說[1]。今天韋伯的情況便和康德十分相似。研究現代東亞社會和歷史變遷的人則特別注重韋伯的〔中國宗教〕（*The Religion of China*）和〔新教倫理與資本主義的精神〕（*The Protestant Ethic and the Spirit of Capitalism*，以下簡稱〔新教倫理〕）兩部著作。後一部書雖純以西

---

1 見 Robert Paul Wolff 在他所主編 *Kant, A Collection of Critical Essays* (Doubleday Anchor Books 本，1967) "Introduction", p. 1.

方的歷史爲對象，但其結論仍對東亞史的研究有反照的作用。韋伯關於西方資本主義的興起的解釋涵蘊着一種理論的力量，可以從反面說明東亞——尤其是中國——何以沒有發展出資本主義的經濟形態。

但是近二三十年來，主要由於東亞地區（包括日本、臺灣、香港、南韓、新加坡）經濟成長的特殊經驗，不少社會學家和經濟學家開始注意到儒家倫理的積極功用。他們覺得韋伯對於儒家思想所持的否定看法也許有修正的必要。因此儒家——或者更廣義地說，中國文化——是否曾對東亞的經濟發展發生了積極的推動作用，目前已引起海內外中國學術界的注意了[2]。

中國爲什麼沒有發展出資本主義？這可以說是近幾十年來世界史學界所共同關注的一個中心問題。從歐、美、日本、到中國，我們都可以在歷史論著和學報中找得到有關這一問題的大量的專題研究。但是對於這個共同關注的問題，史學界尋求答案的方式顯然可以分爲兩個主要流派：第一派從理論上斷定資本主義必然會在中國史上出現，並且實際上已經萌芽。不過由於爲種種特殊因素所阻，未能充分成長而已。第二派則並不預斷資本主義是中國社會發展的必經階段，而是從事實出發，探討傳統中國爲什麼產生不出西方式的現代資本主義。第一派所持的自然是馬克思

2 見金耀基，「儒家倫理與經濟發展：韋伯學說的重探」，收入〈金耀基社會文選〉（臺北，幼獅文化事業公司，一九八五）；于宗先，「中國文化對臺灣經濟成長的影響」，刊在于宗先、劉克智、林聰標主編〈臺灣與香港的經濟發展〉（臺北：中央研究院經濟研究所，一九八五年五月再版）。這兩篇文章都討論到現代西方學人如 Harold Kahn, Robert Bellah, Peter L. Berger 等人關於東亞經濟與宗教倫理的看法，可供參考。

主義的觀點。根據這個觀點，歷史五階段論是適用於一切人類社會的普遍規律，中國當然不可能成爲例外。五十年代以來中國大陸上關於「資本主義萌芽問題」的無數討論都是這一歷史觀點的產物。第二派的史學家並不完全根據韋伯的理論，卻都直接或間接地受了韋伯的一些影響。因此我們不妨說他們代表「韋伯式的」（Weberian）觀點。在西方和日本研究這個問題的史學家大致都可歸之於這一派。

在更進一步地分析這兩派的異同之前，我們有必要略略交代一下韋伯觀點和馬克思主義的關係。〔新教倫理〕這篇專論是否如帕森思（Talcott Parsons）所說，乃爲駁斥馬克思的唯物史觀而作[3]？這是一個頗有爭論的問題。在十九世紀九十年代的德國史學界，喀爾文教派與資本主義之間的關係本是一個討論得非常熱烈的題目。韋伯的研究正是聞風而起並有特殊突破的一個例[4]。不僅如此，恩格斯在一八九二年爲他的〔社會主義從空想到科學〕一書英文版所寫的導論中，也明白地指出，喀爾文的信條是適合新興資產階級需要的一種最大膽的主張。其「選民前定論」（predestination）的意義便在於說明：在競爭的商業世界中，一個人的成功或失敗往往不

---

[3] 見 Talcott Parsons, "Capitalism in Recent German Literature, II. Max Weber", *Journal of Political Economy*, Vol. 37, (1929), p.40.

[4] 見 Guenther Roth, "Introduction" in Guenther Roth and Claus Wittich 主編 Max Weber, *Economy and Society* (University of California Press, 1978) Vol. 1, LXXII-LXXIII; LXXVI-LXXVIII.

繫於他的活動和聰明，而繫於他所無法控制的外在情況[5]。

這樣看來，韋伯〈新教倫理〉一書似不能理解爲專駁馬克思主義的史觀而作。但是往深一層看，這篇專題研究又確是和唯物史觀針鋒相對的。韋伯基本上是反對唯物史觀的。就與本文有關的部分而言，我們可以舉出以下幾個論點：第一，韋伯不同意任何歷史單因說，因此他也不能同情經濟決定論。第二，他不取社會進化論，而馬克思主義的歷史觀正是社會進化論的一種最嚴格的表現方式。韋伯並不相信歷史上有什麼必然的發展階段，當然更不能接受唯物史觀的五階段論了。第三，唯物史觀基本上以上層的政治、文化結構是由下層的經濟基礎所決定的。韋伯則堅持同樣的下層基礎可以有不同的上層建築。不但如此，他顯然認定文化因素——如思想——也可以推動經濟形態的改變。這正是〈新教倫理〉一書的主旨所在。上引恩格斯關於喀爾文信條的論斷仍以「選民前定論」是資本主義競爭的一種「表現」(expression)，這和韋伯以「前定論」有推動資本主義發展之功是大有距離的。無論馬克思主義者後來怎樣企圖賦予思想以主動的功能，他們都絕不可能承認思想在歷史發展中的作用可以達到如〈新教倫理〉所強調的程度[6]。從

---

5 見 Friedrich Engels' "Introduction" to *Socialism: Utopian and Scientific* in *Marx and Engels on Religion* (New York: Schocken, 1964), pp. 300-01.

6 見 Guenther Roth,"The Historical Relationship to Maxism",in Reinhard Bendix and Guenther Roth, *Scholarship and Partisanship: Essays on Max Weber* (University of California Press, 1971), 特別是 pp. 239-46.

這一點說，（新教倫理）事實上確是對唯物史觀的一種有力的反駁。

但是一旦把馬克思或韋伯的觀點應用到中國史的研究上面，我們立刻便遭遇到一些幾乎是無法克服的困難。馬克思關於資本主義發生的論斷是完全根據西歐的歷史經驗而得來的。他的五階段論也祇是西歐社會經濟史的一個總結。他把古代亞洲的社會經濟形態含混地稱之爲「亞細亞生產方式」，正是要使它和希臘、羅馬的奴隸社會區別開來。總之，馬克思本人從來沒有說過，他的唯物史觀是「放之四海而皆準」的。一八七七年他在「答米開洛夫斯基書」（"Reply to Mikhailovsky"）中特別強烈地反對有人把他關於西歐資本主義發生的研究套用在俄國史的上面。他毫不遲疑地指出，他的研究決不能變成一般性的「歷史哲學的理論」（"historic-philosophic theory"），更不能推廣爲每一個民族所必經的歷史道路。他最後強調，在不同的社會中，即使表面上十分相似的事件，由於歷史的處境相異，也會導致截然不同結果。每一個社會的歷史進化的形式都必須分別地加以研究，然後再互相比較，庶幾可獲得一種共同的理解線索。但是世界上決沒有某種一般性的「歷史哲學的理論」可以成爲開啓一切歷史研究之門的「總鍵」（"master key"）。因爲任何「一般性的歷史理論」都是以超越歷史經驗爲其最主要的特色的[7]。馬克思晚年之所以特別聲明他「不是一個馬克思主義者」，正是痛感於他的信徒（甚至包括恩格

7 見 Karl Marx, "Reply to Mikhailovsky", 收在 L. Feuer 所編 K. Marx, F. Engels, *Basic Writings on Politics and Philosophy* (New York, 1959), pp. 440f.

斯的〔反杜林論〕在內）把他的研究結果過度地推廣了[8]。

如果我們尊重馬克思本人的看法，那麼今天馬克思主義史學家企圖在中國史上尋找「資本主義萌芽」的種種努力便是完全沒有理論根據的。馬克思的歷史著作爲現代的史學研究提供了重要的新觀點和新方法，因而具有深刻的啓示性，這已是史學界所久已公認的事實。但他似乎沒有說過，中國傳統社會必然會發展出西方式的現代資本主義。

據韋伯的說法，如果「資本主義」一詞的意義是指私人獲得的資本用之於交換經濟中以謀取利潤，那麼不但西方古代和中古，甚至古代東方各國都早已發展了資本主義的經濟[9]。根據這個定義，當然中國從戰國以來也已有「資本主義」了。這相當於我們通常所說的「商業資本主義」（"commercial capitalism"）。但是西方近代工業革命以後所出現的資本主義則是一種特殊的歷史經驗，是由許多個別歷史因素的特殊組合而造成的。這樣的資本主義在整個人類歷史上只有一個例子，而且也只能發生一次。關於這一點，我已在另一篇文字中有所說明，此處不再重複[10]。

韋伯〔新教倫理〕的特殊貢獻在於指出：西方近代資本主義的興起，除了經濟本身的因素之

8 見 Isaiah Berlin, *Karl Marx*, 第四版 (Oxford University Press, 1978), p. 197.

9 見 Max Weber, *The Protestant Ethic and the Spirit of Capitalism*, Talcott Parsons 英譯本 (London: Allen & Unwin, 1930), pp. 19-20; Roth, "Introduction" in Weber's *Economy and Society*, LIII-LIV.

10 見余英時，「韋伯觀點與『儒家倫理』序說」，〔中國時報〕，「人間副刊」，一九八五年六月十九日。現收入本書附錄。

外，還有一層文化的背景，此即所謂「新教倫理」，他也稱之爲「入世苦行」（"Inner-worldly asceticism"）。他認爲喀爾文派的「入世苦行」特別有助於資本主義的興起。所以他的〔新教倫理〕主要是以此派影響所及的區域爲研究的對象，如荷蘭、英國、及北美的新英格蘭等地。他特別徵引了佛蘭克林（Benjamin Franklin）的許多話來說明「資本主義的精神」。這一精神中包括了勤、儉、誠實、有信用等等美德。但更重要的是人的一生必須不斷地以錢生錢，而且人生便是以賺錢爲目的；不過賺錢既不是爲了個人的享受，也不是爲了滿足任何其他世俗的願望。換句話說，賺錢已成爲人的「天職」或中國人所謂「義之所在」（"calling"）。韋伯也形容這種特殊的精神是「超越而又絕對非理性的」（"transcendental and absolutely irrational"）。但更奇妙的則是在這種精神的支配之下，人必須用一切最理性的方法來實現這一「非理性的」目的。據韋伯的研究，喀爾文的教義便是這一精神的來源。以新英格蘭爲例，由於這一精神的出現是先於資本主義的秩序的建立，因此它決不如歷史唯物論者所說，乃是經濟情況的反映或上層建築。相反地，它是資本主義的興起的一個重要原因[11]。

韋伯〔新教倫理〕的主旨雖在闡明西歐和北美資本主義興起的文化背景，但他在此書中仍不忘其比較社會學和比較歷史學的觀點。所以，他認爲一般意義的資本主義雖存在於中國、印度、巴比倫、西方古代和中古，但像上面所刻劃的那種獨特的「資本主義的精神」則起源於近代西方

[11] 見 *Protestant Ethic*, pp. 55-56.

的新教地區。今天主張儒家倫理與現代東亞經濟發展有關的學者因此便不免碰到一個理論上的困難：卽使我們能證實這兩者之間的因果關係，我們仍不足以推翻韋伯的原有理論，因爲無論是日本、臺灣、香港、南韓或新加坡的經濟發展，其資本主義的經營方式都是從西方移植過來的，而非發源於本土。

韋伯關於新教倫理的研究與馬克思派的唯物史觀不同，它自始卽不成其爲一套「放之四海而皆準」的歷史理論，因此也就不可能原封不動地套用在中國史上面。但韋伯的〈新教倫理〉一書卻又和馬克思本人的史學著作一樣，其中含有新觀點和新方法，足以啓發非西方社會的歷史研究。首先，針對着唯物史觀的經濟決定論而言，韋伯認爲思想意識也同樣會在歷史的實際進程中發生推動的作用。但是他又絕對不是一個「歷史唯心論者」，認爲近代西方的資本主義純粹是宗教改革（Reformation）的產物。他所要追尋的祇是宗教觀念在資本主義精神的形成和擴展的全部過程中究竟曾起過何種作用。大體說來，他認定西歐宗教改革中有三大互相獨立的歷史因素，卽經濟基礎、社會政治組織、和當時佔主導地位的宗教思想。西方近代資本主義的興起必須在這三者之間的交互影響中求之，雖然〈新教倫理〉一書僅限於思想背景的分析。這一歷史多因論的觀點比唯物史觀的單因論要複雜得多，其結論自然也不是三言兩語所能概括得盡的[12]。此外，

12 見 *Protestant Ethic*, pp.91-92，並可參看 Talcott Parsons, *The Structure of Social Action*(The Free Press, 1949) 第三部第十五章論 Weber 及思想的功用。

他的「入世苦行」說也蘊涵着一個帶有普遍性的歷史論點，卽在一個社會從「出世的」性格轉向「入世的」性格之際，其經濟形態往往會發生重要的變化。這便是西方學人常常談到的西方近代「俗世化」(secularization)的問題。西方以外的社會(如中國)也有在不同的程度上經過類似的歷史階段的，因此這個問題可以說是帶有普遍性的。但是由於程度上畢竟各有不同，因此史學家又不能用西方的經驗機械地套用在其他社會的歷史過程之上。例如喀爾文教派的「前定論」是一個獨一無二的宗教怪論，我們決不可能在其他文化中找到同樣的東西。如果我們要運用韋伯的觀點研究中國史，我們最多祇能追問：在中國的宗教道德傳統中有沒有一種思想或觀念，其作用與「前定論」有相當的地方，然而又有根本的差異?這是韋伯觀點的啓示性之所在。所以分析到最後，我們祇能提出一般性的「韋伯式的」問題，但無法亦步亦趨地按照韋伯的原有論著的實際內容來研究中國歷史的演變。因爲一涉及實際內容，韋伯的個案研究便變成基本上和中國史不相干了。同樣的原則也適用於馬克思的史學理論(或任何其他西方學人的學說)。我們不妨在中國史上提出「馬克思式」(Marxian)的問題，但同時也千萬要記住馬克思的名言，不要變成「馬克思主義者」。

本文分爲三個部分：上篇論中國宗教的入世轉向。這一部分主要是研究中唐以來的新禪宗和宋以後的新道教。中篇論儒家倫理的新發展。這一部分起於韓愈，迄於王陽明，但重點在追尋它和禪宗的複雜關係。下篇論中國商人的精神憑藉。這一部分大致以十六至十八世紀爲限。但研究的重點不是商業發展的本身，而是商人和傳統宗教倫理的關係。這三個部分雖是互相涵攝、彼此呼應的，但各部分也自有其獨立性。

我們想追問的是：在西方資本主義未進入中國之前，傳統宗教倫理對於本土自發的商業活動究竟有沒有什麼影響？如果有影響，其具體的內容又是什麼？讀者當不難看出，我所提的正是所謂「韋伯式」的問題。但是在試圖解答問題時，我則儘量要求讓中國史料自己說話。這樣也許可以避免一種常見的毛病，卽用某種西方的理論模式強套在中國史的身上。所以我的問題雖屬於「韋伯式」，我的具體答案卻和韋伯的〔中國宗教〕一書的論斷大相逕庭。

這部專論的積極目標是在開拓中國史研究的新領域，不是消極地與韋伯辯難。其中偶有駁議，也是因爲澄淸論點而不得不然。七、八十年後的今天，我們無論在理論上或事實上都沒有理由依然停留在韋伯當年的水平上了，在中國史研究上尤其如此。但是韋伯的某些「灼見」（in-sight）卻歷久而彌新，在今天仍散發着光芒。若不是因爲他的「灼見」，這部專論大概也是不會出現的。

上篇

中國宗教的入世轉向

宗教有它超越的一面，也有它涉世的一面。這便是傳統宗教語言所說的「彼世」與「此世」之分。超越的彼世是否永恒不變、歷久彌新？這恐怕永遠是一個「見仁見智」而得不到最後答案的問題。但宗教終不能不與「此世」相交涉，而「此世」則不斷地在流變之中。從宗教與「此世」之間的關涉着眼，我們當然可以討論宗教的歷史演進問題。

韋伯重視西方的宗教革命，特別是喀爾文派的教義，因爲他顯然認定這是西方近代精神的開端。依照他關於「傳統」和「近代」的兩分法，中國與西方的分別即是前者仍屬傳統社會，而後者則已進入近代階段。工業資本主義、科學和技術便是西方近代精神的最中心、最具體的表現，而這些恰恰是中國所缺少的。他在〔中國宗教〕一書中曾把儒家和清教派作了一番較爲詳細的對比。在這一對比之中，儒家和清教派幾乎顯得處處相反[13]。限於當時西方「漢學」的水平，韋伯關於儒家的論斷在今天看來大部分都是成問題的。但在這一點上我們對他必須從寬發落。不過我們由此可以看出，在他的理解中，中國史從來沒有經過一個相當於西方宗教革命的階段。今天宗教社會學家的看法已有基本的改變。例如貝拉（Robert N. Bellah）論「近代早期的宗教」（"early modern religion"）便承認伊斯蘭教、佛教、道教、儒家等都曾發生過類似西方新教那

[13] Max Weber, *The Religion of China, Confucianism and Taoism* (The Free Press, 1951) 第八章結論部份關於儒家和清教的比較。

樣的改革運動，不過比不上西方宗教改革那樣澈底和持續發展而已[14]。

如果我們以西方的宗教改革作爲衡量的尺度，中國不但曾發生過同類的運動，而且其時代遠較西方爲早。宗教改革的基本方向是所謂從「出世」到「入世」，也就是從捨棄「此世」變爲肯定「此世」。其中一個重要觀念卽個人與上帝直接相通，不再接受中古等級森嚴的敎會從中把持，這便是馬丁路德「唯恃信仰，始可得救」("salvation by faith alone")之說。與此相隨而來的還有一種自由解釋〈聖經〉的風氣，卽重視〈聖經〉的眞精神而鄙薄文字訓詁。這一風氣也是由路德開端的。韋伯從比較社會學的觀點出發，自然特別強調喀爾文派的社會經濟倫理及其所產生的巨大影響。因爲和後起的喀爾文派相對照，路德的經濟倫理和社會思想的確是遠爲傳統而保守；他的政治觀念更帶有濃厚的權威主義的傾向。但是路德派開風氣之功畢竟不容盡沒。例如「天職」的觀念便是由路德以德文譯〈聖經〉而首先使用的[15]。而且卽使在經濟倫理一方面，路德派也還是有積極的貢獻的。路德派的廢止乞討、鼓勵大衆勞動，及其宗敎個人主義都曾有助

---

14 Robert N. Bellah, "Religious Evolution", 收在 Wililam A. Lessa and Evon Z. Vogt 合編 *Reader in Comparative Religion* (New York: Harper & Row, Second Edition, 1965), pp. 82-84.

15 見 Weber, *Protestant Ethic*, pp. 79-81. 讀者如欲對「天職」觀念作更進一步的瞭解，則當參看第三章註一至註六的詳細考證，pp.204-212.關於「天職」觀念在基督敎思想史上的轉變，可看 Ernst Troeltsch, *The Social Teaching of the Christian Churches* (London: Allen & Unwin, 1931), Vol. 2, pp. 609-612. 但Weber對於「天職」觀念的解釋也不是人人都接受的。可看 Kurt Samuelsson, *Religion and Economic Action* (New York: Basic Books, 1961), pp. 43-47。此書由瑞典文譯成英文，是對 Weber 理論的全面反駁，但辭理皆過激，頗遭非議。

於經濟生活的發展。一般而言，路德派教區內的人民也是比較更能吃苦耐勞的[16]。從比較歷史的觀點討論中國史上的宗教轉向，我們並沒有必要嚴守韋伯的分野，把西方的新教倫理局限於喀爾文一派之內。理由很簡單：我們的主旨是追溯中國宗教倫理的俗世化對商人精神的可能的影響，而韋伯所研究的則是西方近代資本主義精神的宗教來源。這種資本主義，我們已說過，是西方所獨有的。到現在為止，我們還沒有充足的證據相信資本主義是中國歷史上一個必經的階段。我們所追問的是一個「韋伯式的」問題，但是我們毋須乎把韋伯原來的問題搬到中國史研究上面。

今天的社會學家、經濟學家在討論東亞經濟發展的文化因素時，往往祇注意到儒家倫理。這是很自然的想法，因為至少在表面上看，儒家倫理在這些地區的日常生活中是佔有主導地位的。但是從歷史上觀察，中國宗教倫理的轉向則從佛教開始。而且正如陳寅恪所說的，「自晉至今，言中國之思想，可以儒釋道三教代表之。此雖通俗之談，然稽之舊史之事實，驗以今世之人情，則三教之說，要為不易之論。」[17]因此我們討論這一問題便不能不同時涉及三教倫理的新發展。

一、新禪宗

16 Troeltsch, 前引書, pp. 572-73.

17 陳寅恪，〔金明館叢稿〕二編（上海：古籍出版社，一九八〇年），頁二五一。

原始的印度佛教本是一種極端出世型的宗教，把「此世」看成絕對負面而予以捨棄。這一性格本來和中國人的強烈入世心理是格格不入的。中國思想自先秦以來即具有明顯的「人間性」傾向[18]。中國古代思想中雖也早有超越的理想世界（即「彼世」）和現實的世界（即「此世」）的分化，但這兩個世界之間是一種不即不離的關係，並不像在其他文化（如希臘、以色列、印度）中那樣形成了鮮明的對照。這是中國思想的重要特徵之一。道家早有「方內」、「方外」之別，但其後的神仙觀念仍從先秦「絕世離俗」的性格逐漸轉變爲秦漢以後的「一人成仙，鷄犬升天」，甚至甘願留在人間的「地仙」[19]。

但是魏晉以來中國大亂，「此世」越來越不足留戀，佛教終於乘虛而入，不但征服了中國的上層思想界，而且也逐漸主宰了中國的民間文化。據我們目前所知，佛教最遲在兩漢之際已傳入中國，其所以必待魏晉以後始發生重大的影響，當然與中國當時的社會變動有密切的關係。一個極端出世型的宗教最後竟能和一個人間性的文化傳統打成一片，其間自不免要經過一個長期的複雜的轉化過程；不但中國文化本身必然因新成分的摻入而發生變化，佛教教義也不能不有相當基

18 關於中國思想的「人間性」的問題，參看余英時，〔中國知識階層史論〕（臺北：聯經，一九八〇年），頁五四—五七。

19 中國的「此世」與「彼世」是不即不離的關係，故可稱之為「內在超越」。詳見余英時，〔從價值系統看中國文化的現代意義〕（臺北：時報出版公司，一九八四年）。關於秦漢道教神仙思想的人間傾向，可看 Ying-shih Yü, "Life and Immortality in the Mind of Han China", *Harvard Journal of Asiatic Studies*, Vol. 25, 1964-1965.

本的改變以求得在新環境中的成長與發展。限於篇幅，本文不能討論這一歷史過程[20]。

大體說來，自魏晉至隋唐這七、八百年，佛教（還有道教）的出世精神在中國文化中是佔有主導地位的。儒家雖始終未失其入世的性格，但它的功用已大爲削減，僅限於實際政治和貴族的門第禮法方面。以人生最後的精神歸宿而言，這一時期的中國人往往不歸於釋，即歸於道。但在這幾百年中，中國社會在劇烈地起着變化，佛教本身也不斷地在變化中。唐代中國佛教的變化，從社會史的觀點看，其最重要的一點便是從出世轉向入世。惠能（六三八—七一三）所創立的新禪宗在這一發展上尤其具有突破性或革命性的成就。有人稱他爲中國的馬丁路德是不無理由的[21]。惠能立教一向被說成「直指本心」、「不立文字」。後世通行本〈壇經〉「機緣品」記錄他的話尚有「字即不識，義即請問」、「諸佛妙理，非關文字」等語[22]。有關惠能生平的傳說和〈壇經〉的流傳當然都有不少問題。不過大體上說，他縱使識字，其教育程度也不會太高。而〈壇經〉雖

---

20 關於佛教中國化的長期歷史過程，可參考 Kenneth K. S. Ch'en, *The Chinese Transformation of Buddhism.* (Princeton University Press, 1973.)

21 錢穆，「再論禪宗與理學」，收入〈中國學術思想史論叢〉第四冊（臺北：東大圖書公司，一九七八），頁二三二。

22 惠能是否「不識字」，很難斷定，因為他的傳記中頗多宗教神話的成份。宇井伯壽在〈禪宗史研究〉第二（東京：岩波書店，1941）第二章「六祖慧能傳」中曾詳細比較一切有關傳記。他認為惠能在青年時代賣柴養母之暇，早已讀過各種佛教經典，所以才有後來的「頓悟」（頁一八八—一八九）。最近印順在〈中國禪宗史〉（臺北，一九七一年）中暗駁宇井之說，認為這是因為惠能是「利根」，而且不識字通佛法並非不可能（頁一九一—一九三）。這個問題不容易獲得真正的解決。不過惠能教育程度不會太高，大概是事實。

經後人竄改和增飾，我們現在仍可以敦煌本來代表他的思想。敦煌寫本〈壇經〉第三十一節說：

三世諸佛，十二部經，亦在人性中本自具有。不能自悟，須得善知識示道見性；若自悟者，不假外善知識。若取外求善知識，望得解脫，無有是處。識自心內善知識，卽得解脫[23]。

可見惠能確是主張「直指本心」的。但是「不立文字」之說則似乎有問題。〈壇經〉第四十六節說：

謗法：直言「不用文字」。旣言「不用文字」，人不合言語；言語卽是文字。

契嵩本在此句之下尚有一句話：「又云直道不立文字，卽此『不立』兩字，亦是文字。」由此看來，說禪宗「不立文字」似是外人的「謗法」之言。惠能的本意當如第二十八節所說：

故知本性自有般若之智，自用知惠觀照，不假文字。

所以禪宗也不是完全不用文字，不過主張「得意忘言」而已。「不假」與「不用」或「不立」之間是有很大的距離的。從「心行轉法華，不行法華轉」（第四十二節）的話判斷，惠能對經典的態度當與馬丁路德相去不遠，卽自由解經而不「死在句下」。更值得注意的則是第三十六節一段話：

善知識！若欲修行，在家亦得，不由在寺。在寺不修，如西方心惡之人；在家若修，如

---

23 本文所依據的敦煌本〈壇經〉是郭朋的〈壇經校釋〉（北京：中華書局，一九八三）。

東方人修善。但願自家修清淨，卽是西方。

同條又載有他的〔無相頌〕，其一曰：

法元在世間，於世出世間，勿離世間上，外求出世間。

這一〔頌〕在後世通行本中改作：「佛法在世間，不離世間覺，離世覓菩提，恰如求兎角！」其意義便更淸楚了。

惠能「若欲修行，在家亦得，不由在寺」之說，在當時佛敎界眞是驚天動地的一聲獅子吼。佛敎精神從出世轉向入世便在這句話中正式透顯了出來。後來的禪師們反來覆去講的也都離不開這個意思。所以到了宋代的大慧宗杲便不能不說「世間法卽佛法，佛法卽世間法」了。禪宗大師們要人回向世間當然並不表示佛敎已改變了捨離此世的基本立場，不過他們發現了此世對於「解脫」有積極的意義：不經過此世的磨鍊，也就到不了彼岸。用南泉普願的話說：「直向那邊會了，卻來這裏行履」。（〔古尊宿語錄〕卷十二）這和西方新敎諸大師並無不同。路德也好，喀爾文也好，他們也仍然把此世看成是負面的，是人的原罪的結果。但他們不再主張以躱在寺院中靜修的方式來捨離此世。相反地，他們認爲祇有入世盡人的本分才是最後超越此世的唯一途徑。「天職」的觀念卽由此而出，因爲這是符合上帝的意志的。入世苦行的精神之所以在喀爾文敎派中發展到最高點，則是由於喀爾文的「天職」觀念更爲積極；他認爲上帝的意思是要信徒從內部征服此世，改造此世，以達到捨離此世的目的。

修行不必在寺再加上「識自心內善知識卽得解脫」，不必外求，這又使禪宗的立場和新敎的

「唯恃信仰，可以得救」十分接近。如果「個人與超越眞實之間的直接關係」（"the direct relation between the individual and transcendent reality"）確是近代型宗教的一個特徵的話，那麼禪宗和基督新教無疑同具有這一特徵[24]。基督教是外在超越型的宗教，它的「超越眞實」卽是上帝。新教推開了中古的教會，使個人與上帝直接相通。上面已經指出，這一點正是它的革命性之所在。禪宗則走的是內在超越之路，它的「超越眞實」卽是內在於人的「佛性」或「本心」。現在禪宗也把人的覺悟從佛寺以至經典的束縛中解放了出來，認爲每一個人「若識本心，卽是解脫」。（《壇經》語，見第三十一節）僅就這一點來說，我們至少不能不承認惠能的新禪宗確是中國佛教史上的一場革命運動了。

但是禪宗的革命畢竟與西方的宗教革命有大不相同之處。西方的中古的基督教不但通過統一的羅馬教廷而支配了西方人的全部精神生活，而且它與西方的俗世生活——從政治、經濟到風俗——的關係也發展到了無孔不入的境地。所以宗教革命一旦爆發便立刻風起雲湧，掀動了整個西方的基督教世界（Christendom）。新教領袖如路德、喀爾文等人因此必須在他們的教義中全面地對基督教與俗世相關涉的各種問題提出明確的解答。舉凡國家、家庭、經濟、法律、教育、個人道德、社會組織等問題，路德與喀爾文無不分別從他們所持的宗教或神學觀點發表了大量的論述。非如此他們的教派便無法取得社會上有力團體和一般教民的瞭解和支持。從這一方面看，佛

---

24 Robert N. Bellah, 前引文，p. 82.

教在中國傳統社會中所扮演的角色便遠不能和西方的基督教相提並論。這是有關宗教與中西文化系統之間的異同問題，本文不能討論。我們在此只需指出一個重要的事實，即惠能的禪宗革命最初僅限於佛教範圍之內。而且由於唐代佛教宗派甚多，禪宗不過是其中的一支，這一革命實際上是靜悄悄地發生在宗教世界的一個角落之上，並沒有立刻掀動整個俗世社會。因此惠能的〈壇經〉也並不曾談到與俗世有關的問題。他的弟子神會雖然有較濃厚的政治興趣，但他所關心的主要仍是宗教問題——如爲南宗定是非——而不是俗世問題。在敦煌所發現的〈神會語錄〉中，我們看到有許多俗世人物和他有往來，其中包括戶部尚書、禮部侍郎、刺史、司馬、長史、別駕、給事中、縣令等等官吏。然而這些人所提出的則完全是關於佛教教義的疑難。所以初期禪宗在社會經濟倫理方面究竟持有什麼見解，今天尚無史料可資說明。但是禪宗的入世轉向是一個長期性的運動，在惠能死後的一個世紀，禪宗的南嶽一派終於在佛教經濟倫理方面有了突破性的發展。這便是百丈懷海（七四九—八一四）的〈百丈清規〉和他所正式建立的叢林制度。不過這種經濟倫理最初仍是局限在佛教內部，大約經過了相當長的時間才逐漸影響及於佛教以外的社會。

宗教並不能眞正離俗世而存在，故任何宗教都有其俗世史的一面，佛教當然不可能是例外。佛教自晉至唐在中國經濟史上曾發生過重要的影響，無論是莊園經濟、工業、或商業，我們都可以看到佛教所留下的清楚痕跡。關於這一方面，中、日、西方的史學家已有無數的研究可供參考。但佛教對中國經濟的實際影響是一回事，它的經濟倫理則是另一回事。本文所要涉及的則是佛教經濟倫理的入世轉向，而不是佛教經濟史。

原始的佛教經濟倫理出於印度，是主張不勞動。梁武帝時荀濟上疏有云：

> 佛家遺教，不耕墾田，不貯財穀，乞食納衣，頭陀為務。今則不然。數十萬衆，無心顧若從教。不耕者衆，天下有饑乏之憂。設法不行，何須此法？（見道宣〔廣弘明集〕卷七所引）

可見據原始印度教律佛徒以乞討爲生，不事農業生產[25]。但是中國是一個農業社會，僧徒完全不耕田事實上是辦不到的。例如法顯是四世紀人，三歲便度爲沙彌；他在寺時「嘗與同學數十人於田中割稻。」（見慧皎〔梁高僧傳〕卷三本傳）所以東晉道恒〔釋駁論〕中已說當時沙門「或墾殖田圃，與農夫齊流；或商旅博易，與衆人競利」了（見〔弘明集〕卷六）。

大致說來，在南北朝至安史之亂之前，佛教在經濟方面是靠信徒的施賜（包括莊田）、工商業經營以及托鉢行乞等等方式來維持的。安史之亂以後，貴族富人的施捨勢不能如前此之盛，佛教徒便不能不設法自食其力了。百丈懷海的清規和叢林制度便是在這種情況下發展出來的。

在百丈懷海所創立的「清規」中，有兩點最和本文主旨有關。據〔宋高僧傳〕卷十「懷海傳」：

> 朝參夕聚，飲食隨宜，示節儉也。行普請法，示上下均力也。

也就是說，「節儉」和「勤勞」是禪宗新經濟倫理的兩大支柱。「勤勞」已見原文，毋須解釋。「普請」究是何義？後世通行本〔百丈清規〕卷下「大衆章」第七說：

> 普請之法，蓋上下均力也。凡安衆處，有合資衆力而辦者……除守寮直堂老病外，並宜

25 可看中村元，「禪における生産と勤勞の問題」(一)，〔禪文化〕第二期，及(二)，〔禪文化〕第三期。

齊趣。當思古人不一日不作、一日不食之誡。

〔禪林象器箋〕卷九「叢軌門」給「普請」所下的定義如下：

集衆作務曰普請。

「作務」卽是勞動，這是禪門的老傳統，〔壇經〕已記載弘忍「發遣惠能令隨衆作務。」（第三節）現在百丈所訂下的「普請」制度則是寺中一切上下人等同時集體勞動，包括他自己在內。據〔五燈會元〕卷三「百丈懷海章」記載：

師凡作務，執勞必先於衆。主者不忍，密收作具，而請息之。師曰：吾無德，爭合勞於人？旣偏求作具不獲，而亦忘餐。故有「一日不作、一日不食」之語，流播寰宇。

這段記載所引「一日不作、一日不食」一語後來訛傳爲百丈的名言。其實這話是稍後禪宗中人對他的描寫，而不是出自他本人之口。不過陳詡在元和十三年（八一八）所寫的「唐洪州百丈山故懷海禪師塔銘」（〔全唐文〕卷四六六）已明明說他：

行同於衆，故門人力役，必等其艱勞。

「塔銘」撰於百丈死後四年，正是第一手史料。可見他確表現了「一日不作、一日不食」的精神[26]。

26 關於「一日不作，一日不食」的考證可參看宇井伯壽，前引書，頁三六九—七〇。按：黃庭堅「南康軍開先禪院修造記」云：「藥山以三篾繞腹，一日不作則不食。」（〔豫章黃先生文集〕卷十八）則「不作不食」又傳為藥山惟儼（七五一—八三四）的故事。但檢贊寧〔宋高僧傳〕卷十七及〔景德傳燈錄〕卷十四均未見其事。惟儼屬青原行思第二世，可見「入世苦行」在北宋已是禪宗各派所共有的精神。

百丈所創的「一日不作、一日不食」的普請法是他決心拋棄原有印度佛敎中的「律制」而「別立禪居」（〔宋高僧傳〕卷十「懷海傳」中語）的一種革新。因此當時曾招致內部的批評。這一改變自然會引起敎義上的疑難。下面這一段問答最值得注意：

問：斬草伐木，掘地墾土，為有罪報相否？

師云：不得定言有罪，亦不得定言無罪。有罪無罪，事在當人。若貪染一切有無等法，有取捨心在，透三句不過，此人定言有罪。若透三句外，心如虛空，亦莫作虛空想，此人定言無罪。

又云：罪若作了，道不見有罪，無有是處。若不作罪，道有罪，亦無有是處。如律中本迷煞人及轉相煞，尚不得煞罪。何況禪宗下相承，心如虛空，不停留一物，亦無虛空相，將罪何處安著？（〔古尊宿語錄〕卷一「大鑑下三世・懷海」）

我們從百丈和弟子的問答之間顯然可看到這一敎義上的革命在佛敎徒的內心中確曾造成了高度的緊張。因爲以前佛敎徒在事實上不能完全免於耕作是一回事，現在正式改變敎義，肯定耕作的必要，則是另一回事了。推百丈答語之意，是説只要作事而不滯於事，則無罪可言。後來元、明本的〔幻住清規〕對這一點便有明白的交代：

公界普請，事無輕重，均力為之，不可執坐守靜，拗衆不赴。但於作務中，不可譏呵戲笑，誇俊逞能。但心存道念，身順衆緣，事畢歸堂，靜默如故。動靜二相，當體超然，雖終日為而未嘗為也[27]。

這是用一種超越而嚴肅的精神來盡人在世間的本分，也就是龐蘊居士所謂「神通並妙用，擔水及砍柴」了。《五燈會元》卷九記溈山與仰山師弟之間的問答也非常有意義：

師夏末問訊溈山次，溈曰：子一夏不見上來，在下面作何所務？師曰：某甲在下面鉏得一片畬，下得一籮種。溈曰：子今夏不虛過。

溈山靈祐（八五三卒）是百丈懷海的法嗣。他現在說鉏畬、下種不是「虛過」，這不但肯定了世間活動的價值，而且更明白給予後者以宗教的意義。基督新教所謂「天職」，依韋伯的解釋，其涵義正是如此[28]。如果我們再聯想到喀爾文特別引用聖徒保羅（St. Paul）的「不作不食」（"If

---

27 亦見於《禪苑清規》九，二書均收入《續藏經》第二冊。中村元在上引文(一)中認為禪宗和尚轉向勞動以四祖道信（五八〇—六五一）為一大關鍵，因為廬山大林寺和五祖的黃梅雙峯寺都有數百至千人，其地又遠離城市，不能靠行乞為生。安祿山亂後，寺廟也不再能仰賴貴族施捨莊園為生，百丈懷海「一日不作，一日不食」的新規即在此種背景下產生。（《禪文化》二，頁二七—三五）。按：中村元的說法似出推測，與事實不符。安史亂後，貴族捨田為寺以及寺院大量置田產之事仍時有所見。南方如蘇州、杭州、天臺等未受戰亂波及，其例更多。可看陶希聖主編《唐代寺院經濟》（臺北：食貨出版社，一九七四年）「寺觀莊田」所收諸例，並可參考 Jacques Gernet, *Les aspects économiques du Bouddhisme, dans la société du Ve au Xe Siècle*(Paris, 1956), pp.112-138 所引敦煌及其他有關寺田的史料。安史亂以後，唐代之社會經濟發生了重要變化，固屬事實，但究竟是否足以解釋「百丈清規」的出現，恐怕還有待於進一步研究。關於「百丈清規」所表現的中國佛教經濟思想，可看道端良夫，《中國佛教と社會との交涉》（京都，一九八〇），頁四五—六七及 Kenneth Ch'en, 前引書，頁一四五—五一。

28 Weber, *Protestant Ethic*, p. 80; Troeltsch, 前引書，頁六〇九—一〇。

a man will not work, neither shall he eat.")之語，則禪宗「入世苦行」的革命意義便更無可疑了。

百丈懷海的新宗教倫理到了宋代已傳佈到整個中國社會，因此關於此一轉變的記載決不限於佛教文獻。朱熹在討論〈孟子〉的「遁辭」時曾屢次引以爲例證。玆舉兩條如下：

> 如佛家初說剃除鬚髮，絕滅世事。後其說窮，又道置生產業，自無妨礙。
>
> 如佛學者初有桑下一宿之說。及行不得，乃云：種種營生無非善法。皆是遁也。（均見〈朱子語類〉卷五十二）

這個「遁辭」其實便是從百丈懷海開始的。而且「一日不作、一日不食」這句話也從宋代以來變成了家喻戶曉的「俗語」，一直流傳到近代。所以清人翟灝在〈通俗篇〉（卷十二「行事」）中便把此語收了進去。現代禪宗史專家特別看重「百丈清規」的「歷史的意義」，是非常有道理的[29]。

二、新道教

29 見宇井伯壽，「百丈清規の歷史的意義」，收在他的〈佛教思想研究〉（東京：岩波書店，一九四三），頁六二八—四五。此文詳溯「百丈清規」在佛教史上的起源和發展，並且特別重視它對日本禪宗的影響。關於最後一點可參考今枝愛眞〈中世禪宗史の研究〉（東京大學出版會，一九七〇）第三章第三節「清規の傳來と流布」，頁五六—七二。

道教與佛教之間的關係從來是十分複雜的，一方面是互相競爭、互相衝突，另一方面又互相交涉。但以互相交涉言，道教往往吸取佛教的教義、戒律、儀式等以爲己用。這當然是因爲佛教的組織遠較中國本土的宗教爲發達。以宗教性格而言，道教又遠比佛教爲入世，因此道教自漢代以來也不斷吸收儒家的教義。「三教合一」可以說是道教的一貫立場。唐代皇室特別尊崇老子，故道教在上層貴族階級中甚爲流行；這種官方道教，宋代以下依然繼續存在。但這不是本文所要討論的。眞正對中國一般社會倫理有影響的則是民間道教。可惜我們現在對安史之亂以後民間道教的情況尚不甚瞭解。這一方面仍有待於專家的研究。

以我們目前對於道教史的知識而言，新道教的興起當以兩宋之際的全眞教最爲重要，其次則有眞大道教、太一教、與稍後的淨明教。這四派都來自民間，而且也對一般社會倫理有比較廣泛的影響。新道教和當時的理學與禪宗鼎立而三，都代表着中國平民文化的新發展，並取代了唐代貴族文化的位置[30]。

但以入世苦行的新宗教倫理而言，惠能以下的禪宗是這一個偉大的歷史運動的發端，儒家和道教則都是聞風而起的後繼者。關於儒家的新動態，我們將在中篇討論。此節僅追溯新道教的發展，尤其着眼於禪宗的影響。

關於全眞教的創立，元好問「紫微觀記」說得最淸楚：

---

30 見吉岡義豐，《道教の研究》（京都：法藏館，一九五二），頁一三二。

貞元、正隆（一一五三—六〇）以來，又有全真家之教，咸陽人王中孚倡之，譚、馬、丘、劉諸人和之。本於淵靜之說，而無黃冠禳禬之妄；參以禪宗之習，而無頭陁傳律之苦。畊田鑿井，從身以自養，推有餘以及之人，視世間擾擾者差為省便然。（〔遺山先生文集〕卷三十五）

元遺山此文中「參以禪定之習，而無頭陁傳律之苦」一語最值得注意。此語所指卽是百丈懷海創設的叢林制度。〔續高僧傳〕卷十記其事如下：

或曰：〔瑜伽論〕、〔瓔珞經〕是大乘戒律，胡不依隨乎？

海曰：吾於大小乘中，博約折中，設規務歸於善焉。乃創意不循律制，別立禪居。

全眞教不但在組織上效法百丈的規模，而且在宗教倫理上更吸收了百丈「一日不作、一日不食」之教。元遺山上文所謂「畊田鑿井，從身以自養」便是明證。但袁桷「野月觀記」論及全眞教時對這一層刻劃得更爲生動：

北祖全真，其學首以耐勞苦、力耕作，故凡居處飲食，非其所自為不敢享。蓬垢疏糲，絕憂患羨慕，人所不堪者能安之。（〔清容居士集〕卷十九）

全眞教雖然後來在元代發展出「末流貴盛」的現象，但在初起時以自食其力、勤苦節儉爲號召。王重陽及譚、馬、丘、劉諸子是否在創教時已正式參考過百丈的叢林制度和清規，因史料不足，不能輕斷。不過上引元遺山的話應可視爲間接證據，使我們相信全眞教至少曾受到禪宗的影響。此外還有兩個重要的事實也足以加強我們的推斷。第一是全眞教的道觀不但後來也有「叢林」的稱呼，而且它也有類似「百丈清規」的戒律。北京白雲觀的前身是唐玄宗勅建的天長觀，在元代改名長春宮，遂成全眞敎的根本重地。白雲觀中藏有〔全眞元範清規〕一部，二十年代和四十年代日本學者曾研究過。據他們報告，這部全眞敎的〔清規〕基本上是採用了北宋的〔禪苑清規〕，也就是〔百丈清規〕的修訂本。所以全眞敎的組織仿自百丈所創立的「禪居」，確是「信而有徵」的[31]。第二、王磐「誠明眞人道行碑」說：「全眞之敎，以識心見性爲宗，損己利物爲行，不資參學，不立文字。」（見〔甘水仙源錄〕卷五）這完全是用禪宗的語言來描寫全眞的敎旨。〔仙源錄〕是全眞敎人李道謙所輯的歷史，非敎外人的誣詞，自然是可信的。

我們雖然強調百丈懷海的禪宗革新對於新道敎的興起有深刻的影響，但是我們並不因此而否定新道敎自有其內在的精神。這種精神也許可以看作是從晚唐到宋代的一種普遍的時代精神，不但見之於禪宗，也同樣表現在新儒家和新道敎的身上。新道敎在方法上、組織上都可能受到禪宗的感染，然而精神則必須從內部發展出來，不能向禪宗借取。所以專從道敎傳統的本身來看，全眞敎是一個嶄新的發展。至少當時的人是如此看待它的。王惲在「大元奉聖州新建永昌觀碑銘」中說：

> 自漢以降，處士素隱，方士誕誇，飛昇煉化之術，祭醮禳禁之科，皆屬之道家。稽之於古，事亦多矣。徇末以遺本，凌遲至於宣和極矣。弊極則變，於是全真之教興焉。淵靜

31 宇井伯壽，〔禪宗史研究〕第二，頁三九五（「附記」）引大谷湖峯的話。

以明志，德修而道行，翕然從之，實繁有徒。……耕田鑿井，自食其力；垂慈接物，以期善俗，不知誕幻之說為何事。敦純朴素，有古逸民之遺風焉。（見〔秋澗先生大全文集〕卷五十八）

此文明白指出全眞敎既不同於漢代以來的隱士，更不同於朝廷所崇信的方士「誕幻之說」，而尤厭惡後者。宣和當指宋徽宗時林靈素之事。林靈素自政和三年（一一一三）至汴京，宣和元年（一一一九）放歸，六七年間道教傾動一世。南宋周煇〔清波雜志〕卷三已云：

宣和崇尚道教，黃冠出入禁闥，號「金門羽客」，氣焰赫然，林靈素為之宗主。

可見王惲「淩遲至於宣和」必指林靈素一派的道教而言，其意顯然以全眞敎之興即是對這種官方道教的一種革命[32]。

但另一方面，全眞敎的宗旨也不在避世，而是「耕田鑿井，自食其力；垂慈接物，以期化俗」。這恰好說明它是從遁世的態度轉爲入世苦行。王惲對全眞敎的苦行尚另有說明。〔秋澗先生大全文集〕卷六十一「提點彰德路道教事寂然子霍君道行碣銘」云：

32 關於宋代官方道教的一般狀況，可看窪德忠〔道教史〕（東京：山川出版社，一九七七）頁二五八—八七；專論宋徽宗與道教的關係的，則有金中樞，「論北宋末年之崇尚道教」，〔新亞學報〕第七卷第二期（一九六六年八月）及第八卷第一期（一九六七年二月）。我們當然也不能過信王惲的話，真以為新道教全無「幻誕之事」。「幻誕」、「祭醮」全真教也仍偶見。這是民間宗教所不能完全避免的。但他們確以「入世苦行」為立教的精神所在，則大致不成問題。參看柳存仁「全真教和小說西遊記(二)」，〔明報月刊〕，第二十卷第六期（一九八五年六月），頁五九—六〇。

全真家禁睡眠，謂之消陰魔，服勤苦，而曰打塵勞。

這種「打塵勞」的教法是王重陽創教時便已設立的。尹志平〔北遊語錄〕載：

長春師父（按：卽丘處機）言：俺與丹陽（按：卽馬鈺）同遇祖師學道，祖師令俺重作塵勞，不容少息，而與丹陽默談玄妙。一日，閉戶，俺竊聽之，正傳谷神不死調息之法。久之，推戶入，卽止其說。俺自此後，塵勞事畢，力行所聞之法。

可見全眞教有兩條入路：一是「默談玄妙」，卽上引王磐所說的「識心見性爲宗」；另一則是「打塵勞」，卽王磐所謂「損己利物爲行」。王重陽雖因人施教，其旨歸則一。因此，「識心見性」和「打塵勞」缺一不可。若無前者卽終生在塵勞中打滾，永無超越的可能；若無後者，則空守一心，也不能成道。王志謹〔盤山語錄〕記載：

長春真人云：心地下功，全拋世事；教門用力，大起塵勞。若無心地功夫，又不教門用力，請自思之，是何人也。……昔在山東十有餘年，終日杜門，以靜為心，無人觸著，不遇境，不遇物，此心如何見得成壞？便是空過時光。夫天不利物則四時不行，地不利物則萬物不生，不能自利利他，有何功行？故長春真人曰：動則安人利物，與天地之道相合也。

這段語錄說明「塵勞」便是入世去做「利他」的「功行」。但「功行」本身並無目的，最後的目的仍在成「道」。〔北遊語錄〕又說丘處機「教人積功行，存無爲而行有爲」。這句話很重要，因爲「無爲」卽指「道」言。所以「無爲」不是消極的「靜」，而是積極的「動」。這種思想在全眞敎創立時已出現了，王重陽的〔立敎十五論〕中，有兩條最與入世苦行有關。第十二論「聖道」，認爲入聖道必須「苦志多年，積功累行」，此卽入世的「功行」。第十五論「離凡世」則謂離凡世者不是「身」離，而是「心」離。他以藕根喻身，須在泥中，以蓮花喩「心」，開虛空之美。所以得道之人是「身在塵世，心遊聖境」[33]這便是所謂以出世的精神做入世的事業。稍知喀爾文敎義者不難看出這正符合「以實際意識和冷靜的功利觀念與出世目的相結合」。（"combination of practical sense and cool utilitarianism with another-worldly aim."）[34]。

全眞敎的發揚光大以丘處機的貢獻爲最大，決不是偶然的。而且卽使是比較偏向於「靜」的一邊的馬鈺，也同樣肯定「塵勞」的價値，並賦予入世事業以宗敎的意義。〔盤山語錄〕記錄他的話有如下一段：

> 修行人若玄關不通，當於有為處用力立功立德，久久緣熟，自有透處，勝如兩頭空擔，不能無為，不能有為，因循度日[35]。

「無爲」和「有爲」卽是出世和入世的「兩頭」。對於一般常人而言，出世的「玄關」是不容易

33 關於王重陽的〔立敎十五論〕，可看吉岡義豐，前引書，頁一七六－八〇。

34 Troeltsch, 前引書, p. 609。

35 以上尹志平〔北遊語錄〕和王志謹〔盤山語錄〕各條都從錢穆「金元統治下之新道敎」一文中轉引，見〔中國學術思想史論叢〕第六冊（臺北：東大圖書公司，一九七八），頁二〇一－一一。

通的；他們必須從「立功立德」的入世之路求道，這樣才不致於兩頭落空。馬鈺恐人「因循度日」，丘處機怕人「空過時光」，這也表現了唐宋以來的新宗教運動中極值得注目的一種緊張的心理。上節引潙山禪師之語，認為「鉏得一片畬，下得一籮種」便不是「虛過」時光，其用意與此正相同。而且更有趣的是，在十七世紀英國清教倫理中，我們也看到同樣的心理，例如：浪費時間是最大的罪惡，睡眠過長是極不道德的事，人在世間盡職時必須勤勞，食色之慾必須儘量節制等等。這簡直和全眞教的倫理東西輝映，古今一轍。韋伯在討論清教倫理時認為「勞動」（labor）是西方教會所特有的苦修方法，不僅與東方宗教恰形成最尖銳的對照，而且也是世界一切寺院戒律所未有[36]。這一論斷正是適得其反。我們當然無法苛責韋伯，不過我們必須由此領取一個極深刻的教訓：即他的「理想型」（"ideal type"）研究方式本身實涵有極大的危險性。無論多麼圓熟的理論家或多麼精巧的方法論者，如果他缺乏足夠的經驗知識終不免是會犯嚴重的錯誤的。

全眞教與新禪宗也有不同之處，它的入世傾向自始便比較顯著。因此它對當時一般社會倫理

[36] Weber, *Protestant Ethic*, p. 158。又王惲「大元故清和妙道廣化眞人玄門掌教大宗師尹公道行碑銘」（見〔秋澗先生大全集文集〕卷五十六）記尹志平的修行要訣，有云：「修行之害，食睡色三欲為重。多食即多睡，睡多情欲所由生。人莫不知，少能行之者。必欲制之，先減睡欲。」這也可以證實前引「禁睡眠」、「服勤苦」之語確是全眞教的一貫教法。此碑之末又說尹志平的弟子仇志隆「居終南四十餘年，潔以修己，耕而後食」，更可證明全眞教三傳之後仍守「服勤苦」和「一日不作，一日不食」之戒。

的影響也比禪宗來得直接而深切。山東鄒縣有陳繹曾「重修集仙宮碑」特別對丘處機在「塵勞」方面的成就加以推崇。碑文說：

> 予聞全真之道，以真為宗，以朴為用，以無為為事，勤作儉食，士農工賈因而器之，成功而不私焉。……在金之季，中原板蕩，南宋孱弱，天下豪傑之士，無所適從……而重陽宗師長春真人，超然萬物之表，獨以無為之教化有為之士，靖安東華，以待明主，而為天下式[37]。

碑文中「勤作儉食，士農工賈因而器之」和「爲天下式」等語決非虛詞溢美，一部全眞敎史可以爲證。中國新宗敎的入世轉向具有重大的社會意義是不可否認的。

眞大道敎在入世苦行方面和全眞敎完全一致，但它與禪宗的關係則較全眞更爲明顯。王惲「遊嬀川水谷太玄道宮」詩：「雲封石上鉢」句之下有注曰：

> 初大道酈五祖者，逃難此山，衆追及，棄衣鉢石上而匿，其物重，衆莫能舉，異焉，遂請主其教，今道院蓋酈所創也。（「秋澗先生大全文集」卷五）

眞大道敎五祖酈希成是金元之際的人。這個衣鉢故事顯然是禪宗惠能神話的再版。（見「壇經」「行由品」）。陳垣說：「大道敎宮觀，始亦稱庵，墓亦稱塔，法物有衣鉢，與釋氏同。其初固

37 此碑未著錄，文從陳垣「南宋初河北新道教考」（北京：中華書局，一九六二年）頁四一轉引。

介乎釋道之間，不專屬道教。」[38] 這一論斷是正確的，由此可見它確實受到了新禪宗的直接影響。

關於眞大道教的興起，吳澄在「許州天寶宮碑」中記其宮中道士的話如下：

> 吾教之興，自金人得中土時，有劉祖師避俗出家，絕去嗜慾，屛棄酒肉，勤力耕種，自給衣食，耐艱難辛苦，朴儉慈閔，志在利物，戒行嚴潔，一時翕然宗之。（〔吳草廬集〕卷二十六）

劉祖師名德仁，見〔元史〕卷二〇二「釋老傳」。稍後虞集在「眞大道教第八代崇玄廣化眞人岳公之碑」中對該教的源流及其社會影響有更詳細的敍述。碑曰：

> 眞大道者以苦節危行為要，不妄求於人，不苟侈於己，庶幾以徇世夸俗為不敢者。昔者金有中原，豪傑奇偉之士往往不肯嬰世故，蹈亂離，賴草衣木食，或佯狂獨往，各立名號，以自放於山澤之間。當是時，師友道喪，聖賢之學湮泯澌盡。惟是為道家者多能自異於流俗，而又以去惡復善之說以勸諸人。一時州里田野各以其所近而從之。受其教戒者風靡水流，散在郡縣，皆能力耕作，治廬舍，聯絡表樹，以相保守，久而未之變也。（〔道園學古錄〕卷五十）

這一節文字的重要尤在於它所描寫的並不限於眞大道一教，而是所有新興的道教。這些教派不但

38 同上書，頁九一。

都以「力耕作，治廬舍，聯絡表樹，以相保守」爲其特色，而且也都能號召附近的人民來「受其教戒」。新道教的起源與當時北方淪於異族統治有關是毫無可疑的。不過這些教派的發展都先後經歷了一百年以上而「未之變」，這卻不是完全從政治的因素便能得到解釋的了。以眞大道教的擴張而言，虞集在碑文之末又告訴我們：

其徒云：西出關、隴至於蜀，東望齊、魯至於海濱，南極江淮之表，皆有奉其教戒者，皆攻苦力作，嚴祀香火，朔望晨夕望拜，禮其師之為真人者如神明然。信非有道行福德者多不足當其任。而真人時常使人行江南，錄奉其教者已三千餘人，庵觀四百，其他可概知矣。

眞大道教之所以傳佈得如此之廣，其一部分的原因自然是由於它的教義適合於亂世人民的需要。眞大道教的原始教義現在尚有九條保存在宋濂的「書劉眞人事」一文中。這九條是：

一曰視物猶己，勿萌戕害兇嗔之心。二曰忠於君，孝於親，誠於人；辭無綺語，口無惡聲。三曰除邪淫，守清靜。四曰遠勢力，安貧賤，力耕而食，量入為出。五曰毋事博奕，毋習盜竊。六曰毋飲酒茹葷；衣食取足，毋為驕盈。七曰虛心而弱志，和光而同塵。八曰毋恃強梁，謙尊而光。九曰知足不辱，知止不殆。（〔宋學士文集〕卷五十五）

除了最後三條顯然取自〔老子〕之外，其餘都近乎儒家入世的教訓，而尤以忠孝勤儉爲宗旨所在。此外趙清琳所撰，至元二十六年（一二八九）所立的「大道延祥觀碑」也記載了教祖劉眞人的基本教義。此碑接近原始史料，更可信賴。碑文說：

其教以無爲清靜爲宗，真常慈儉爲寶。其戒則不色、不慾、不殺、不飲酒、不茹葷，以仁爲心，恤困苦，去紛爭，無私邪，守本分，不務化緣，日用衣食，自力耕桑贍足之。有疾者符藥針艾之事悉無所用，惟默禱虛空以至獲愈，復能爲人除邪治病。平日恬淡，無他技。彼言飛昇化鍊之術，長生久視之事，則曰吾不得而知，惟以一瓣香朝夕懇禮天地。故遠近之民願爲弟子，隨方立觀者不少焉[39]。

上引碑文的後半段說明眞大道教也和全眞教一樣，是對於唐宋官方道教的一種革命，卽完全不靠各種「方術」來吸引人。此文的前半段則寫出一種典型的入世苦行的宗教倫理，不但和全眞教的倫理幾乎沒有什麼差別，而且其戒律和淸教倫理也有不少共同之點。陳垣特別強調「不務化緣」是眞大道教的特色[40]。其實這也不妨看作是〔百丈淸規〕的進一步的發展。其「日用衣食，自力耕桑贍足之」卽是「一日不作、一日不食」的宗旨的一種具體表現。百丈懷海以後，禪宗並未中止化緣托鉢之事。眞大道教自始便和禪宗有密切的關係，已如上述。但它在立教之初竟一再把「不務化緣」列爲教規之一，足見它在入世苦行方面比禪宗走得更遠了。

限於篇幅及材料，本文不能對新道教的其他流派如太一教和淨明教加以詳細的討論了。大體說來，這兩派也都具有濃厚的入世傾向。據王惲記太一教中人言：

39 此碑亦未著錄，引自同上書，頁八七。

40 同上書，頁八八。

道家者流雖崇尚玄默，而太一教法專以篤人倫、翊世教為本。至於聚廬托處，似疏而親，師弟子之間，傳度授受，實有父子之義焉。（見〔秋澗先生大全文集〕卷六十一「太一三代度師先考王君墓表」）

則太一教倫理的入世性格，不言可喻。文中「師弟子之間，傳度授受，有父子之義」一語，需要略加解釋。太一教始祖蕭抱珍立下一條特別規定：嗣法繼位的人必改從蕭姓，如二祖蕭道熙本姓韓，三祖蕭志冲本姓王。陳垣以爲這是「效法釋氏」。但據「父子之義」一語，則更可能是借用儒家的宗法制度以加強宗教組織的嚴密性。而且若「效法釋氏」則必須教中道士都改從蕭姓，這似乎不然。淨明教是劉玉在一二九七年創立的〔玉眞劉先生語錄•內集〕說：

或問：古今之法門多矣，何以此教獨名淨明忠孝？先生曰：別無他說。淨明只是正心誠意，忠孝只是扶植綱常。但世儒習聞此語爛熟了，多是忽略過去。此間却務真實踐履。（〔淨明忠孝全書〕卷三）

可見淨明教更是直接以儒家的倫理爲立教的根據。在這一方面淨明教確與上述三派同屬於新道教，卽以強調日常倫理的實踐爲其最主要的特色[41]。不過關於太一教，我們還應該指出它與全眞教和眞大道教之間有一個顯著的差別。據上引王惲「三代度師王君墓表」及另一篇「故太一二代度師先考韓君墓碣銘」（同書六十一卷），太一教自創教之日起卽得到「望族」、「鉅家」的支

41 見秋月觀瑛，前引書，頁一七九。

持。所以二祖和三祖的父祖最初都是傾家產以奉「香火」的教徒。相反地，全眞教則對窮人吸引力更大，元遺山「惰窳之人翕然從之」之語足爲明證。（見前引「紫微觀記」）也許正由於這一經濟背景的差異，所以太一教才沒有強調「自食其力」的原則吧[42]！

總結地說，新道教各派的興起和發展充分地說明了一個重要事實：中國的宗教倫理自新禪宗以來卽一直在朝着入世苦行的方向轉變。新道教基本上是民間宗教，這一點在大多數道教史家之間已取得共同的認識。正因如此，這一新的宗教倫理才逐漸地隨着新道教的擴展而滲透到社會各個階層中去。南宋以來〈太上感應篇〉之類的道教「善書」不斷地出現並廣泛地流行。這也是與新道教以俱來的一個重要的歷史現象，大有助於新倫理在民間的傳播[43]。新道教的宗教倫理在肯定此世、肯定日常人生方面比新禪宗更向前跨進了一步。禪宗已承認「鉏得一片畬，下得一籮種」是不虛過時光，已承認「砍柴擔水，無非妙道」。但是他們還不能承認「事父事君」也是「妙道」。用現代的話說，他們還不能肯定社會組織的正面價值。新道教一方面沿襲了新禪宗所開始的入世苦行的方向，另一方面又受了儒學的影響。所以他們才更進一步地講「事父事君」。眞大道教「專以篤人倫、翊世教爲本」和淨明教以「忠孝」立教都是明證。這是新道教的「三教合一」。王重陽開宗明義，依據〈孝經〉、〈道德經〉、和〈般若心經〉三部經典，尤其具有象徵

42 按陳垣在〈新道教考〉頁四說：「三教祖乃別樹新義，聚徒訓衆，非力不食。」其實此語只能用之於全眞與眞大道兩教，不能施之於太一教。

43 關於〈太上感應篇〉的研究，可參考吉岡義豐，前引書第二章（「感應篇と功過格」）。

的意義[44]。

新道教的倫理對中國民間信仰有深而廣的影響，其中一個特別值得注意的思想便是天上的神仙往往要下凡歷刼，在人間完成「事業」後才能「成正果」、「歸仙位」（如〔玉釧緣〕彈詞中的謝玉輝）。同時凡人要想成仙也必須先在人間「作善事」、「立功行」。〔太上感應篇〕卷上說：「所謂善人，……所作必成，神仙可冀。欲求天仙者當立一千三百善；欲求地仙者當立三百善。」卽是這一思想的通俗化的表現。其實全眞教的「打塵勞」、丘處機說「不遇境、不遇物，此心如何見得成壞？」便是神仙下凡歷刼之說的一個遠源。馬鈺教人「當於有爲處用力立功立德，久久緣熟，自有透處。」和丘處機教人「積功行，存無爲而行有爲」，也與立善成仙的說法相去不遠。這種思想正是要人重視人世的事業，使俗世的工作具有宗教的意義。人在世間盡其本分成爲超越解脫的唯一保證。如果說這種思想和基督新教的「天職」（"calling"）觀念至少在社會功能上有相通之處，大概不算誇張吧！

44 見吉岡義豐，前引書，頁一三一。有關全真教混合儒、禪、道三教及其入世苦行的特色，並可參看窪德忠〔中國の宗教改革——全真教の成立〕（京都：法藏館，一九六七）。奥崎裕司撰「民衆道教」一章（見福井康順等共同監修，〔道教〕，第二卷，東京，一九八三）曾對上文所論四派新道教有綜合論述。其大旨謂四大新道教都有三教融合的強烈傾向，其中全真較受禪宗影響，真大道與淨明則以儒家倫理為主。此說似略嫌簡化，但所言三教混合的趨勢是不錯的。關於全真教的「三教歸一」說，更可參看柳存仁「全真教和小說西遊記㈤」，〔明報月刊〕第二十卷第九期（一九八五年九月），頁七一。柳先生發現全真教確與〔西遊記〕有關，從宗教史的觀點看，也是有重大意義的。

中篇

儒家倫理的新發展

儒家從來便是入世之教，因此並不發生所謂「入世轉向」的問題。但是從韓愈、李翺到宋明理學，儒家確然進入了一個新的歷史階段，即是今天中外學人所共同承認的「新儒家」（Neo-Confucianism）。在上一章論宗教的轉向時，我們曾強調惠能以下新禪宗的歷史意義。事實上，如果我們想要在中國史上尋找一個相當於韋伯所說的「新教倫理」的運動，則從新禪宗到新儒家的整個發展庶幾近之。這一運動之所以從佛教發端則是因爲佛教在唐代是中國思想和信仰的主流，在一般人的日常生活中佔據着中心的位置。現在我們要進一步討論的是：韓愈、李翺所首倡的新儒學和佛教的轉向之間究竟有沒有關係？如果有關係，其關係又屬何種性質？

一、新儒家的興起與禪宗的影響

首先必須指出，儒家雖然是入世之教，但唐代的儒學則已與中國人的日常生活脫節了。從兩唐書的「儒學傳」來看，唐代的儒學只是南北朝以來繁瑣的章句之學的延續。以儒家經典的研究而言，唐代治三《禮》的人尚多專家。這也是上沿南北朝的風氣而來，和門第禮法頗有關係[45]。但安史之亂以後，門第漸趨衰落，因此與維持門第生活有關的禮學也不免失去其現實的意義。至

45 趙翼《廿二史劄記》卷二十「唐初三禮漢書文選之學」；陳寅恪《隋唐制度淵源略論稿》（北京：中華書局，一九六三）第二章「禮儀」。

於施之於郊廟、朝廷的禮樂，則誠如歐陽修所言：「由三代而下，治出於二，而禮樂爲虛名。」（〔新唐書〕卷十一「禮樂一」）換句話說，便是和現實人生毫無關係了。韓愈在「原道」這篇劃時代的大文字中便是要使儒學能重新全面地指導中國人的社會生活。所以他說：

夫所謂先王之教者，何也？博愛之謂仁，行而宜之之謂義，由是而之焉之謂道，足乎己無待於外之謂德。其文詩、書、易、春秋；其法禮、樂、刑、政；其民士、農、工、賈；其位君臣、父子、師友、賓主、昆弟、夫婦；其服麻、絲；其居宮室；其食粟米、果蔬、魚肉。其為道易明，其為教易行也。（見〔朱文公校昌黎先生集〕卷十一「原道」）

可見在韓愈的心目中，儒家之道是無孔不入、無所不包的。祇有這樣的「道」才能眞正取佛教和道教而代之。因此他在一首斥道教的古詩中也說：

人生有常理，男女各有倫。寒衣及饑食，在紡績耕耘。下以保子孫，上以奉君親。苟異於此道，皆為棄其身。（同上卷一「謝自然詩」）

合起來看，可知韓愈所倡導的正是後來宋明新儒家所謂「人倫日用」的儒學，與南北朝以來章句和門第的禮學截然異趣。從這一點上說，韓愈的努力也未嘗不表現着儒家的「入世轉向」，也就是使儒學成爲名符其實的「世教」。這一轉向毫無疑問是受新禪宗的啓示而來的。陳寅恪認爲韓愈「直指人倫，掃除章句之繁瑣」乃取法於新禪宗的「直指人心，見性成佛之旨」。這是一個很有根據的論斷[46]。

但是從韓愈以至宋代的新儒家明明都是全力排斥佛教的。現在我們卻強調新儒家是繼承了新禪宗的入世精神而發展出來的。這兩種說法是不是有基本的矛盾呢？其實此中並無矛盾。新禪宗雖已承認「擔水及砍柴」都是「神通與妙用」，甚至也承認「種種營生，無非善法」，但是它並沒有、也不可能改變其否定「此世」、捨離「此世」的基本態度。他們對於儒家所最重視的「事父事君」的人倫世界仍不能正面地予以肯定。他們所能達到的極限是不去破壞「世教」而已。神會門下的大照在〈大乘開心顯性頓悟眞宗論〉中說：

> 世間所有森羅萬象，君臣父母，仁義禮信，此即世間法，不壞。是故經文：「不壞世法，而入涅槃。」若壞世法，即是凡夫。

所以朱熹一再批評佛教的敷衍「世教」是「遁辭」。他說：

> 釋氏論理，其初旣偏，反復譬喻，非不廣矣。然畢竟離於正道，去人倫，把世事為幻妄，後來亦自行不得。到得窮處，便說走路，如云治生產業，皆與實相不相違背，豈非遁辭乎？

又說：

---

46 陳寅恪〈論韓愈〉，現收入〈金明館叢稿初編〉（上海：古籍出版社，一九八一），頁二八七。陳氏指出韓愈排斥佛教諸論點皆前人所已發（頁二八九），也是正確的，見湯用彤〈隋唐佛教史稿〉（北京：中華書局，一九八二），第一章第五節「韓愈與唐代士大夫之反佛」，頁三一—四〇。本書初稿發表後，承蔡墨涵先生 (Charles Hartman) 寄贈新著 *Han Yü and the T'ang Search for Unity* (Princeton University Press, 1986) 與我所見不謀而合。蔡書新資料（〈祖堂集〉）推證陳寅恪先生之說，尤為重要。見 pp. 5-15, 93-99。

佛氏本無父母，却說父母經，皆是遁辭。（均見《朱子語類》卷五十二）

按：「治生產業，皆與實相不相違背」是雲門文偃（八六四—九四九）的話，見《五燈會元》卷十五。可見新儒家正是要在新禪宗止步之地，再向前跨出一步，全幅地肯定「人倫」、「世事」是眞實而非「幻妄」。從這一點來看，新儒家在終極歸趨的方面是和新禪宗處於截然相反的位置，但就整個歷史進程而論，則又是因爲受到新禪宗「入世轉向」的衝擊而激發了內在的動力。

韓愈「原道」劃分儒釋的疆界說：

古之所謂正心而誠意者，將以有為也。今也欲治其心，而外天下國家，滅其天常，子焉而不父其父，臣焉而不君其君，民焉而不事其事。

韓愈在新儒家中最早發現《大學》的新意義，因爲此篇從正心、誠意直接通向修、齊、治、平，內外一以貫之。正心、誠意雖是佛教的根本重地，但佛教的「治心」卻是爲了捨離「此世」。《大學》的「治心」則恰恰相反，是爲「入世」、「經世」作準備的。韓愈以「治心」爲始點而重振儒學，正是入佛教之室而操其戈。關於這一點，我們下面將續有討論，此處暫不多說。

但是韓愈的「入室操戈」尚遠不止此。「原道」說：

斯道也，何道也？曰：斯吾所謂道也，非向所謂老與佛之道也。堯以是傳之舜，舜以是傳之禹，禹以是傳之湯，湯以是傳之文、武、周公，文、武、周公傳之孔子，孔子傳之孟軻，軻之死不得其傳焉。

這是最著名的新儒家的道統論，但在韓愈之前並無人公開提倡過這種個人之間代代相傳的「道統」。那麼這一觀念他是從何處得來的呢？陳寅恪對此有明確的解答。他說：

> 退之從其兄會謫居韶州，雖年頗幼小，又歷時不甚久，然其所居之處為新禪宗之發祥地，復值此新學說宣傳極盛之時，以退之之幼年穎悟，斷不能於此新禪宗學說濃厚之環境氣氛中無所接受感發。然則退之道統之說表面上雖由「孟子」卒章之言所啓發，實際上乃因禪宗教外別傳之說所造成，禪學於退之之影響亦大矣哉[47]！

所謂「教外別傳」即五祖弘忍將衣和法傳給惠能，「衣將爲信稟，代代相傳；法以心傳心，當令自悟。」（敦煌本「壇經」第九節）而惠能以下則傳法不傳衣[48]。後來宋儒比韓愈更進一步，遂有「虞廷傳心」之說。

韓愈在另一篇著名的「師說」中說：

> 古之學者必有師，師者，所以傳道、授業、解惑也。人非生而知之者，孰能無惑？惑而不從師，其為惑也，終不解矣！生乎吾前，其聞道也，固先乎吾，吾從而師之。生乎吾後，其聞道也亦先乎吾，吾從而師之。吾師道也，夫庸知其年之先後生於吾乎？是故無貴、無賤、無長、無少，道之所存，師之所存也。嗟乎！師道之不傳也，久矣。欲人之

---

47 「論韓愈」，頁二八六。但韓愈借用禪宗的傳心說反為後世佛徒所乘。例如契嵩即謂禹、湯以下年代都不相及，「烏得相見而親相傳稟耶？」見「鐔津文集」（日本大正新修「大藏經」本，第五二卷史傳部四）卷十四「非韓上」第一。

48 見「景德傳燈錄」卷五「吉州青原山行思禪師」條。「傳燈錄」卷三「菩提達磨傳」云：「內傳法印，以契證心；外付袈裟，以定宗旨。」以傳衣傳法始於達磨之傳慧可，但此恐是後世追造之說。

無惑也，難矣！（〔昌黎先生集〕卷十二）

我們必須稍知唐代儒家師道的衰微情況，才能懂得「師說」的背景。我們可以引用兩位與韓愈同時的作者的話來加以說明。柳宗元（七七三—八一九）的「師友箴」序說：

今之世，為人師者衆笑之。舉世不師，故道益離。（〔柳河東集〕卷十九）[49]

呂溫（七七一—八一一）「與族兄臯請學春秋書」所言更爲沉痛：

魏晉之後，其風大壞，學者皆以不師為天縱，獨學為生知。譯疏翻音，執疑護失，率乃私意攻乎異端。以風誦章句為精，以穿鑿文字為奧。至於聖賢之微旨，教化之大本，人倫之紀律，王道之根源，則蕩然莫知所措矣。其先進者亦以教授為鄙，公卿大夫恥為人師，至使鄉校之老人，呼以先生則勃然動色。痛乎風俗之移人也如是！（〔呂和叔文集〕卷三）

可見唐代儒家只有「章句之師」，而無「傳道之師」；這種「師」是社會上一般人所鄙視的。至於唐代上層社會所重視的師生關係則是科舉制度之下的「座主」與「門生」的關係。這是與政治利害有關的「師」，與儒家之「道」是風馬牛不相及的[50]。

韓愈「師說」中所嚮往的「傳道、授業、解惑」之「師」其實也是以新禪宗中的師弟關係爲範本的。首先，師與道合而爲一，這與「章句」、「文字」之「師」是恰恰相反的。這種「傳道

49　並可參看〔柳河東集〕卷三四「答韋中立論師道書」、「答嚴厚與秀才論師道書」及「報袁君陳秀才避師名書」等篇。

50　陳寅恪，〔唐代政治史述論稿〕（上海：商務印書館，一九四七），頁六〇—六一。

之師」在韓愈、呂溫的時代只能見之於「以心傳心」的新禪宗，而不能求之於儒家。在上引「師說」之文中，韓愈反覆強調「解惑」，這更顯然是禪宗所常說的「迷惑」，其反面卽是「悟解」。所以達磨偈語說：「吾本來玆土，傳法救迷情。」而後來禪宗和尙則說：「菩提達磨東來，只要尋一個不受人惑的人。」韓愈所謂「傳道、解惑」卽是「傳法救迷」的另一說法。這又是他「入室操戈」的一大傑作。

不但「師說」的整體精神取法於新禪宗，其中還有兩個具體的觀點也是受到新禪宗的啓示而發展出來的。第一是「無貴無賤，無長無少，道之所存，師之所存」。「無貴無賤」是惠能以來的新禪宗的特色。惠能以一個不識字的嶺南「獦獠」，在得「道」之後竟得到士庶的共同禮敬。而惠能一系的傳道也和神秀的北宗不同，卽「無貴無賤」，而不是專靠帝室和上層貴族的支持[51]。「無長無少」也是新禪宗的特色。例如印宗和尙（六二七—七一三）在廣州法性寺講〔涅槃經〕，「遇六祖能大師，始悟玄理，以能為傳法師」。（〔景德傳燈錄〕卷五「印宗傳」）但印宗尙比惠能（六三八—七一三）年長十歲。後世禪宗中徒長於師之例也時有所見[52]。可證韓愈以「道之所存」卽「師之所存」，不論地位和年齒，是淵源於禪宗的。

51 參看長部和雄，「唐代禪宗高僧の士庶敎化に就いて」，刊於〔羽田博士頌壽紀念東洋史論叢〕（京都，一九五〇），頁二九三—三一九。

52 見陳垣，〔釋氏疑年錄〕（北京：中華書局，一九六四），頁四四二。北宋也有僧人之父為「法孫」之例，見〔河南程氏遺書〕卷二二上「伊川雜錄」。

第二是「師說」後半段所說的「弟子不必不如師，師不必賢於弟子」的論點。韓愈雖引孔子「無常師」爲表面的根據，但按之實際，又和禪宗的風氣有關。與韓愈同時的溈山靈佑（七七一—八五三）曾說：

> 見與師齊，減師半德；見過於師，方堪傳授。（〔古尊宿語錄〕卷五「臨濟禪師語錄之餘」）

這是說弟子的見識必須超過老師才能有被傳授的資格，如果僅僅和老師相等，則只能達到老師的一半成就。「見過於師」一語在後來的禪宗語錄和一般用法中也有改作「智慧過師」的，意義仍然一樣。（見〔景德傳燈錄〕卷十六「全豁傳」）韓愈的「弟子不必不如師」和此語是有思想淵源的。（韓愈自然不必直接得之於溈山。而溈山也可能是引用了新禪宗的流行說法。）總之，韓愈和呂溫等人都因受到新禪宗的刺激而欲爲儒家重立師道的尊嚴[53]。他們的努力在當時雖沒有發生顯著的效果，但後來經過宋初儒家自胡瑗以下的繼續努力而終於有成，其中尤以程明道、伊川兄弟之功爲不可沒。二程語錄中有一條云：

> 善修身者，不患器質之不美，而患師學之不明。……師學不明，雖有受道之質，孰與成之？（〔遺書〕卷四「游定夫所錄」）

這正是上承韓愈、呂溫對於儒門師道的關懷而來，也間接地受到了新禪宗的影響。明道並且對伊川說：

---

53 關於唐代儒家的提倡師道，可看錢穆「雜論唐代古文運動」第八節，收入〔中國學術思想史論叢〕，頁六七—六九。關於「師說」中有禪宗成份，亦可參看 Hartman 前引書，pp. 162-66.

異日能尊師道，是二哥。若接引後學，隨人才成就之，則不敢讓。（〔程氏外書〕卷十二引〔上蔡語錄〕）

新禪宗的後期發展對宋代新儒家的「傳道」方式也有直接的影響。宋代的書院與唐代佛寺有很深的淵源，這一點已由嚴耕望的研究而獲得充分的證實，其中不少寺院是新禪宗的叢林[54]。在上一章中，我們已指出新道教曾襲用了〔百丈清規〕。現在我們要更進一步說明〔百丈清規〕對新儒家的示範作用。宋代書院的規制與百丈的叢林制度有關，近人也早已提及，但僅根據一般情況加以推測，而無確證[55]。下面我要舉出兩條直接的證據來支持此說。據呂本中〔呂氏童蒙訓〕言：

明道先生嘗至禪寺，方飯，見趨進揖遜之盛，歎曰：「三代威儀，盡在是矣。」（〔程氏外書〕卷十二引。吳曾〔能改齋漫錄〕「禪寺」作「天寧寺」，見卷十二「三代威儀盡在是」條）

這是程明道公開表示他對禪林制度的傾服[56]。他肯用「三代威儀，盡在是矣」的話來形容禪規，當然是表示有意仿效了。不過二程雖有私人講學，尚未正式建立書院。南宋的朱熹和陸九淵弟兄才以書院為新儒學的根據地。所以下面這段朱子和陸子壽（九齡）的對話尤其重要：

陸子壽言：古者教小子弟，自能言能食，即有教，以至灑掃應對之類皆有所習。故長大

54 詳見嚴耕望，「唐人習業山林寺院之風尚」，收在〔唐史研究叢稿〕（香港：新亞研究所，一九六九），尤其是頁四二一—二四。

55 盛朗西，〔中國書院制度〕（臺北：華世出版社重印本，一九七七），頁二一—二四。

56 南懷瑾，「禪宗叢林制度與中國文化教育的精神」（收在〔禪與道概論〕，臺北：真善美出版社，一九六八），頁一二〇似誤以程明道為程伊川。

則易語。今人自小即教作對，稍大即教作虛誕之文，皆壞其性質。某嘗思欲做小學規，使人自小教之便有法。如此亦須有益。先生曰：只做〈禪苑清規〉樣做亦好。（〈朱子語類〉卷七）

按：〈禪苑清規〉十卷乃北宋末長蘆宗賾所撰，有崇寧二年（一一〇三）序。這是因爲〈百丈清規〉傳至北宋已多散逸，宗賾不得不根據百丈的原意重新編次，並有所損益。以對後世及日本禪林的影響而言，〈禪苑清規〉實最爲重要[57]。此書的流傳正值南宋初年，朱子已詳加研究，足見他對禪宗的發展隨時都在密切注意之中。朱、陸代表南宋新儒家的兩大宗派，現在他們建立儒門學規竟以〈禪苑清規〉爲範本。僅此一端，即可說明佛教的入世轉向和新儒家的興起之間是如何地息息相通了。

二、「天理世界」的建立——新儒家的「彼世」

但是新儒家和南北朝隋唐以來舊儒家的最大不同之處則在於心性論的出現。韓愈雖首倡復興儒道，但對於心性論方面並無貢獻。從他的「原性」一文（〈昌黎先生集〉卷十一）關於性、情問題的討論來看，他顯然距離宋儒所謂「鞭辟近裏」的境地尚遠。朱子說得好：

---

57 見今枝愛真，〈中世禪宗史の研究〉，頁五六—六四。

> 及唐中宗時有六祖禪學，專就身上做工夫，直要求心見性。士大夫才有向裏者，無不歸他去。韓公當初若早有向裏底工夫，亦早落在中去了。（〔朱子語類〕卷一三七）

在韓愈的時代，禪宗最以心性工夫見長，儒家在這一方面是完全空白的。新禪宗對俗世士大夫的吸引力便在這裏，因爲「求心見性」給他們提供了一個精神上的最後歸宿之地，也就是所謂「安身立命」。朱子認爲韓愈幸而未「向裏」追索，否則也必然要被禪宗吸引過去了。朱子這樣說也是有根據的，卽韓愈在「與孟尙書書」中對大顚和尙所表現的傾服（〔昌黎先生集〕卷十八）。由此可見新儒家要想從佛教手上奪回久已失去的精神陣地，除了發展一套自己的心性論之外，實別無其他的途徑可走。宋明理學便是這樣形成的。與韓愈同時的李翺則是爲新儒家的心性論開先河的人。李翺有「復性書」三篇（見〔李文公集〕卷二），首先企圖以〔中庸〕、〔易傳〕爲根據，建立儒家的心性學說。他的觀點雖然沒有完全擺脫佛教的影響，其開創的功績則是不容否認的[58]。事實上與韓愈相較，李翺的「入室操戈」對新禪宗具有更大的威脅性。正因如此，後世禪宗之徒才造出他最後終爲藥山惟儼所折服的故事[59]。

---

58 朱子也承認李翺「有些本領」，並說「復性書」「有許多思量」，不過「道理是從佛中來」。〔朱子語類〕（臺北：正中書局，一九七三），卷一三七。

59 見贊寧〔宋高僧傳〕卷十七「唐朗州藥山惟儼傳」及〔景德傳燈錄〕卷十四「澧州藥山惟儼禪師」。但這類故事雖僧徒之有識者亦未盡信。如契嵩〔鐔津文集〕卷一「勸書第一」便對〔宋高僧傳〕此說表示懷疑。〔四庫全書總目提要〕卷一五〇「集部三」及余嘉錫〔四庫提要辯證〕（香港：中華書局，一九七四，下册，頁一二八六—九）均詳辨李翺問道惟儼之事，但未引〔僧傳〕及〔鐔津集〕。〔僧傳〕成於端拱元年（九八八）較〔燈錄〕為早，而不載李詩，則此詩來歷可疑。

李翺的〈復性書〉既是由入新禪宗之室而操其戈而來，則其論點不能完全脫盡佛教的糾纏自然是無足爲異的。新儒家心性論要等到宋代才發展至成熟之境。但我們由此可以看出一個重要的歷史事實：新禪宗對新儒家的最大影響不在「此岸」而在「彼岸」。儒家自始卽在「此岸」，是所謂「世教」，在這一方面自無待於佛教的啓發。但是自南北朝以來，佛教徒以及一般士大夫幾乎都認定儒家祇有「此岸」而無「彼岸」。以宋儒習用語言表示，卽是有「用」而無「體」，有「事」而無「理」。這當然是一個極其嚴重的問題。智圓（九七六―一〇二二）〈閑居編〉卷十九「中庸子傳」說：

儒者飾身之教，故謂之外典；釋者修心之教，故謂之內典也。蚩蚩生民，豈越於身心哉！嘻！儒乎？釋乎？豈共為表裏乎？世有限於域內者，故厚誣於吾教，謂棄之可也。世有滯於釋氏者，往往以儒為戲。豈知夫非仲尼之教則國無以治，家無以寧，身無以安，釋氏之道何由而行哉？

智圓年輩在周、張、二程之前，其時新儒家尚未建立其心性論系統。所以他以修身、齊家、治國歸之於儒，而獨以「修心」屬之佛教。這是「佛教爲體、儒學爲用」的兩分論。從「三界（欲界、色界、無色界）唯一心」的觀點說，儒家的世界其實是「虛妄」的，是由「一心」而造的。而唯一眞實的「心」卻落在佛教的手中。這便是宋代新儒家不得不努力建立自己的「彼岸」的基本原因。〈程氏粹言〉中有一段話云：

昨日之會，談空寂者紛紛，吾有所不能。噫！此風旣成，其何能救也！古者釋氏盛時，尚只崇像設敎，其害小爾。今之言者，乃及乎性命道德，謂佛為不可不學，使明智之士先受其惑。（卷一「論學篇」。參看《遺書》卷二上「昨日之會，大率談禪」條）

新儒家因新禪宗的挑戰而發展自己的「心性論」，這是最明白的證據。佛教內部對於「心」雖有種種不同的說法，但以究竟義言，它還是歸於空寂的，因為佛教的最後目的是捨「此岸」而登「彼岸」。新禪宗也不可能是例外。新儒家的「彼岸」因此決不能同於佛教的「彼岸」，它只能是實有而不是空寂，否則將無從肯定「此岸」。朱子說：

儒釋言性異處只是釋言空、儒言實，釋言無、儒言有。

吾儒言雖虛而理則實；若釋氏則一向歸空寂了。（《朱子語類》卷一二六）

所以新儒家最後所建立的「彼岸」必然是一個「理」的世界或「形而上」的世界。程伊川對判劃儒釋的疆界曾提出一個極具影響力的說法。他說：

天有是理，聖人循而行之，所謂道也。聖人本天，釋氏本心。（《河南程氏遺書》卷二十一下）

此處在「理」上添出一個「天」字卽為保證此世界為客觀實有而設。儒家不能採取佛教的立場，把客觀世界完全看作由「無明所生」。程明道說：「仁者以天地萬物為一體。」（同上卷二上）這句話中的「天地萬物」必須是實有的，不然此「仁者」將不必是「經世」的儒家，而可以是「出世」的禪師了。（禪宗和尚也說「天地與我同根，萬物與我一體。」）所以宋明的新儒家無論其對「理」字持何種解釋，都無法完全丟開「天」字。程朱一派認為「在天為氣者，在人為心；在天為理者，在人為性。」（黃宗羲《明儒學案》卷四十七「諸儒中之一」）這是「性卽理」的立場，其中「天」是價値之源，分量之重，可不待論。主張「心卽理」的陸王一派，雖極力要把價値之源收歸於「心」，但也不能眞將「理」與「天」切斷。象山、陽明都自覺上承孟子，但孟子的「四端」之「心」仍然是「天之所以與我者」。故陽明也常說「良知卽天理」或「天理之良知」之類的話，不過此中「天」字的意義較空靈而已。

此處不能詳論這兩派在理論上的得失[60]。總之，這兩派雖各有其內在的困難，但皆欲建立一超越的「理」的世界，以取代新禪宗之「道」，則並無二致。契嵩（一〇〇七—七二）批評韓愈說：

> 韓子何其未知夫善有本而事有要也，規規滯迹，不究乎聖人之道奧耶？韓氏其說數端，大率推乎人倫天常與儒治世之法，而必欲破佛乘道教。嗟夫！韓子徒守人倫之近事，而不見乎人生之遠理。豈暗內而循外歟？（〔鐔津文集〕卷十四「非韓上」第二）

這是新禪宗一方面的說法。（契嵩是雲門四世孫，爲北宋禪宗的代表人物。）照這一說法，儒家「守事」而「不見理」，「循外」而「暗內」。宋代新儒家的理論建構便以展示「人生之遠理」爲其中心任務，以破「佛敎爲體，儒學爲用」之說。其具體結果之一則是上面所提到的「釋氏本心，聖人本天」的判劃。「天理」是超越而又實有的世界，它爲儒家的「人倫近事」提供了一個形而上的保證。我們也可由此看出程、朱的「性卽理」何以在宋代成爲新儒家主流的一點消息。

---

60 詳見 Ying-shih Yü, "Morality and Knowledge in Chu Hsi's Philosophical System", in Wing-tsit Chan ed., *Chu Hsi and Neo-Confilatics* (forthcoming, University of Hawaii Press, 1986).

陸象山「心卽理」的「心」雖也與禪宗的「心」有動靜之別、實虛之分，但「宇宙便是吾心」之說（見〔象山先生全集〕卷三十六「年譜」紹興二十一年條）畢竟和釋氏將萬有收歸一心的立場太相近。不但如此，「心卽理」的提法又直接出於禪宗。契嵩「治心」篇云：

> 夫心卽理也。物感乃紛；不治則汩理而役物。物勝理則其人殆哉！（〔鐔津文集〕卷七）

可見象山「心卽理」的觀點很容易滑入禪宗的境界。王陽明的「致良知教」落到「心體」上也不免有此危險。其關鍵卽在對客觀世界的存在無所保證。這不是僅持一種「入世」的主觀精神便能解決問題的。象山、陽明自然不是禪。但象山之後有楊慈湖，陽明之後又有王龍溪，則顯然都流入禪，這是決不能以偶然視之的。

新儒家因新禪宗的挑戰而全面地發展了自己的「天理」世界。這是新儒家的「彼世」，與「此世」既相反而又相成。他們用各種不同的語言來表示這兩個世界：以宇宙論而言，是「理」與「氣」；以存有論而言，是「形而上」與「形而下」；在人文界是「理」與「事」；在價值論領域內則是「天理」與「人欲」。此外當然還有別的說法，不必一一列舉了。「此世」與「彼世」一對觀念既相對而成立，則其中便必然不能無緊張（tension）。不過由於中國文化是屬於「內在超越」的一型，因此這兩個世界之間的關係是不卽不離的，其緊張也是內在的，在外面看不出劍拔弩張的樣子。韋伯因爲幾乎完全沒有接觸到新儒家，在這一方面便發生了嚴重的誤解。他認爲所有宗教都持其必然而又應然之「理」（rational, ethical imperatives）以對待「此世」，因而和「此世」的一切不合理之事形成一種緊張的狀態。這自然是不錯的。但是他卻斷定儒家對

「此世」的事物，抱着一種「天眞」的態度，與清教倫理，恰成一強烈的對照。後者將它與「此世」的緊張關係看得極其巨大而嚴重。相反地，儒家倫理至少在主觀意向上是要將與「此世」的緊張減少到最低限度。因爲儒家一方面相信「此世」即是一切可能的世界中最好的一個世界，另一方面又相信性善論。總之，他認爲儒家對「此世」的一切秩序與習俗都採取「適應」(adjustment) 的態度[61]。

以我們今天的理解來說，韋伯所犯的並不是枝節的、事實的錯誤，而是有關全面判斷的基本錯誤。但基本判斷的錯誤仍然起於對歷史事實缺乏充足的知識。儒家對「此世」決非僅是「適應」，而主要是採取一種積極的改造的態度；其改造的根據即是他們所持的「道」或「理」。所以他們要使「此世」從「無道」變成「有道」，從不合「理」變成合「理」。關於這一點，下面將有討論，暫且不多說。不過儒家的「此世」確是以「人間世」爲其主要內容，對自然界則比較傾向於「適應」的一邊。因此之故，「天理」與「人欲」之間的緊張在新儒家的倫理中才特別顯得嚴重，無論程朱派或陸王派都是如此。程朱一派之所以提出「天命之性」和「氣質之性」的分別便是要通過對性善、性惡之爭的消解以安頓「天理」與「人欲」的問題。其實「天命之性」，卽是孟子的「性善」，「氣質之性」卽是荀子的「性惡」。朱子說「孟子只論性，不論氣」，「荀、楊雖是論性，其實只說得氣」。（〔朱子語類〕卷四）可爲明證。這二者的關係完全和「天

---

61 Weber, *The Religion of China*, pp. 227-28。並可參看 pp. 152-54。

理」與「人欲」一樣，是永遠在高度緊張之中，但又是不即不離的。朱子說：「人之爲學卻是要變化氣稟，然極難變化。」（同上）陳淳說得更明白：「雖下愚亦可變而爲善，然工夫最難，非百倍其功者不能。」（〔北溪字義〕「性」字條）。「天命之性」和「氣質之性」永不能分離，然而前者卻又必須不斷地去征服後者，則其間的緊張情況可以想見。這便是「天理」克制「人欲」的具體下手之處。朱子雖說過「聖賢千言萬語只是教人明天理、滅人欲」（〔語類〕卷十二）的話，我們卻不能以詞害意，認爲他要消滅人的一切生命欲望。正當的生命欲望即是天理。這一點他交代得極其淸楚：

問：「飲食之間，孰為天理，孰為人欲？」曰：「飲食者，天理也；要求美味，人欲也。」（〔語類〕卷十三）

可見此處他是以過分的欲望稱作人欲。有時他也稱之爲「私欲」。所以他用「人欲」一詞有兩重涵義：一是正當的生命欲望，這是符合天理的，所以可以說「人欲中自有天理」（同上）。另一涵義則是不正當的或過分的生命欲望，這是和天理處於互相對立的地位的。「明天理、滅人欲」一語中的「人欲」便屬於後一類。以第二涵義的「人欲」（卽「私欲」）而言，則它是和「天理」永遠處於高度的緊張狀態。朱子說：

人只有箇天理人欲。此勝則彼退，彼勝則此退，無中立不進退之理。凡人不進便退也。譬如劉項相拒於滎陽、成皐閒，彼進得一步，則此退一步；此進一步，則彼退一步。初學者則要牢劄定脚，與它捱得。捱得一豪去，則逐旋捱將去。此心莫退，終須有勝時。

勝時甚氣象！（〔朱子語類〕卷十三）

〔語類〕中此類描述甚多（參看卷五十九「孟子九」「五穀種之美者章」），但以上引一條形容得最爲淋漓盡致。朱子把天理和人欲（私欲）的關係描寫成一種長期的拉鋸戰爭。試問新儒家的這種倫理會在「初學者」的心理上造成多麼深刻的緊張狀態？而且這種緊張也並不限於天理與人欲之間；它可以推廣到理與氣的一般關係上。〔語類〕卷十二：

又問：若氣如此，理不如此，則是理與氣相離矣。曰：氣雖是理之所生，然旣生出則理管他不得。如這理寓於氣了，日用間運用都由這箇氣。只是氣强理弱。……聖人所以立教，正是要救這些子。

這個「理弱氣强」的觀點最能顯出新儒家倫理與「此世」之間的緊張是何等巨大、何等嚴重。復由於理世界與氣世界是不卽不離的，無從截然分開，新儒家倫理又不容許人效道家的「逃世」，更不容許人爲釋氏的「出世」。這是一種「連體孿生」（"Siamese twins"）式的緊張，自生至死無一刻的鬆弛。「聖人立教」則正是要人助「理」以制「氣」。人能「贊天地之化育」、「與天地參」，其根據卽在此。但新儒家的「此世」畢竟偏重人間，因此朱子又說：

水之氣如何似長江、大河，有許多洪流？金之氣如何似一塊鐵恁地硬？形質也是重，被此生壞了後，理終是拗不轉來。（〔語類〕卷四）

朱子在這裏便沒有再說「聖人所以立教，正是要救這些子了。」如果儒家的「聖人」也要「拗轉」自然界「理弱氣强」的局面，那就變成西方人「征服自然」的態度了。中國沒有發展出現代的科學和技術，和新儒家的「理」的偏向是不無關係的。但是整體地看，上引韋伯的看法則顯然是處處適得其反。新儒家是以極其嚴肅的態度對待「此世」的負面力量的，時時有一種如臨大敵的心情。通過對於「天命之性」和「氣質之性」的發展，他們的新人性觀事實上已綜合了孟子的性善和荀子的性惡，而且其中惡的分量還遠比善爲重。他們決不像韋伯所說的那樣，天眞地相信人性自然是向善的。善出於「理」，惡來自「氣」，但「理弱」而「氣強」，這便需要修養功夫。從個人推到社會，其情形也是一樣；政治和風俗都必須通過士的大集體而不斷的努力才能得到改善。儒家（尤其是新儒家）對「此世」的基本態度從來不是消極的「適應」而是積極的「改變」。在內在超越的文化型態之下，新儒家更把他們和「此世」之間的緊張提高到最大的限度。韋伯又說儒家認爲「此世」是一切可能的世界中最好的世界。以新儒家而言，這也是完全不符事實的。〔朱子語類〕卷一：

> 問：「天地會壞否？」曰：「不會壞，只是相將人無道極了，便一齊打合，混沌一番，人物都盡，又重新起。」

朱子在這裏明明表示「此世」不必然是一個最好的世界。「此世」是好是壞完全繫乎人。如果「人無道極了」，則這個世界也可以整個毀滅掉而重新出現一個新的世界。朱子這樣說，正可見他對於「此世」是極爲不滿的。

韋伯的「可能的世界」說當然是來自萊布尼玆（Leibniz）的理論。萊氏立論的前提則是上帝創造世界之前曾精打細算，最後才在各種可能的世界之中選擇了最好的一個，也就是現在我們所有的世界。萊氏即持此說以解釋人的自由意志和惡的存在。這是外在超越的西方文化對於價值之源的一種玄想。新儒家則不能把價值之源歸於外在化的「上帝」。朱子說：

而今說天有箇人在那裏批判罪惡，固不可說。道全無主之者又不可。這裏要人見得。（〔語類〕卷一）

在這一段話中，朱子無法接受西方式的「上帝」的觀念，顯然可見。但從西方的觀點看，朱子的玄想也同樣難以使人「見得」。天上既無「上帝」，如何又不能說「全無主之者」？此處不能詳論這個困難的問題。簡單地說，朱子所謂「主之者」其實就是「理」，但理又是「無情意、無計度、無造作」的（同上）。換言之，理生氣之後便管不得氣。此所以必須說「理弱氣強」。分析到最後，「天」（或「天地」）作爲「理」來說只有一個功能，即是「生」。因此他說：

天地別無勾當，只是以生物為心。（〔語類〕卷一）

天生萬物之後，卽「以此心普及萬物，人得之遂爲人之心，物得之遂爲物之心。」（同上）這也就是所謂「理一分殊」、「物物一太極」。由於人的「心」最靈，也最能明「理」，所以「此世」是否合「理」主要便是由人來負責了。戴震說宋儒以「理得於天而藏於心」，這是一個十分正確的刻劃。（見〔孟子字義疏證〕卷上「理」字條。）這樣一來，「理」雖有「天」的遠源，但「天」已不再管事，一切價值問題都收歸人的「心」中，由「分殊之理」來處理了。這是「內在超越」的一個特色。由此可見在新儒家倫理中，「此世」對每一個人都構成更大的負擔，也造成更深刻的緊張。儒家沒有「創世紀」，也沒有「世界末日」，但是隨時都可以是「創世紀」或

「世界末日」：

> 或問明道先生：「心如何是充擴得去的氣象？」曰：「天地變化草木蕃。」「充擴不去時如何？」曰：「天地閉，賢人隱。」（〈河南程氏外書〉卷十二）

荀子也早已說過：「天地始者，今日是也。」（「不苟」篇）這是〈大學〉引「湯盤」所謂「苟日新，日日新，又日新」的古老傳統。朱子〈集註〉說：

> 湯以人之洗濯其心以去惡，如沐浴其身以去垢。故銘其盤，言誠能一日有以滌其舊染之汙而自新，則當因其已新者，而日日新之，又日新之，不可略有間斷也。

「此世」是一氣所化，但氣中有理。理本身又不造作，一切要靠人心中之「理」作主宰。所以此世界無所謂「最好」，而是可好可壞；壞到極處便會毀滅。人心能明「理」，這是「心」的自由，但又和基督敎的「自由意志」不同。西方的上帝給人「自由意志」，使人可以爲善，也可以爲惡。新儒家的「理」則祇給人以爲善的自由。根據理氣論，惡源於氣，因爲氣不循理而動便成惡。所以惡是被決定的，並無自由可言。陸象山的「本心」和王陽明的「良知」則更是爲善的自由了。陽明也說：「循理便是善，動氣便是惡。」（〈傳習錄〉卷上第一〇一條）[62]這話是針對「心」而發的。儘管嚴格言之，他的「理」與「氣」都和朱子有別，但惡是被決定的，善始可說爲自由，在這一點上他和朱子仍無不同。其實追溯上去，其源在孔子的「爲仁由己」，也是儒家

62 條目編號乃依陳榮捷〈王陽明傳習錄詳註集評〉（臺灣學生書局，一九八三）。

的古老傳統。人只有爲善去惡的自由，這一自由卽是「此世」能繼續存在的唯一保證。朱子之所以斷言「人無道極了」，則此世界將毀滅而重新開始，並非一時激憤之語，而是以上述的全部理論爲根據的[63]。

以上我們追溯了新儒家倫理中「彼世」與「此世」的觀念的發展。不可否認地，新儒家的「彼世」雖有古代經典的根據，但它之所以發展成爲宋明理學那種特殊的形態則是和佛教的轉向——新禪宗——分不開的。在形式上新儒家借鏡於佛教（禪宗之外還有華嚴宗）而建立了自己的「理世界」和「事世界」，但是在實質上，他們則從內部根本改造了佛教的兩個世界。用最簡單的話來表示，這種改造是把佛教的「空幻」化爲儒家的「實有」。新儒家的「此世」是一個理氣不相離、但「理弱氣強」的「存有」，不像佛教的「此世」乃由「心」的負面（卽「無明」）所生。新儒家的「彼世」也不是最後歸於「空寂」的「心體」，而是「本於天」的「實理」。更重要的是新儒家的「彼世」是面對「此世」的，與「此世」不相隔絕的。這尤其與佛教的「彼世」之背離「此世」，在方向上恰恰相反。新儒家的兩個世界的關係如此，所以他們才能發展出一種

63 朱子此說必須從他的理氣論求得解釋。「天地以生物為心」，此卽是「理」。但「理」與「氣」不相離，而氣化又無一息之停，所以「天地」不會壞。「此世」則以「人」為主體，如果「人無道極了」，一任「氣」逆「理」而行，在「氣強理弱」的情況下，「理」終「拗不轉來」，於是「此世」便因「氣」的盲動而淪為一混沌之局，使「理」不能存于其中。「此世」既無「理」自然便歸于毀滅。如果核子戰爭的威脅是真實的，那麼朱子此語便將成為可怕的預言了。又本篇旨在說明新儒家倫理的哲學根據。至於其中理論上的困難則存而不論。

更積極的「入世作事」的精神。

三、「敬貫動靜」——入世作事的精神修養

新儒家與新禪宗之間的關係具有微妙的多重性：一方面，新儒家乃聞新禪宗而起，但另一方面新儒家又批判並超越了新禪宗，而將入世精神推到了盡處。新儒家不但參照新禪宗的規模而重新調整了自己的思想結構，並且在修養方法以至俗世倫理各方面也都根據自己的需要而吸收了新禪宗的成分。以修養而論，程明道曾說：

> 孟子曰：「盡其心者，知其性也。」彼所謂「識心見性」是也。若「存心養性」一般事則無矣。（〔程氏遺書〕卷十三）

這是說禪宗只有「識心見性」，而無「存心養性」。但〔朱子語類〕云：

> 近看石林〔過庭錄〕載上蔡說，伊川參某僧後有得，遂反之。偷其說來做己使，是為洛學。某也嘗疑如石林之說固不足信，卻不知上蔡也恁地說。……但當初佛學只是說，無存養底工夫。至唐六祖始教人存養工夫。當初學者亦只是說，不曾就身上做工夫，至伊川方教人就身上做工夫。所以謂伊川偷佛說為己使。（卷一二六）

上蔡（謝良佐）是程門高弟，居然坦承程伊川偷某僧之說爲己使。朱子則更進一步說明伊川的「存養工夫」確是從惠能那裏轉手得來。這更是和上引程明道的話直接衝突。朱子不諱言新儒家的

修養工夫出自禪宗，正是因爲這是方法層面的事，無關雙方在精神方向上的根本不同。

在世俗倫理方面，新儒家也頗多與新禪宗相通之處。二程語錄中有一條云：

> 得此義理在此，甚事不盡？更有甚事出得？視世之功名事業，甚譬如閑。視世之仁義者，甚煦煦孑孑，如匹夫匹婦之為諒也。自視天來大事，處以此理，又曾何足論？（〔程氏遺書〕卷二上）

這裏所說的是「理」與「事」的關係。其基本意思是：只要人能「順理」以「應事」，則再大的事也不難應付。儒家是「世教」，自然重視「事」。但是若完全陷溺在此世的「事」中而無超越此世的「理」爲依據，這便是隋唐時代的庸俗儒家了。宋代新儒家強調超越之「理」的重要卽從佛教的超越的「心」移形換步而來。在上一篇中，我們曾引了〔幻住清規〕論「普請」的一段話。其中有云：「但心存道念，身順衆緣，事畢歸堂，靜默如故。動靜二相，當體超然，雖終日爲而未嘗爲也。」新儒家的「順理以應事」也是「終日爲而未嘗爲」。然而此中又有重要的不同。佛教的「靜」與「動」在方向上是相反的。「靜」是「存心養性」，歸於空寂；「動」是「身順衆緣」，而「心」不在焉。朱子說：

> 惟動時能順理，則無事時能靜；靜時能存，則動時得力。……動靜如船之在水，潮至則動，潮退則止；有事則動，無事則靜。（〔語類〕卷十二「學六」：「持守」）

表面上，「有事則動，無事則靜」與新禪宗的「動靜二相，當體超然」甚爲相似。但往深一層看，朱子以船與潮水爲喻，卽表明新儒家的「動」、「靜」同其方向。其「靜時能存」的「理」

是肯定「此世」，並爲「此世」的存在作最後保證的。新禪宗的「心存道念」之「道」則是捨離「此世」的，其「動」、「靜」顯然分成兩橛，背道而馳。所以新儒家必須更進一步把「理世界」與「事世界」之間的隔閡打通，這就落到了修養論層次的「敬」字頭上，用朱子的話說，即所謂「敬貫動靜」（見〈語類〉卷十二）。「涵養須用敬」本是程伊川立敎的第一要目。但「敬」並不限於「存心養性」，以通向價值之源的超越境域，它也是成就此世之「事」的精神憑藉。二程語錄有一條說：

> 君子之遇事，無巨細，一於敬而已。簡細故以自崇，非敬也；飾私智以為奇，非敬也。要之無敢慢而已。語曰：「居處恭，執事敬，雖之夷狄，不可棄也。」然則「執事敬」者，固為仁之端也。推是心而成之，則「篤恭而天下平」矣。（〈程氏遺書〉卷四）

由於「敬貫動靜」，「敬」也必須成爲入世做事的行動原則。朱子說：

> 二先生所論敬字，須該貫動靜看方得。夫方其無事而存主不懈者，固敬也；及其應物而酬酢不亂者，亦敬也。故曰「毋不敬」、「儼若思」，又曰「事思敬」、「執事敬」。豈必以攝心坐禪而謂之敬哉！（〈朱文公文集〉卷四十五「答廖子晦」第一書）

朱子又在別處解釋「敬」的涵義說：

> 敬不是萬事休置之謂，只是隨事專一，謹畏不放逸耳。（〈語類〉卷十二）

依此解釋，則「敬」在入世活動中實爲一種全神貫注的心理狀態。後世中國社會上所強調「敬業」精神便由此而來。這是新儒家倫理中的「天職」觀念，頗有可與喀爾文教相比觀之處，以下當隨文附及。

如上篇所論，新禪宗和新道教的入世苦行都強調勤勞、不虛過時光、不作不食等美德。這些美德當然也隨着「執事敬」的精神而出現於新儒家的倫理之中。克勤克儉、光陰可惜，這些都是儒家的古訓本無待外求。但是門第時代的儒家倫理對這一方面則重視不足。宋代以來的新儒家重彈古調不但有新的社會涵義，而且也很可能受到了新禪宗入世運動的某些暗示。張載論「勤學」有云：

> 學須以三年為期。……至三年，事大綱慣熟。學者又須以自朝及晝至夜為三節，積累功夫。更有勤學，則於時又以為限。（〔張子全書〕卷十二「語錄抄」）

這裏他不是泛論「勤學」，而是具體指示學者要把一天分爲三節，不間斷地「積累功夫」。這似乎是取法於禪宗的「三時坐禪」（黃昏、早辰、晡時）或「三時諷經」（朝課、日中、晚課）。後來朱子屢說工夫須積累、不可間斷，又說「早間」、「午間」、「晚間」都可分別「做工夫」（〔語類〕卷八）。這和張載在精神上是完全一致的。清代「理學名臣」曾國藩也把他的一天治事和讀書的時間分爲「上半日」、「下半日」、和「夜間」三節[64]。新儒家對勤勞實具有更深刻的體認。與張載同時的蘇頌（一〇二〇—一一〇一）說：

---

64 見 Lien-sheng Yang, "Schedules of Work and Rest in Imperial China", 現收在 *Studies in Chinese Institutional History* (Harvard-Yenching Institute, 1961), pp. 26-27. 此文通論二千年來中國各階層的勤勞工作習慣，極為重要。

人生在勤，勤則不匱。戶樞不蠹，流水不腐，此其理也[65]。

蘇氏則更擴大了「勤」的範圍，使它成為整個人生的基礎。從「勤則不匱」一語來看，他所指的已不限於「勤學」，而包括士、農、工、商各階層的人了。與「勤」相隨而來的還有愛惜時光的意識。石介（一〇〇五—四五）嘗以愛日勉諸生曰：

> 白日如奔驥，少年不足恃。汲汲身未立，忽焉老將至。子誠念及此，則晝何暇乎食，夜何暇乎寐。（〈宋元學案補遺〉卷二「徂徠門人」附錄）

這種忙迫感在朱子教訓門人時更是反覆言之。例如他說：

> 光陰易過，一日減一日，一歲無一歲。只見老大，忽然死着。思量來這是甚則？劇恁地悠悠過了。（〈語類〉一二一「訓門人九」）

新儒家把浪費時間看成人生最大的罪過，和清教倫理毫無二致。在這一問題上新儒家其實也受到了佛教的刺激。所以朱子又說：

> 佛者曰：「十二時中除了着衣喫飯，是別用心。」夫子亦曰：「造次必於是，顛沛必於是。」須是如此做工夫方得。公等每日只是閑用心，問閑事、說閑話的時節多。問緊要事，究竟自己事底時節少。若是真箇做工夫底人，他是無閑工夫說閑話、問閑事。（同上）

---

65 見王梓材、馮雲濠〈宋元學案補遺〉卷二「蘇先生頌」附錄所引「談訓」。朱子對於蘇頌十分推重，見〈朱文公文集〉卷七七「蘇丞相祠記」及卷八六有關蘇丞相祠三文。

朱子引佛家的話尚在引〔論語〕之前，則新儒家所受新禪宗的啓發更無可疑。朱子不但反對「閒」，而且尤其反對「懶」。他說：

某平生不會懶，雖甚病，然亦一心欲向前。做事自是懶不得。今人所以懶，未必是真箇怯弱。自是先有畏事之心，纔見一事，便料其難而不為。（同上，卷一二〇「訓門人八」）

朱子不但對門人如此說，對他的兒子也是一樣。他在「與長子受之」（〔朱文公文集〕續集卷八）的家書中再三叮嚀其子「不得怠慢」、「不得荒思廢業」，必須「一味勤謹」，「夙興夜寐，無忝爾所生」。新儒家這種倫理對後世有莫大的影響。明初吳與弼「居鄉躬耕食力，弟子從遊者甚衆」。有一次，

陳白沙自廣來學，晨光纔辨，先生手自簸穀，白沙未起。先生大聲曰：「秀才若為懶惰，即他日何從到伊川門下？又何從到孟子門下？」（〔明儒學案〕卷一「崇仁一」）

新儒家的倫理是針對一切人而發的。通過「鄉約」、「小學」、「勸農」、「義莊」、「族規」多方面的努力，他們儘量想把這種倫理推廣到全社會去。明末清初朱用純（伯廬）的「治家格言」便是根據程朱倫理而寫成的一篇通俗作品，在清代社會中流傳極廣。新儒家也有相當於「一日不作，一日不食」的倫理觀念。范仲淹曾說：

吾遇夜就寢，即自計一日食飲奉養之費，及所為之事。果自奉之費及所為之事相稱，則鼾鼻熟寐；或不然則終夕不能安眠，明日必求所以稱之者。（〔邵氏聞見後錄〕卷二二）

朱子也說：

在世間喫了飯後，全不做得些子事，無道理。（〔語類〕卷一〇五）

范、朱的「做事」自然不是指生產勞動。但儒家自孟子以來便強調社會分工，所以只要所做的是對全社會有益之事，而且取予相稱，則接受奉養自可無愧。這和清教徒的分工論和工作觀依然是很近似的。清教徒認爲人都必須工作，必須有「常業」（"fixed calling"），然而不是所有的人都從事同一種行業。因此富人也可以提供其他更有用的服務以代替體力勞動，只要他爲上帝而努力「做事」就行了[66]。我們只要把「上帝」換成「天理」，便可發現新儒家的社會倫理有很多都和清教若合符節。例如上面所指出的不可浪費光陰，不可說閑話、問閑事，不可懶惰，要夙興夜寐等等，恰好也是韋伯所特別強調的清教倫理中的要項[67]。其最大不同之處僅在超越的根據上面。新儒家則相信有「天理」（或「道」）。但「理」既在「事」上，又在「事」中，所以人生在世必須各在自己的崗位上「做事」以完成理分，此之謂「盡本分」[68]。但「做事」並不是消極的、不得已的應付或適應此世。相反地，做事必須「主敬」，即認眞地把事做好。這是一種積極的、動態的入世精神。天理不爲堯存、不爲桀亡，天地也不會壞，但「人若無道極了」，「此世」又未嘗不能

66 Weber, *The Protestant Ethic*, pp.159-163 所論可資比觀，又 p.265 註 28 所引 Richard Baxter 的話更當一讀。

67 同上書，pp. 157-58。

68 二程都重視「守本分」和「盡分」，見〔河南程氏外書〕卷十二引「尹和靖語」。

毀滅。因此人只有努力成就「此世」，或立德、或立功、或立言，才能保證「不朽」。「彼世」在內而不在外；心安理得，卽登天堂；此心不安，卽入地獄。新儒家重視此世的成就，但其正統理論則不以「事」的成敗爲判斷「理」之有無的標準。清教徒的「選民前定論」則流於以事業的成功爲「德的表徵」（"symptom of virtue"）[69]。朱子和陳亮（同父）有關王霸的爭論，其中心意義卽在於此。陳傅良在「答陳同父」第一書中曾對雙方的論點有極扼要的說明。其言曰：

> 功到成處，便是有德；事到濟處，便是有理。此老兄之說也。如此則三代聖賢枉作工夫。功有適成，何必有德；事有偶濟，何必有理。此朱丈之說也。如此則漢祖、唐宗賢於盜賊不遠。（「止齋先生文集」卷三十六）[70]

清教徒的觀點便有些近於「功到成處，便是有德；事到濟處，便是有理。」這是它與新儒家倫理的另一重要分歧之點。不過我們也必須指出，陳亮的觀點雖未能取得正統的地位，但在新儒家倫理中始終不失爲一伏流，其影響力還是不容忽視的。

「選民前定論」使喀爾文教派涵有一種精神貴族的意味。根據這一理論，社會上的人分爲兩大類：一類是少數上帝的選民，他們在「此世」替上帝行道；另一類是芸芸衆生，他們是永遠沉淪的罪人。但在最後審判未到來之前，只有上帝才知道誰已入「選」。因此人人都必須努力爭取在

---

69 Weber, *The Religion of China*, p. 245.

70 關於陳亮和朱熹的爭論，可看 Hoyt C. Tillman, *Utilitarian Confucianism: Ch'en Liang's Challenge to Chu Hsi* (Council on East Asian Studies, Harvard University, 1982).

此世的成就以證實自己的「選民」身分。早期的喀爾文教徒（和後來的清教徒）都對自己的人格有絕大的自負和自信。他們的目的是要在此世建立一個「神聖的社羣」(Holy Community)。這一神聖的使命是上帝特別恩賜給他們的[71]。新儒家並沒有「選民」的觀念，更不承認世界上大多數人是命定要永遠沉淪的[72]。但是從另一角度看，新儒家也未嘗沒有與喀爾文教徒共同之處，這便是他們對社會的使命感。新儒家不是「替上帝行道」，而是「替天行道」；他們要建立的不是「神聖社羣」，而是「天下有道」的社會。他們自己不是「選民」，而是「天民之先覺」；芸芸衆生也不是永遠沉淪的罪人，而是「後覺」或「未覺」[73]。正是在這種思想的支配之下，新儒家才自覺他們必須「自任以天下之重」（朱子語）。他們對自己的「先覺」角色誠然看得極重，但是他們卻不以小我的「先覺」自了爲滿足，更重要的是「將以此道覺此民」，「足以治天下國家」（二程語）。這和喀爾文教對「選民」的看法極爲相近。「選民」的小我也是全心全意而永無息止地沉浸於塑造世界和社會的任務之中。不過在這一方面新儒家又與喀爾文教徒有一大不同的地方。後者相信上帝的「恩寵」（grace）一得即不再失，因此不必戰戰兢兢地從事性情修養。新儒家則反而接近路德教派的立場，因爲路德派強調性情必須不斷修養才能長保「恩寵」不

---

71 Weber, *The Protestant Ethic*, pp. 121-22.

72 道教的「種民」略與「選民」觀念相近，但仍不同。孔子「天生德於予」的觀念在後世甚為淡薄，所以王安石曾借此語開玩笑說：「天生黑於予，園荽其如予何！」見魏泰〈東軒筆錄〉卷十二第一條。

73 關於「先覺」之說，詳見〈程氏遺書〉卷二上「天民之先覺」條及〈朱子語類〉卷一三〇「本朝四」，「東坡聰明，豈不曉」條論伊尹「天民之先覺」一段。

致得而復失[74]。但是新儒家的心性修養又不是爲了個人的解脫，而是爲「自任以天下之重」做精神的準備。

四、「以天下為己任」——新儒家的入世苦行

宋代新儒家中范仲淹是最先標舉這種「先覺」精神的人。朱子評論本朝人物，獨以范仲淹「振作士大夫之功爲多」，並說：

> 范文正公自做秀才時便以天下為己任，無一事不理會過。一旦仁宗大用之，便做出許多事業。（〔語類〕卷一二九「本朝三」）

歐陽修撰「范公神道碑」也說：

> 公少有大節……慨然有志於天下。常自誦曰：「士當先天下之憂而憂，後天下之樂而樂也。」（〔歐陽文忠公文集〕卷二十）

從宋代以來，大家一提起范仲淹幾乎便會想到上引兩條關於他的描述。「以天下爲己任」是朱子對於范仲淹的論斷[75]。但這句話事實上也可以看作宋代新儒家對自己的社會功能所下的一種規範

---

74 Ernst Troeltsch, *The Social Teaching*, pp. 588-89.

75 「以天下為己任」語並不見於歐陽修「范公神道碑」及〔五朝名臣言行錄〕卷七。〔宋史〕卷三一四本傳敘仲淹生平曾用此語，或受朱子影響。俟再考。

性的定義 (normative definition)。朱子用此語來描述范仲淹則是因爲後者恰好合乎這一規範。「士當先天下之憂而憂，後天下之樂而樂」則是范仲淹自己的話，出於他的「岳陽樓記」。其中「當」字更顯然是規範性的語詞了。這裏我們不妨引用一段西方學人對於喀爾文教徒的描述作爲對照：「喀爾文教徒充滿着對於自己的人格價值的深刻自覺，對於此世界所負的神聖使命有一種崇高的意識；他自許爲千萬衆生中獨蒙上帝恩寵的人，並承擔着無限的責任。」[76] 兩相對照，可見新儒家和喀爾文教徒對於自己的期待之高是完全一致的。所不同者，前者把對社會的責任感發展爲宗教精神，而後者則把宗教精神轉化爲對社會的責任感。新儒家以「先覺」自居，他們的社會身分則是「士」（「士」如果作了官便是「士大夫」），所以他們才在主觀方面發展出這樣高度的自負。這種「士」的宗教精神是新儒家的一個極其顯著的特色，這是在南北朝隋唐的儒家身上絕對看不到的。我這樣說，其用意決不是美化新儒家。我只是要指出這一精神的出現確是一個無可否認的歷史事實。然而這又不等於說，宋代以來每一個自許爲新儒家的人都在道德實踐上合乎他們所立下的規範。同樣地，我們也不能說每一個喀爾文教徒（或清教徒）都在宗教實踐上符合了上面所引的典型。更具體地說，范仲淹本人是否隨時隨地都做到了「以天下爲己任」或「先憂後樂」在這裏是一個次要的問題。這個問題只有在研究他本人的生命史時才會眞正出現。但是他提出了這一新的「士」的規範之後，很快地便在宋代新儒家之間得到巨大的迴響，以致朱子

[76] Troeltsch，前引書，p. 617.

竟斷定他「振作士大夫之功爲多」。這一客觀事實的本身便充分說明一個嶄新的精神面貌已浮現於宋代的儒家社羣之中。後代所指的「宋代士風」不是研究了每一個「士」的個人生命史之後所獲得綜合斷案，而是「觀其大略」的結果。在方法論上，這正是所謂「整體研究法」(holistic approach)，也就是韋伯的「理想型」("ideal type")[77]。

新儒家的特殊精神面貌爲什麼會不遲不早地單單出現在宋代呢?本章不能全面地解答這一歷史問題。簡單地說，此中有外在的和內在的兩方面因素。外在的因素是社會變遷，而尤以中古門第的崩潰爲最重要的關鍵[78]。內在的因素包括了古代儒家思想的再發現。曾子的「仁以爲己任」，孟子的「樂以天下，憂以天下」，以及東漢士大夫以「天下風教是非爲己任」的精神都對宋代的新儒家有新的啓發[79]。但是從本文的觀點說，我們還要考慮到佛教的入世轉向對新儒家這

77 宮崎市定「宋代の士風」一文(收入〈アジア史研究〉第四，京都東洋史研究會，一九六四，頁一三〇—六九)專駁朱子〈名臣言行錄〉中所美化的「士風」，意在建立客觀的史實，自無可厚非。但他根據有問題的〈碧雲騢〉而致疑於范仲淹(頁一三三—三四)，則仍不免輕信。劉子健「梅堯臣〈碧雲騢〉與慶曆政爭中的士風」一文已加駁正。(收在〈宋史研究集〉第二輯，中華叢書編審委員會，一九六四，頁一四一—五五)范仲淹的人格當然未必「完全無缺」，但他所樹立的風範在當時影響甚大，似無可否認。黃庭堅(一〇四五—一一〇五)「跋范文正公詩」云:「范文正公在當時諸公間第一品人也。故余每於人家見尺牘寸紙，未嘗不愛賞，彌日想見其人。所謂先天下之憂而憂，後天下之樂而樂，此文正公飲食起居之間先行之而後載於言者也。」(〈豫章黃先生文集〉卷三十)黃山谷不是理學家又與范年代相接，所言應有相當根據。宮崎氏想從「士大夫史觀」中擺脫出來，但他所根據的材料(如〈碧雲騢〉)仍出士大夫之手。不但其文為孤證，其人更有可疑。此何能獲得「客觀史實」?這是實證方法(positivistic method)所無可避免的內在限制。

78 參看孫國棟，「唐宋之際社會門第之消融」，收在〈唐宋史論叢〉(香港:龍門書店，一九八〇)，頁二一一—三〇八。

79 余英時，〈中國知識階層史論〉，頁二一四，註7。

一特殊精神的可能影響。萊特（Arthur F. Wright）曾提出一個有趣的見解。他認爲范仲淹的「先天下之憂而憂，後天下之樂而樂」來自大乘佛敎的菩薩行。菩薩未度己、先度人，願爲衆生承受一切苦難。「先憂後樂」的名言便是菩薩行的俗世翻版[80]。上面已指出，「憂以天下，樂以天下」原見於儒典。但「先後」之說確與菩薩行的精神相近，萊特的說法雖不免以偏概全，但仍值得作更進一步的分析。范仲淹早年曾在僧舍讀書三年[81]；守鄱陽時，以母忌，預請芝山寺僧誦〈金剛經〉[82]；守杭州時鼓勵諸佛寺大興土木[83]；平時且與高僧有往來[84]。以此推之，如果他受有佛敎影響自是情理中事。不過僅憑這一句話，我們還不能遽下斷語。但是惠洪（覺範，一〇七一—一一二八）〈冷齋夜話〉卻保存了一則王安石的語錄對於我們所要討論問題大有幫助。據我所知，這則語錄似乎沒有受到史學家的重視，所以值得加以介紹。原文共說三件事，玆摘抄其中與佛敎有關的兩條如下：

---

80 Arthur F. Wright, *Buddhism in Chinese History* (Stanford University Press, 1959), p. 93.

81 見〈五朝名臣言行錄〉卷七之二引〈東軒筆錄〉及江少虞〈宋朝事實類苑〉卷七引〈湘山野錄〉。

82 洪邁〈夷堅志〉（何卓點校，中華書局，一九八一）支癸卷十「古塔主」條，第三册，頁一二九五—九六。

83 沈括〈夢溪筆談〉（胡道靜校註，中華書局，一九五七）卷十一第二〇四條。

84 〈范文正公集〉（萬有文庫本），「尺牘」卷下，「文鑒大師」。關於范仲淹與佛敎的關係及其義莊經營所受佛敎常住田的影響，可看 Denis Twitchett, "The Fan Clan's Charitable Estate, 1050-1760", in David S. Nivison and Arthur F. Wright, eds., *Confucianism in Action* (Stanford University Press, 1959)，特別是 pp. 102-05。

朱世英言：「予昔從文公定林數夕，聞所未聞。」……曰：成周三代之際聖人多生吾儒中，兩漢以下聖人多生佛中。」此不易之論也。又曰：「吾止以雪峯一句語作宰相。」世英曰：「願聞雪峯之語。」公曰：「這老子嘗為衆生作什麼？」[85]

惠洪爲江西人，王安石死時（一〇八六）已十六歲，是有名的詩僧，後來王安石次女（蔡卞妻）曾戲呼他爲「浪子和尚」[86]。朱世英也是王安石的同鄉[87]，大約年長於惠洪，故能在安石晚年從遊於金陵定林寺[88]。惠洪與朱世英關係甚密，〔石門文字禪〕卷十五有贈朱世英詩三首可證。所以這則所記王安石之語是可信的[89]。上引語錄第一條認爲漢以後聖人多出於佛敎，恐是安石平時持論如此。否則何以曾鞏會疑心安石「所謂經者，佛經也」。（見〔臨川先生文集〕卷七十三「答曾子固書」）語錄第二條尤其重要。王安石在此已明白承認他肯出任宰相是受了新禪宗的精神感召。「嘗爲衆生作什麼」正是菩薩行的精神。雪峯是雪峯義存（八二二—九〇八），錫號「眞覺大師」，乃靑原五世法孫（見〔景德傳燈錄〕卷十六及〔宋高僧傳〕卷十二）。雲門文偃（八

85 惠洪〔冷齋夜話〕（學津討原本）。卷十「聖人多生儒佛中」條。按：末句有誤字（殷禮在斯堂叢書本亦同），此參照丁傳靖〔宋人軼事彙編〕卷十所引校改。

86 見吳曾〔能改齋漫錄〕卷十一「浪子和尚」條。

87 〔冷齋夜話〕卷十一「歐陽修何如人」條。

88 王安石罷相（一〇七六）後居定林寺，見胡仔〔苕溪漁隱叢話〕前集卷五七「贊元」條引〔僧寶傳〕。定林寺有二，安石所居乃下定林寺，見沈欽韓〔王荆公詩文沈氏註〕卷二「定林院」條引〔建康志〕。

89 〔苕溪漁隱叢話〕前集卷三七「俞清老」條引〔詩選〕說「〔冷齋夜話〕中數事皆妄」。但此條似無可疑，詳下文。

六四—九四九）是他的法嗣，創雲門宗，大盛於北宋。雪峯本人尤以愛衆生著稱，惠洪撰「送僧乞食序」，也特別說到「愛衆如雪峯」[90]。王安石這一思想在他的詩詞中可以獲印證。「題半山寺壁二首」之二的末兩句云：

> 衆生不異佛，佛卽是衆生。（「臨川文集」卷三）

「望江南歸依三寶讚」第一首曰：

> 歸依衆，梵行四威儀。願我遍遊諸佛土，十方賢聖不相離。永滅世間癡。

第四首云：

> 三界裏，有取總災危。普願衆生同我願，能於空有善思惟。三寶共住持。（同上卷三十七）

在這些詩詞中，他不但表現了尊敬「衆生」、普度「衆生」的願望，而且也明說佛、菩薩是「賢聖」。有了這些直接證據，我們便可以毫不遲疑地承認上引兩條語錄確出自王安石之口了[91]。王安石和范仲淹一樣，也是一個「以天下爲己任」自許的人。他爲了禪宗和尚一句話而「作宰相」，從此引起了一番驚天動地的改革事業，這豈不正是「先天下之憂而憂」的精神的具體表現

---

90 惠洪「石門文字禪」卷二四。同書卷二三「昭默禪師序」中明言「雪峯眞覺禪師」，則必指雪峯義存無疑。宋代雲門宗强調愛衆生，如該宗福昌知信（一〇三〇—八八）以入世苦行、開墾耕田著稱。他曾說：「一切聖賢，出生入死，成就無邊衆生行。願不滿，不名滿足。」（「豫章黃先生集」卷二四「福昌信禪師塔銘」）知信與王安石是同時代人，可窺儒、釋精神滙通之消息。

91 蔡上翔「王荆公年譜考略」專爲王安石辯誣，但也並不能否認王氏晚年「喜看佛書」（卷首二）。蔡書亦未提及「冷齋夜話」此條。

嗎？[92]

范仲淹和王安石是北宋新儒家的典範人物，但他們都間接或直接地受到佛教入世轉向的激動。范仲淹的「先憂後樂」之說如果眞與佛教有牽涉，其來源恐怕還不是大乘菩薩行的一般影響，而是新禪宗對菩薩行的入世化，如雪峯所說：「這老子嘗爲衆生作什麼！」宋代的新禪宗仍然有極大的影響力，而且比唐代更入世了。北宋契嵩和南宋大慧宗杲（一〇八九—一一六三）甚至已更進一步肯定了「事父事君」[93]。總之，到了宋代，新禪宗和新儒家已二流滙合，以入世苦行的精神而言，已愈來愈不容易清楚地劃分界線了。所以比較全面地看，中國近世的宗教轉向，其最初發動之地是新禪宗。新儒家的運動已是第二波；新道教更遲，是第三波。新道教一方面繼承了

92　王安石說：「由其道而言，謂之神，由其德而言，謂之聖，由其事業而言，謂之大人。」又說：「故神之所為當在於盛德大業……世蓋有……以為德業之卑不足以為道，道之至者在於神耳。於是棄德業而不為。夫如君子者皆棄德業而不為，則萬物何以得其生乎？」（《臨川文集》卷六六「大人論」）。這番話極為重要，充分顯示了他的入世精神。他的「道」雖「存乎虛無寂寞不可見之間」（亦上引文中語），但已不是佛教的背離此世，而是儒家的面對此世了。所以「道」必須轉化為「事業」。

93　契嵩《鐔津文集》卷八「西山移文」云：「彼長沮桀溺者，規規剪剪，獨善自養，非有憂天下之心，未足與也……與其道在於山林，曷若道在於天下？與其樂與猿猱麋鹿，曷若樂與君臣父子？」此文撰於康定元年（一〇四〇）以後，其「憂天下」云云當是有聞於范仲淹的名言。契嵩此文勸一位道家不要避世，希望他「道在天下」、「樂與君臣父子」，可見他的入世精神已比以前的禪宗更進了一步。後來大慧宗杲也說「世間法卽佛法」、「父子天性一而已」、及「予雖學佛者，然愛君愛國之心，與忠義士大夫等」，更可見新儒家對新禪宗也發生了影響力。參看錢穆「再論禪宗與理學」，收在《中國學術思想史論叢》（四），臺北：東大圖書公司，一九七八，頁二四五—四七。

新禪宗的入世苦行，如「不作不食」、「打塵勞」（「塵勞」也是禪宗用語），另一方面又吸收了新儒家的「敎忠敎孝」。這便是唐宋以來中國宗敎倫理發展的整個趨勢。這一長期發展最後滙歸於明代的「三敎合一」，可以說是事有必至的[94]。從純學術思想史的觀點說，「三敎合一」的運動也許意義並不十分重大。然而從社會倫理和通俗文化（popular culture）的觀點說，則這一運動確實是不容忽視的[95]。

宋代的新儒家已不復出自門第貴族，他們的「天下」和「衆生」是指社會上所有的人而言的，包括所謂士、農、工、商的「四民」。士自然仍是「四民之首」，其社會地位高於其他三民，但至少像南北朝以來「士庶區別，國之章也。」（《南史》卷二三王球語）那種情況已不存在了。張載「西銘」中的「民吾同胞」四字便是新儒家這一思想的最扼要的陳述。從新儒家的理論說，四民只代表職業上的分化，而不足以表示道德品質的高下。以「天民之先覺」自居的新儒家對於四民中之末「覺」者是一視同仁的。范仲淹的「四民詩」（《范文正公集》卷一）可爲明證。此詩不但對「士」中的「小人」有很嚴厲的斥責，而且對「吾商苦悲辛」也表示深厚的同

---

94 「三敎合一」的運動早已萌芽於宋元之際，見沈曾植〔海日樓札叢〕（中華書局，一九六二）卷六「三敎」條，頁二五八—五九；Liu Ts'un-yan and Judith Berling, "The 'Three Teachings' in the Mongol-Yuan Period", 收在Hok-lam Chan and Wm. Theodore de Bary, eds., *Yüan Thought, Chinese Thought and Religion Under the Mongols* (Columbia University Press, 1982), pp. 479-512.

95 明代林兆恩（一五一七—一九八）的三敎運動影響最大，詳見 Judith A. Berling, *The Syncretic Religion of Lin Chao-en*(Columbia University Press, 1980)。

情。總之，新儒家倫理中關於理欲、義利之辨是具有普遍性的，決不是爲某一特殊社會階層或集團的利益而特別設計的。至於它事實上曾如何爲某些人羣所利用，那應當是另外一個問題。新教倫理確曾有助於資本主義的發展，但喀爾文和其後的英國清教徒在立教時所考慮的也還是普遍性的宗教道德問題。清教徒文獻中譴責追求財貨的說詞是數之不盡的。他們可以說和新儒家同樣地嚴於理欲、義利之辨。他們所提倡的勤儉、誠實、嚴肅等等美德也許適合了資本主義的需要，可是他們的倫理系統決不是爲資產階級而特別設計的[96]。事實上，任何宗教或道德系統，以至社會理論都可以被某些人羣利用，以致完全違背了它原來的意向，馬克思主義也不是例外。澄清了這一點，我們便不必急於爲新儒家尋找某一特定的社會根源，譬如把它籠統地看作是屬於某一特殊社會階層的意識形態。然而這又不是說個別的新儒家的社會屬性完全不會影響到他對於新儒家倫理某些方面的理解。在這個層面上，沒有任何一般性的公式可以取代具體的個案研究。

新儒家立教必須以四民爲對象也和佛教的挑戰有關。佛教在中國社會上是無孔不入的。朱子說得最透徹：

佛氏乃為逋逃淵藪。今看何等人，不問大人、小兒、官員、村人、商賈、男子、婦人，

---

96 參看 Kurt Samuelsson, *Religion and Economic Action* 第二章。據此書的分析，清教倫理毋寧是反資本主義的。又據 R. H. Tawney 在 *Religion and the Rise of Capitalism* (A Pelican Book, 1938, pp.3 11-13) 的分析，韋伯對喀爾文教和清教倫理的討論都失之簡化。如清教徒中有貴族、工匠、商人、地主、窮人等各種社會成分的人；清教也沒有一個統一的社會理論可以把他們都包括進去。

皆得入其門。最無狀是見婦人便與之對談。如杲老與中貴、權要及士大夫皆好。湯思退與張魏公如水火，杲老與湯、張皆好。又云：杲老乃是禪家之俠。（〔語類〕卷一二六）

這一段話頗足說明佛教的社會基礎之廣大。新儒家起而與新禪宗相競，自不能不爭取社會上各階層、各行業的人民，包括絕大多數不識字的人在內。所以早在宋代新儒學初興時，張載已說：

凡經義不過取證明而已，故雖有不識字者，何害為善？（〔張子全書〕卷六「義理」）

這種說法不但開陸象山一派的先河，而且明顯地表示新儒家立教的對象是所有的人，不是某一特殊階層。張載又說：

利之於民，則可謂利。利於身、利於國，皆非利也。利之言利，猶言美之為美。利誠難言，不可一概而論。（同書卷十四「性理拾遺」）

這番話是答復學生的問題，可見他所關懷的對象不是「士」階層而是所有的「民」。張載不但不許「士」本身謀「利」，也不許國家（卽政府）與「民」爭「利」。祇有「利」於全「民」者才是正當的「利」。這是和他的「民吾同胞」的用意一貫的。新儒家內部雖有各種流派的分歧，但在「民吾同胞」這一基調上卻是完全一致的。

新儒家倫理的普遍性不但表現在對「衆生」一視同仁的態度上，而且也表現在重建社會秩序的全面要求上。（用他們的名詞說，卽所謂「經世」。）程、朱以〔大學〕爲「初學入德之門」，其用意顯然是要首先確定革新世界的規模，因爲〔大學〕從格致誠正一直推到修齊治平，對天下之事無一件放過。程、朱硬改「親民」爲「新民」，尤足以顯示其建立新秩序的意向。朱子〔集注〕曰：

新者，革其舊之謂也。

這是新儒家全面「革新」的正式宣言，決不可等閒視之。陸象山和王陽明對〔大學〕的解釋雖與程、朱大異，但無不接受這一基本綱領[97]。陸象山常說「道外無事，事外無道」（〔象山先生全集〕卷三四），又說「宇宙內事是己分內事」（卷二二），也出於同一用心。就這一點說，新儒家的「經世」也許更接近喀爾文教派重建「神聖社羣」("Holy Community")的積極精神。喀爾文派要在此世建立一個全面基督化的社會；從教會、國家、家庭、社會、經濟生活、到一切公和私的個人關係，無一不應根據上帝的意旨和〔聖經〕而重新塑造[98]。當然，由於客觀條件的不同，更由於喀爾文教有嚴密的組織與新儒家根本不同型，雙方改造世界的具體內容、過程和成績都無從比較。但僅以主觀嚮往而言，我們不能不承認兩者之間確有肖似之處。新儒家的「經世」在北宋表現爲政治改革，南宋以後則日益轉向教化，尤以創建書院和社會講學爲其最顯著的特色[99]。由於這一轉變，新儒家倫理才逐漸深入中國人的日常生活之中而發揮其潛移默化的作用。

---

97 陸象山接受〔大學〕的綱領，並以「格物」為下手處，見〔象山先生全集〕卷二一「學說」及卷三五「語錄」下。王陽明特別重視〔大學〕以致引起以下無數的爭論。這是盡人皆知的事實。

98 Troeltsch, *Social Teaching*, pp. 590-92.

99 余英時，「清代學術思想史重要觀念通釋」（〔史學評論〕第五期，一九八三年一月），「經世致用」篇，頁三二—四五。

在這一關鍵上，我們必須略略交代一下程朱和陸王這兩大宗派分化的意義。

五、朱陸異同——新儒家分化的社會意義

朱陸思想的異趨不在本篇的討論範圍之內。上文已指出，新儒家各派的「經世」理想是一致的，他們都想在「此世」全面地建造一個儒家的文化秩序。同時，他們也同樣都以「天民之先覺」自居，把「覺後覺」（包括士、農、工、商四民）看作是當仁不讓的神聖使命。但是在怎樣去進行「覺後覺」的具體程序上，各家之間卻存在着嚴重的分歧。以所謂朱陸異同而言，朱子可以說是專以「士」爲施教的直接對象。他認爲祇有先使「士」階層普遍覺醒，然後才能通過他們去教化其他的三「民」。他的「理欲之辨」、「義利之辨」首先便是對「士」所施的當頭棒喝。在有機會的時候，譬如上封事和經筵講義，他當然也不放棄向皇帝講「正心誠意」。不過這種機會畢竟不多。無論如何，我們可以斷定，朱子的直接聽衆是從「士」到大臣、皇帝的上層社會。他的文集和語錄都可以爲這一論斷作證。他在「行宮便殿奏劄二」說：

> 蓋為學之道莫先於窮理，窮理之要必在於讀書。讀書之法莫貴於循序而致精，而致精之本則又在於居敬而持志。此不易之理也。（《朱文公文集》卷十四）

這是他的「讀書窮理」的基本教法。這種話祇能是對「士」和「士」以上的人而說的，對於不識字或識字很少的人使毫無意義了。陸象山則顯與朱子不同，他是同時針對「士」和一般民衆而立

敎。不可否認地，象山的注意力主要還是集中在「士」的身上，但是他也常常直接向社會大衆傳敎。以他的兩次著名的公開演講爲例：第一次是淳熙八年（一一八一）應朱子之請在白鹿洞書院講「君子喩於義，小人喩於利」。這是專對「士」的訓誡，其意在勸勉諸生「辨其志」，不要爲科舉利祿而讀聖賢之書[100]。第二次是紹熙三年（一一九二）給吏民講「洪範」五皇極一章。這是羣衆大會上的講話，除了官員、士人、吏卒之外，還有百姓五六百人。其主旨謂爲善卽是「自求多福」，不必祈求神佛。但値得注意的是：他的主要哲學理論也在這次通俗演講中透露了出來，卽要人「復其本心」。他在講詞中特別指出：

> 若其心正、其事善，雖不曾識字亦自有讀書之功。其心不正、其事不善，雖多讀書有何所用？用之不善，反增罪惡耳！（〔象山先生全集〕卷二三）

這是他信仰極堅的話；他從內心深處感到「士大夫儒者視農圃間人不能無愧」（同上卷三四）。在這種地方，他非常像馬丁路德，後者也深信一個不識字的農民遠比神學博士更能認識上帝[101]。所以他居鄉講學也是面對社會大衆。〔年譜〕淳熙十三年條記載：

> 旣歸，學者輻輳。時鄉曲長老亦俯首聽誨。每詣城邑，環坐率二三百人，至不能容徙（

100 〔象山先生全集〕卷二三「白鹿洞書院講義」。又據卷三四「語錄」上「傅子淵自此歸其家」條，象山也以「義利之辨」是他的敎法上的重點。這是特別針對「士」的說敎。其實這也就是「復其本心」或「先立其大」。

101 見 Myron P. Gilmore, "Fides et eruditio, Erasmus and the Study of History", 收在他的 *Humanists and Jurists, Six Studies in the Renaissance* (Harvard University Press, 1963), p. 11.

按：疑是「滕」字之誤）寺觀。縣官為設講席於學宮，聽者貴賤老少溢塞途巷。從游之盛，未見有此。（同上卷三六）

我們必須知道他的聽衆中有許多不識字的人，才能眞正瞭解他爲什麼堅持要立一種「易簡」之敎。他的哲學理論也像禪宗和尚所說的，是「佛法無多子」。但是他的巨大的引吸力並不來自理性的思辯，而來自眞摯動人的情感。這是後世讀他的文字的人所無法感受得到的。他在白鹿洞講演時「說得來痛快，至有流涕者。元晦深感動，天氣微冷而汗出揮扇。」（見〔年譜〕淳熙八年條）他在荆門講「洪範」也使人「有感於中，或爲之泣」（同上紹熙三年條）。他的學生記他講學的情形說：

所講諸生皆俛首拱聽，非徒講經，每啓發人之本心也。間擧經語為證，音吐清響，聽者無不感動興起。（同上淳熙十五年條）

他自己也明白地承認：

吾之與人言，多就血脈上感動他。故人之聽之者易。（同上）

訴諸情感而不訴諸理智，這是他的社會講學的特色，也是他的眞本領之所在。以傳敎的方式而言，他太像一個基督敎的牧師了。這和朱子的「讀書窮理」形成了強烈的對比！他對自己的「易簡之敎」具有無比的信念，因爲它的眞實性已在羣衆的情感反應上獲得了無數次的證驗。這種信念決不是朱子「先博後約」的理智取向所能撼得動的。他說朱子「學不見道，枉費精神」（〔全集」卷三四），也使我們自然聯想到馬丁路德對伊拉斯漠斯（Erasmus）的態度[102]。總之，朱子的聽衆是「士」，所以必以「致知窮理」爲新儒學的入手處；陸象山的聽衆包括了不識字的大衆，所以他強調只要人信得及「先立其大者」一句話便已優入聖域。多讀書不但無用，甚至「反增罪惡」。朱陸的分歧並不反映任何階級利益的差異，但卻可能和他們兩人的家庭背景與社會經驗的不同有關。朱子出身於士大夫的家庭，他的生活經驗始終未出「士」的圈子之外。陸象山則「家素貧，無田業，自先世爲藥肆以養生」（同上卷二八「宋故陸公墓志」）。不但如此，據他的回憶，「吾家合族而食，每輪差子弟掌庫三年，某適當其職，所學大進」（同上卷三四）。可見陸家是商人出身，象山也富於管家的經驗，直接和不識字的下層人民打過交道。如果他的回憶可信，那麼他的學問並不是完全從書本上得來的。朱子和他的學生曾討論到陸家的社會背景：

> 問：吾輩之貧者，令不學子弟經營，莫不妨否？曰：止經營衣食亦無甚害。陸家亦作鋪買賣。（「語類」卷一一三「訓門人(二)」）

宋代商業已相當發達，士商之間的界限有時已不能劃分得太嚴格。因此新儒家也不得不有條件地承認「經營衣食」的合法性了。不過朱子在這條語錄的後半段仍然多少流露了他對「以利存心」的戒懼心理。這本不足爲異，清教徒的態度也是如此。從社會史的角度看，朱陸異同並不能在純

---

102 參看 E. Harris Harbison, *The Christian Scholar in the Age of the Reformation* (New York: Charles Scribner's Sons, 1956) 第四章 "Luther"。

哲學的領域內求得完滿的解答。早在南宋時代，新儒家的倫理已避不開商人問題的困擾了。

但南宋畢竟仍是士階層居於領導位置的社會。陸象山一派在缺乏社會組織的支持的情形下，是不容易在民間大行其道的。程朱一派專在士階層中求發展，終於成爲新儒家的正統。直到明代王陽明出現以後，陸王才眞正能和程朱分庭抗禮，並且威脅到程朱的正統地位。但這一新形勢的造成也同樣不能孤立地從思想史上得到完整的說明。最重要的是明代中葉以後四民關係已發生了實質上的改變。關於這一點，我們將留在下篇中討論。以下略述王陽明時代儒家倫理的新傾向以結束本篇。

王陽明的「致良知」敎也是以「簡易直接」爲特色。但他的思想並不是直接從陸象山的系統中發展出來的。相反地，他的「良知」二字是和朱子「格物致知」的理論長期奮鬬而獲得的。朱子的「格物致知」本以讀書爲重點，是對於士階層所立的敎法。但天下的書是讀不盡的，外在的事物更是格不盡的。若必待格物至一旦「豁然貫通」之境才能明理，才能做聖人，那麼不但一般不識字的人將永遠沉淪，絕大多數讀書人恐也終生無望。所以王陽明二十一歲格竹子失敗之後便只好「嘆聖賢是做不得的，無他大力量去格物」了。（見〈王文成公全書〉卷三二「年譜」弘治五年條及〈傳習錄〉三一八條）。但三十七歲時他在龍場頓悟還是起於「格物致知」四字。這時他「始知聖人之道，吾性自足，向之求理於事物者，誤也。」（「年譜」正德三年條）「致良知」之說當然可以在哲學上有種種深邃繁複的論證。但是從本篇的觀點說，它的起源還是很簡單的。王陽明仍然要繼續新儒家未竟的「經世」大業（見〈傳習錄〉第一四二—三條「拔本塞源論」）。

他本人雖然和朱子一樣，出身於士大夫的背景，但由於時代的影響，他必須同時以「四民」爲立教的對象。因此他說：

你們拏一個聖人去與人講學，人見聖人來，都怕走了，如何講得行？須做得箇愚夫愚婦，方可與人講學。（〔傳習錄〕三一三條）

又說：

我這裏言格物，自童子以至聖人皆是此等工夫。但聖人格物，便更熟得些子，不消費力。如此格物，雖賣柴人亦是做得。雖公卿大夫，以至天子，皆是如此做。（同上三一九條）

良知敎之所以能風靡天下正因爲它一方面滿足了士階層談「本體」、說「工夫」的學問上的要求，另一方面又適合了社會大衆的精神需要。大體言之，王陽明死後，浙中和江右兩派發展了前一方面，泰州學派則發展了後一方面。泰州學派的創始人王艮（一四八三—一五四一）初爲灶丁，後又從父經商於山東。以一個經商的人而能在儒學中別樹一幟，這是前所未有的事（陸象山本人並未經商）。泰州門下有樵夫、陶匠、田夫，尤足說明王陽明以來新儒家倫理確已深入民間，不再爲士階層所專有了。最值得注意的是陶匠韓貞，〔明儒學案〕說他：

以化俗爲任，隨機指點農工商賈，從之遊者千餘。秋成農隙，則聚徒談學。一村畢，又之一村。（卷三二）

這種以農工商賈爲基本聽衆的大規模佈道是陸象山時代所不能想像的事。王學之所以能產生這樣廣大的社會影響，實不能不歸功於王陽明的敎法。「良知說」的「簡易直接」使它極容易接受通俗化和社會化的處理，因而打破了朱子「讀書明理」之教在新儒家倫理和農工商賈之間所造成的隔閡。所以王艮能「指百姓日用以發明良知之學」。王陽明以來有「滿街都是聖人」之說。此說解者紛紜，其實乃表示儒家入世承當的倫理非復士階層所獨有，而已普及於社會大衆。法朗克(Sebastian Franck)對宗教革命的精神曾有以下的概括語：「你以爲你已逃出了修道院，但現在世上每一個人都是終身苦修的僧侶了。」這是說中古寺院中的出世清修已轉化爲俗世衆生的入世苦行了。新禪宗的「若欲修行，在家亦得，不由在寺」。和王學的「滿街聖人」都恰好是和此語東西互相交映[103]。清代焦循曾對「良知」學的社會涵義提出一個看法。他說：

> 余謂紫陽之學所以教天下之君子；陽明之學所以教天下之小人。……至若行其所當然，復窮其所以然，誦習乎經史之文，講求乎性命之本，此惟一二讀書之士能之，未可執顓愚頑梗者而強之也。良知者，良心之謂也。雖愚不肖、不能讀書之人，有以感發之，無不動者。（〔雕菰集〕卷八「良知論」）

焦循文中的傳統偏見可以不論，他所劃分的朱子和陽明的界線也頗不恰當。但是他的確看出了一個眞問題：卽朱子之學是專對「士」說教的，而陽明之學則提供了通俗化的一面，使新儒家倫

---

103 Franck 語見 Weber, *General Economic History* (tr. by Frank H. Knight, The Free Press, 1927), p. 366. 按：Franck 是路德同時的人；他不立文字，不依教會，專講「精神」("Spirit")，爲人人所共有。他提倡一種「無形教會」("Invisible Church")，與禪宗及陸、王頗相似，可以說是基督教中的「內在超越」型。這也許是其不能在「外在超越」的大傳統中立足之故。參看 Troeltsch, *Social Teaching*, pp. 760-62。

理可以直接通向社會大衆。這確是陽明學的歷史意義之所在。新儒家之有陽明學，正如佛教之有新禪宗：佛教在中國的發展至新禪宗才眞正找到了歸宿；新儒家的倫理也因陽明學的出現才走完了它的社會化的歷程。黃宗羲批評浙中的王畿「躋陽明而爲禪」（〔明儒學案〕卷三二），又說泰州的羅汝芳「眞得祖師禪之精者」（同上卷三四）。這些話都有充分的根據。但是從另一角度看，這也正是新儒家對新禪宗入室操戈的必然結果。新禪宗是佛敎入世轉向的最後一浪，因爲它以簡易的教理和苦行精神滲透至社會的底層。程朱理學雖然把士階層從禪宗那邊扳了過來，但並未能完全扭轉儒家和社會下層脫節的情勢。明代的王學則承擔了這一未完成的任務，使民間信仰不再爲佛道兩家所完全操縱。祇有在新儒家也深入民間之後，通俗文化中才會出現三敎合一的運動。明乎此，則陽明後學之「近禪」便不值得大驚小怪了。

〔傳習錄拾遺〕第十四條云：

> 直問：「許魯齋言學者以治生為首務。先生以為悞人，何也？豈士之貧，可坐守不經營耶？」先生曰：「但言學者治生上，儘有工夫則可。若以治生為首務，使學者汲汲營利，斷不可也。且天下首務，孰有急於講學耶？雖治生亦是講學中事。但不可以之為首務，徒啓營利之心。果能於此處調停得心體無累，雖終日作買賣，不害其為聖為賢。何妨於學？學何貳於治生？」

新儒家倫理在向社會下層滲透的過程中，首先碰到的便是商人階層，因爲十六世紀已是商人非常活躍的時代了。「士」可不可以從事商業活動？這個問題，如前文所示，早在朱子時便已出現，但尚不十分迫切。到了明代，「治生」在士階層中已成一嚴重問題。有一則明人告誡子孫的「家規」說：

男子要以治生為急，農工商賈之間，務執一業[104]。

明白了這一背景，我們才能理解爲什麼王陽明的學生竟一再向他提出這一點，並顯然不滿意他第一次所給的答案。——「許魯齋謂儒者以治生爲先之說亦誤人。」（見〔傳習錄〕第五十六條）這是一個非常值得注意的現象，下篇還要繼續有所討論。更可注意的是：陽明第二次的答案比第一次要肯定得多，儘管他仍不能同意「治生爲首務」。現在他竟說：「果能於此處調停得心體無累，雖終日作買賣，不害其爲聖爲賢。」我們無法想像朱子當年會說這樣的話，把作買賣和聖賢

---

104 張又渠〔課子隨筆〕卷二所引，見柯建中「試論明代商業資本與資本主義萌芽的關係」，收入〔中國資本主義萌芽問題討論集〕續編（北京，一九六〇），頁一〇一。歙縣〔竦塘黃氏宗譜〕（嘉靖四十五年（一五六六）刊本）卷五「明故金竺黃公崇德公行狀」記黃崇德（一四六九－一五三七）從商的經過尤其值得注意。原文說：「公……初有意舉業，（父）文裳公謂之曰：『象山之學以治生為先。』公喻父意，乃挾貲商于齊東。……一歲中其息什一之，已而升倍之，為大賈矣。于是修猗頓業，治鹾淮海，治生之策，一如齊東，乃貲累巨萬矣。……公居商，惟任人趨時，正道自牧，居商無商商之心，不效貪商窺㝠分毫，然貲日饒而富甲里中。……乃津津行德施于州閭，澤及鄉黨。……若公者，非但廉賈，其實商名儒行哉！」（引自張海鵬、王廷元主編〔明清徽商資料選編〕，黃山書社，一九八五年，合肥，第二三一條，頁七四－七五。）這條資料的可貴尚不僅在於它提供了一個較早的「棄儒就賈」的典型，而更在於它明確地點出了陸象山之學與商人的關係。黃崇德和王陽明是同時代的人，他的父親說「象山之學以治生為先」那句話時，王學還沒有出現。可見陸象山出身商人家庭的事在明代中葉以前已引起士人的重視。這一事實頗可說明後來王學興起的一部分社會背景，也使我們懂得為什麼陽明的弟子一再提出「治生」的問題，以及陽明何以不得不修改他的觀點。關於「治生」的問題，下篇將有較詳細的討論。

連繫起來。「心體無累」即是「良知」作主之意。陽明教人致吾心之良知於事事物物。「作買賣」既是百姓日用中之一事，它自然也是「良知」所當「致」的領域。陽明的說法是合乎他的「致良知」之教的。可見從朱子到陽明的三百年間，中國的社會發生了變化，儒家倫理也有了新的發展。這些變化和發展便是下篇所要討論的主題。

下篇

中國商人的精神

宋代以來商業的發展是中國史上一個十分顯著的現象，明、清時代尤然。關於這一方面的情況，近幾十年來中外史學家已有大量的專題研究。本篇的討論以商人的精神憑藉和思想背景爲主要對象，在時限上大致以十六世紀至十八世紀爲斷，也就是從王陽明到乾、嘉漢學這一段時期。至於商業發展的本身，此篇則完全不擬涉及。

一、明清儒家的「治生」論

讓我們先引清代沈垚（一七九八—一八四〇）關於宋代以來商人社會功能的變遷的一段觀察，以爲討論的起點。沈垚在「費席山先生七十雙壽序」中說：

> 宋太祖乃盡收天下之利權歸於官，於是士大夫始必兼農桑之業，方得贍家，一切與古異矣。仕者既與小民爭利，未仕者又必先有農桑之業方得給朝夕，以專事進取，於是貨殖之事益急，商賈之勢益重。非父兄先營事業於前，子弟卽無由讀書以致身通顯。是故古者四民分，後世四民不分；古者士之子恒為士，後世商之子方能為士。此宋、元、明以來變遷之大較也。天下之士多出於商，則纖嗇之風日益甚。然而睦婣任卹之風往往難見於士大夫，而轉見於商賈，何也？則以天下之勢偏重在商，凡豪傑有智略之人多出焉。其業則商賈也，其人則豪傑也。為豪傑則洞悉天下之物情，故能為人所不為，不忍人所忍。是故為士者轉益纖嗇，為商者轉敦古誼。此又世道風俗之大較也。（〔落帆樓文集〕卷

二十四）

這篇文字近人曾屢引之以說明宋元以後商人地位的變化[105]，或科舉制度的經濟基礎[106]。但由於它對於本篇的主旨特別具有重要性，所以值得予以更嚴肅的注意。首先必須指出，沈垚是一個鄉試多次失敗的寒士，他的話因此不免有激憤的成分[107]。不過整個地看，他的論斷是有充分的歷史根據的。上引的文字中包含了兩個主要論點：一、宋以後的士多出於商人家庭，以致士與商的界線已不能清楚地劃分。二、由於商業在中國社會上的比重日益增加，有才智的人便漸漸被商業界吸引了過去。又由於商人擁有財富，許多有關社會公益的事業也逐步從士大夫的手中轉移到商人的身上。沈垚的用語略嫌過重，且統宋、元、明、清而言之，也失之籠統。但若把這一段文字看作是對十六至十八世紀中國社會的描寫，則大致可以成立。他在此「序」的結尾處又再度強調：

> 元、明來，士之能致通顯者大概藉資於祖、父，而立言者或略之。則祖、父治生之瘁，與為善之效皆不可得見。

可知沈垚對士的生活問題的關切確是發乎內心，這當然是和他自己的生活經驗分不開的。不但如

105 傅衣凌〔明清時代商人及商業資本〕（北京：人民出版社，一九五六），頁四一—四二，註〔一〕。

106 Ping-ti Ho, *The Ladder of Success in Imperial China* (Columbia University Press, 1962), pp. 50-51; Lien-sheng Yang, "Government Control of Urban Merchants in Traditional China", 現收入 *Sinological Studies and Reviews*（臺北：食貨出版社，1982），p. 32.

107 關於沈垚的寒士遭遇，可看〔落帆樓文集〕卷首所載沈曾植「序」及卷末孫燮「沈子敦哀辭」。關於沈垚的思想及其社會批評，可看錢穆〔中國近三百年學術史〕（上海：商務印書館，一九三七），頁五五五—六三。

此，他在「與許海樵」的幾十封信中曾兩度討論到士的「治生」問題。其中一書云：

> 宋儒先生口不言利，而許魯齋乃有治生之論。蓋宋時可不言治生，元時不可不言治生，論不同而意同。所謂治生者，人己皆給之謂，非瘠人肥己之謂也。明人讀書却不多費錢，今人讀書斷不能不多費錢。（〔落帆樓文集〕卷九）

在中篇論新儒家倫理時，我們看到士的經濟問題早在朱子和王陽明的時代便已出現。陽明的弟子並且先後兩次向老師問到許衡關於「治生」的意見[108]。現在沈垚又一再提及此說，可見這是明、清儒學中一重要公案。下面我將別引王陽明和沈垚之間的幾位儒者的看法，以進一步討論此一公案。這一討論一方面可以使我們瞭解王陽明以後儒家倫理的新動向，另一方面也有助於說明士商關係的微妙變化。清初唐甄（一六三〇—一七〇四）在「養重」一文中說：

> 苟非仕而得祿，及公卿敬禮而周之，其下耕賈而得之，則財無可求之道。求之，必為小人矣。我之以賈為生者，人以為辱其身，而不知所以不辱其身也。（〔潛書〕上篇下）

唐甄宗主王陽明之學，但晚年轉而經商。此文正是辨解他的「以賈爲生」是爲了保全自己人格的尊嚴。明清之際像唐甄這裡由士入商的人頗不乏其例。如新安方尚瑛（一六二九—一六六二），據〔歙淳方氏會宗統譜〕卷十九「方君中茂行狀」云：「十餘歲工舉子業」，但國變後，

108 許澄關於「治生」的說法見黃宗羲〔宋元學案〕卷九十引〔魯齋遺書〕。「治生」一詞出於〔史記〕「貨殖列傳」，原指商業經營而言。

因念古人有言，儒者亦須急于治生。戊戌、己亥間（一六五八—五九），游毗陵，小試計然術。數年徙業姑蘇，僦居閶門。（引自《明清徽商資料選編》第一二九一條，頁四一七。）

這更是「治生」論發生實際影響的明證。

全祖望（一七〇五—五五）「先仲父博士府君權厝志」云：

吾父嘗述魯齋之言，謂為學亦當治生。所云治生者，非孳孳為利之謂，蓋量入為出之謂也。（《鮚埼亭集》外編卷八）

錢大昕（一七二八—一八〇四）《十駕齋養新錄》卷十八有「治生」一條，也引許魯齋之說，予以肯定。他的結論說：

與其不治生產而乞不義之財，毋寧求田問舍而却非禮之饋。

由全、錢兩人的口氣來判斷，他們似乎已無朱子、王陽明的顧慮，深恐一涉及「經營」或「治生」便於「道」或「學」有妨。相反地，他們好像很同情許衡以「治生」爲「先務」的觀點。如中篇所論，明代士大夫在家規中已強調「男子要以治生爲急」，則清代更不難推見。關於這一點，還是沈垚講得最透澈。他在「與許海樵」的另一封信中說：

衣食足而後責以禮節，先王之教也。先辦一餓死地以立志，宋儒之教也。餓死二字如何可以責人？豈非宋儒之教高於先王而不本於人情乎？宋有祠祿可食，則有此過高之言。元無祠祿可食，則許魯齋先生有治生為急之訓。

又說：

> 若魯齋治生之言則實儒者之急務。能躬耕則躬耕，不能躬耕則擇一藝以為食力之計。宋儒復生於今，亦無以易斯言。（〈落帆樓文集〉卷九）

沈垚的話在清代儒家中有代表性。他所強調的是士必須在經濟生活上首先獲得獨立自足的保證，然後才有可能維持個人的尊嚴和人格。但是最有意義的則是陳確（一六〇四—一七七）在一六五六年（丙申）所寫的「學者以治生爲本論」，這是正式討論許衡「治生」說的一篇文獻。陳確說：

> 學問之道，無他奇異，有國者守其國，有家者守其家，士守其身，如是而已。所謂身，非一身也。凡父母兄弟妻子之事，皆身以內事。仰事俯育，決不可責之他人，則勤儉治生洵是學人本事。……確嘗以讀書、治生為對，謂二者真學人之本事，而治生尤切於讀書。……唯真志於學者，則必能讀書，必能治生。天下豈有白丁聖賢、敗子聖賢哉！豈有學為聖賢之人而父母妻子之弗能養，而待養於人者哉！魯齋此言，專為學者而發，故知其言之無弊，而體其言者或不能無弊耳[109]。

這篇文字之所以特別值得重視是因爲它正式針對着王陽明的觀點——「許魯謂儒者以治生爲先之說亦誤人」——提出了尖銳的反駁。照他的說法，儒者爲學有二事，一是「治生」、二是「讀書」，而「治生」比「讀書」還要來得迫切。陳確所提出的原則正是：士必須先有獨立的經濟生活才能有獨立的人格。而且他強調每一個士都必須把「仰事俯育」看作自己最低限度的人生義

109 見〈陳確集〉文集卷五。此書現有中華書局整理排印本（北京，一九七九）。

務，而不能「待養於人」。這確是宋明理學比較忽視的一個層次。因此陳確重視個人道德的物質基礎，實可看作儒家倫理的一種最新的發展。在清代具有代表性的儒家之中，傾向於這個見解者頗不乏其人。

陳確是明遺民，他的話自然隱含有不仕異族的意味。但是我們也不能過分誇大歷史背景的特殊性，因而忽視這一新倫理觀的普遍性。我們都知道陳確反對將「天理」和「人欲」予以絕對的對立化。他的「人欲正當處卽天理」（〈別集〉卷二「瞽言一」）和上引「治生」的說法基本上是同條共貫的。尤其值得注意的是後來戴震（一七二四—一七七）在〈孟子字義疏證〉中所說的理欲關係，和陳確幾乎如出一轍。這更不能視爲偶然的巧合了[110]。陳確雖然重視士的個人，卻並未忘記士對國家社會的責任感。他在「私說」中說：

或復於陳確子曰：「子嘗教我治私矣。无私實難。敢問君子亦有私乎？」確曰：「有私。」

「有私何以為君子？」曰：有私所以為君子。惟君子而後能有私，彼小人者惡能有私乎哉……惟君子知愛其身也，惟君子知愛其身而愛之无不至也。曰：焉有（愛？）吾之身而不能齊家者乎！不能治國者乎！不能平天下者乎！君子欲以齊、治、平之道私諸其

110 清代儒者主張「欲」不可無者甚多，王夫之和戴震的理論都是大家所熟悉的。但毛奇齡（一六二三—一七一六）〈折客辯學文〉引當時某客之言，有云：「陽明有存理去欲之說，不知欲是去不得的。耳目口體，與生俱來，無去之理也。」（〈西河文集〉第十冊，頁一五四六，臺灣商務印書館刊本，一九六八）可見當時反對「去欲」的思想必甚流行。

身，而必不能以不德之身而齊之治之平之也。

又云：

彼古之所謂仁聖賢人者，皆從自私之一念，而能推而致之以造乎其極者也。而可曰君子必無私乎哉！（《陳確集》文集卷十一「說」）

把「私說」和「學者以治生爲本論」合起來讀，我們便能認識到他對儒家思想的新貢獻之所在。宋明的新儒家因爲受到禪宗的衝擊，不免偏向於個人的心性修養。陳確的時代禪宗的威脅已不十分嚴重，因此他的重點便轉移到個人的經濟保障方面來了。總之，陳確相對地肯定了人的個體之「私」，肯定了「欲」，也肯定了學者的「治生」，這多少反映了明清之際儒家思想的一個新的變化[111]。從陳確、全祖望，到戴震、錢大昕以至沈垚，儒家思想關於個人的社會存在的問題，似

111 入清代以後，儒家關於「私」的觀點有更進一步的理解。黃宗羲《明夷待訪錄》「原君」云：「有生之初，人各自私也，人各自利也。」這話已很可注意。顧炎武《郡縣論》四則說：「天下之人各懷其家，各私其子，其常情也。……聖人因而用之，用天下之私，以成一人之公，而天下治。」（《亭林文集》卷之一。據《顧亭林詩文集》本，中華書局，一九五九）這段話中含有一個非常新穎的觀點，即「天下之公」原是建築在「使人人皆能各遂其私」的基礎之上。這事實上是以「禮運」篇的「小康」為社會的常態，而尤重要者，則在他先肯定個人之「私」，然後再及於「公」。這一次序上的顛倒是饒有深意的。把黃、顧兩人之說合起來看，我們便可見儒家已不再將「私利」視為社會的「惡」的根源了。後來章學誠有「道公而學私」的命題的提出（《文史通義》內篇四「說林」）也是相對地肯定了「私」的價值。溝口雄三，《中國前近代思想の屈折と展開》（東京大學出版會，一九八〇）「序章」對明清之交中國思想對「欲」與「私」的肯定有一般性的說明。並可參看他的「中國における公、私概念の展開」，刊在《思想》六六九號（東京：岩波書店，一九八〇年三月），頁一九—三八。

乎正在醞釀着一種具有近代性格的答案。一個儒家的人權觀點已徘徊在突破傳統的邊緣上，大有呼之欲出之勢了。

二、新四民論——士商關係的變化

由於明清儒者對「治生」、「人欲」、「私」都逐漸發生了不同的理解，他們對商人的態度因此也有所改變。而且十六世紀以後的商業發展也逼使儒家不能不重新估價商人的社會地位。首先我們要引用王陽明在一五二五（乙酉）年爲商人方麟（節菴）所寫的一篇墓表，以見儒家在四民論上的微妙變化。王陽明「節菴方公墓表」略云：

> 蘇之崑山有節菴方公麟者，始為士，業舉子。已而棄去，從其妻家朱氏居。朱故業商，其友曰：「子乃去士而從商乎？」翁笑曰：「子烏知士之不為商，而商之不為士乎？」……顧太史九和云：「吾嘗見翁與其二子書，亹亹皆忠孝節義之言，出於流俗，類古之知道者。」陽明子曰：「古者四民異業而同道，其盡心焉，一也。士以修治，農以具養，工以利器，商以通貨，各就其資之所近，力之所及者而業焉，以求盡其心。其歸要在於有益於生人之道，則一而已。士農以其盡心於修治具養者，而利器通貨猶其士與農也。工商以其盡心於利器通貨者，而修治具養，猶其工與農也。故曰：四民異業而同道。……自王道熄而學術乖，人失其心，交騖於利，以相驅軼，於是始有歆士而卑農，崇官遊而恥工賈。夷考其實，射時罔利有甚焉，特異其名耳。……吾觀方翁士商從事之

喻，隱然有當於古四民之義，若有激而云然者。嗚呼！斯義之亡也，久矣，翁殆有所聞歟？抑其天質之美而默然有契也。吾於是而重有感也。」（四部備要本〈陽明全書〉卷二十五）

我們詳引此表，因爲它可以說是新儒家社會思想史上一篇劃時代的文獻。此文的歷史意義可以從幾方面來說明。第一、方麟的活動時期當在十五世紀下半葉。他棄去舉業轉而經商，這正是後世「棄儒就賈」的一個較早的典型。關於這一點，留待下文再說。第二、由於方麟早年是「士」出身，曾充分地受到儒家思想的薰陶，他在改行之後便自然把儒家的價值觀帶到「商」的階層中去了。所以他給兩個兒子寫的信「皆忠孝節義之言，出於流俗，類古之知道者。」這便提供了一個具體的例證，說明儒家倫理是怎樣和商人階層發生聯繫的。這當然不是兩者溝通唯一的管道，但確是最重要的管道之一。第三、同時也是最有意義的一點，卽王陽明本人對儒家四民論所提出的新觀點。這篇「墓表」是王陽明卒前三年所作，可以代表他的最後見解。本文中篇曾引及他第二次討論「治生」問題，提出了「雖終日作買賣，不害其爲聖賢」之說。這條語錄的時代雖不能定，但卻與「墓表」的意見一致，可見陽明此篇決非世俗的敷衍之作，而代表他的眞正看法。他說：「古者四民異業而同道，其盡心焉，一也。」這是一個全新的命題，雖然它以「托古」的姿態出現。大體上此文「托古」之意正與所謂「拔本塞源論」（見〈傳習錄〉第一四二條）相同，思路也相通，撰寫的時間復相去不遠。其最爲新顯之處是在肯定士、農、工、商在「道」的面前完全處於平等的地位，更不復有高下之分。「其盡心焉，一也」一語，卽以他特持的良知「心學」普遍地推廣到士、農、工、商四「業」上面。他在同一年（一五二五，乙酉）所寫的「重修山陰縣學記」中說：

夫聖人之學，心學也；學以求盡其心而已。（《陽明全書》卷七）

可見「盡心」兩字的分量之重。商賈若「盡心」於其所「業」，即同是爲「聖人之學」，決不會比「士」爲低。這是「滿街都是聖人」之說的理論根據。相反地，「墓表」中且明白地指出，當時的「士」好「利」尤過於商賈，不過異其「名」而已。因此，他要徹底打破世俗上「榮宦遊而恥工賈」的虛僞的價值觀念。王陽明以儒學宗師的身分對商人的社會價值給予這樣明確的肯定，這眞不能不說是新儒家倫理史上的一件大事了。

王陽明「古者四民異業而同道」和沈垚「古者四民分，後世四民不分」其實說的是同一事，儘管字面上幾乎完全相反。他們都是針對着士商之間的界線已漸趨模糊這一社會現象而立論的。所不同者，王陽明從儒家理想社會的觀點出發而托之於古，沈垚則以歷史事實爲根據而指出古今之異。陽明的新四民論並不只是一個抽象的理論。通過泰州學派王艮（一四八三—一五四一）的社會講學，這個理論已實際上傳佈到商賈農工的身上。王棟（一五〇三—八一）追述他的老師王艮的講學功績說：

自古農工商賈雖不同，然人人皆可共學。……漢興惟記誦古人遺經者起而為經師，更相授受。於是指此學獨為經生文士之業，而千古聖人原與人人共明共成之學，遂泯沒而不傳矣。天生我先師（按：指王艮），崛起海濱，慨然獨悟，直起孔、孟，直指人心，然後愚夫俗子、不識一字之人皆知自性自靈，自完自足，不假聞見，不煩口耳。而二千年不傳之消息，一朝復明。先師之功可謂天高地厚矣[112]。

可證王艮所傳的卽是陽明的「四民異業而同道」之教。王棟所言縱略有誇張，但當不致與事實相去太遠。島田虔次研究泰州學派，以爲與商業發達、庶民興起有密切關係，引此條語錄代表中國近代精神的一個最高潮。這是很可以成立的歷史斷案[113]。

另一方面，沈垚所說的「後世四民不分」也是明中葉以來受到廣泛注意的一個社會現象。歸有光（一五〇七—七一）「白菴程翁八十壽序」云：

新安程居少而客於吳，吳之士大夫皆喜與之遊。……古者四民異業，至於後世而士與農商常相混。……程氏……子孫繁衍，散居海寧、黟、歙間，無慮數千家，並以詩書為業。君豈非所謂士而商者歟？然君為人恂恂，慕義無窮，所至樂與士大夫交，豈非所謂商而士者歟？（〈震川先生集〉卷十三）

歸有光的「士與農商常相混」與沈垚「四民不分」如出一口，但前者是十六世紀的人，可見這一現象起源之早及持續之久。尤可注意者，此文在「士而商」、「商而士」之上都加上「所謂」兩字，表示這兩句話已是當時流行的成語。明代中葉以後，士與商之間確已不易清楚地劃界線了。

112 李顒〈二曲集‧觀感錄〉「心齋先生」條末所引〈王一菴先生語錄〉。〈明儒學案〉卷三十二「泰州學案」所引文字小有異同。

113 見島田虔次，〈中國における近代思惟の挫折〉（東京，一九七〇），頁二四六—四八。

程白菴是新安人，卽屬於著名的「新安商人」或「徽商」的集團。這一地區與儒家倫理的關係尤其密切，下文當再申論。事實上，明清作者所謂「四民不分」或「四民相混」，主要都是講士與商的關係。明清社會結構的最大變化便發生在這兩大階層的升降分合上面。不但士人早已深刻地意識到這一變化，商人亦然。明人王獻芝在「弘號南山行狀」之末論休寧商人汪弘有云：

> 空同子曰：士商異術而同志。以雍行之藝，而崇士君子之行，又奚必于縫章而後為士也[114]。

王獻芝所引空同子之言見李夢陽（一四七三—一五二九）「明故王文顯墓志銘」。原文說：

> 文顯嘗訓諸子曰：夫商與士，異術而同心。故善商者處財貨之場而修高明之行，是故雖利而不汙。善士者引先王之經，而絕貨利之徑，是故必名而有成。故利以義制，名以清修，各守其業。天之鑒也如此，則子孫必昌，身安而家肥矣。（「空同先生集」卷四十四）

王現（文顯，一四六九—一五二三）和王陽明是同時代的人，他的「異術而同心」之說也與陽明語若合符節。墓志銘的資料照例是由死者的家人提供的，所以我們並不能以此語歸之撰者。李夢陽的祖父雖然出身商賈，他本人也與商人多所交往[115]，但此銘所引王現的話卻和他的思想不合。

---

114 見「汪氏統宗譜」卷二六，引自「明清徽商資料選編」第一三三四條，頁四四〇。參見張海鵬、唐力行「論徽商『賈而好儒』的特色」，見「中國史研究」，一九八四第四期，頁六八。

115 參看吉川幸次郎「李夢陽の一側面——古文辭の庶民性」，刊在「立命館文學」第一八〇號（「橋本循先生古稀紀念特輯」），一九六〇年六月），頁一九〇—二〇八。

他在「賈論」一文（「空同先生集」卷五八）中特別攻擊「賈之術惡」，認爲商人「不務仁義之行，而徒以機利相高」。可見他對商人仍持有很深的傳統偏見。我們既斷定「士商異術而同心」確是商人自己的話，這條史料的價値便更値得重視了。他的訓語後半段涉及商人的道德觀念問題，留待後面再作進一步的分析。王現的話使我們看到明代商人也意識到他們的社會地位已足以與士人相抗衡了。讓我再引汪道昆（一五二五—九三）的話以爲旁證。汪道昆出身新安商人家庭，祖父以鹽業起家，汪家又與新安名商吳氏、黃氏、程氏、方氏諸家有姻戚關係。所以他可以說是新安商人的一個有力的代言人[116]。他在「誥贈奉直大夫戶部員外郎程公暨贈宜人閔氏合葬墓志銘」中說：

> 大江以南，新都以文物著。其俗不儒則賈，相代若踐更。要之，良賈何負閎儒！（「太函集」卷五十五）

明刊本「汪氏統宗譜」卷一六八也說：

> 古者四民不分，故傳巖魚鹽中，良弼、師保寓焉。賈何后于士哉！世遠制殊，不特士賈分也，然士而賈其行，士哉而修好其行，安知賈之不為士也。故業儒服賈，各隨其矩，而事道亦相為通，人之自律其身亦何限于業哉？（「明清徽商資料選編」第一三四二條，頁四三九。）

116 關於汪道昆的背景，可看藤井宏「新安商人の研究」（二），「東洋學報」第三六卷第二號（一九五三年九月），頁四二—四三及同文（三），「東洋學報」第三六卷第三號（一九五三年十二月），頁六六—七一。

「良賈何負閎儒」、「賈何后于士」這樣傲慢的話是以前的商人連想都不敢想的。這些話充分地流露出商和士相競爭的強烈心理。這一點下文將續有討論。但我們若要眞正斷定明代商人的心理確已發生了新的變化，便必須引前代商人的說法加以比較。這一方面的資料很難尋找，幸而歐陽修記錄了一個北宋商人的議論，足以說明問題。歐陽修「湘潭縣修藥師院佛殿記」云：

湘潭縣藥師院新修佛殿者，縣民李遷之所為也。遷之賈江湖，歲一賈，其入數千萬。遷之謀曰：「夫民，力役以生者也。用力勞者，其得厚；用力婾者，其得薄。以其得之豐約，必視其用力之多少而必當。然後各食其力而無慙焉。士非我匹，若工農則吾等也。」（〔歐陽文忠公文集〕卷六三）

這位北宋大賈不但自覺不能與士比肩，而且以勞動價值而言，也有愧於農與工。因此他接着說：農與工「所食皆不過其勞。今我則不然。……用力至逸以安，而得則過之。我有慙於彼焉。」這種說法才完全符合傳統士、農、工、商的四民秩序。把李遷之的話和王現的話對照着看，我們便不難發現從十一世紀到十五世紀，士與商之間的已起了相當基本的變化，而傳統的四民觀也已在實質上受到重要的修正了。

明清的儒家和商人都已重新估量了商人階層的社會價值。這一重估事實上也是被新的社會現實所逼出來的。所以在明清文人的作品中，這一現實往往也會在有意無意之間流露出來。姑舉數例以證之。何心隱（一五一七—七九）在「答作主」中說：

商賈大於農工，士大於商賈，聖賢大於士。

又說：

商賈之大，士之大，莫不見之，而聖賢之大則莫之見也。農工欲主於自主，而不得不主於商賈。商賈欲主於自主，而不得不主於士。商賈與士之大，莫不見也。使聖賢之大若商賈與士之莫不見也，奚容自主其主，而不捨其所憑以憑之耶？豈徒憑之，必實超而實為之，若農工之超而為商賈，若商賈之超而為士者矣。（〔何心隱集〕卷三）

這篇文字之特別有趣是因它本不是討論四民關係的。它的主旨是要人「主於聖賢」。但在無意之間，它竟反映了當時社會結構的實況，卽四民的排列是士、商、農、工。而且四民又可再歸納爲兩大類：士與商同屬於「大」，而農與工則並列於社會的最底層。這是完全合乎實際的。十八世紀的惲敬（一七五七—一八一七）在「讀貨殖列傳」中也說：

蓋三代之後，仕者惟循吏、酷吏、佞幸三途，其餘心力異于人者，不歸儒林，則歸遊俠，歸貨殖。天下蓋盡於此矣。……是故貨殖者，亦天人古今之大會也。（〔大雲山房文稿〕初集卷二）

惲敬的話也是不自覺地反映了清代社會狀況。他所討論的其實只是士和商兩類人，「遊俠」不過是因爲讀〔史記〕而順便提及而已。末句則透露了他對商人勢力之大所發生的感慨。可見當時「心力異于人者」不歸之士卽歸之商。農與工當然不可能排在商之上了。不但士對商的估價如此，商人自己也是一樣。李維楨（一五四七—一六二六）「鄉祭酒王公墓表」記陝西商人王來聘誡子孫之語曰：

四民之業，惟士為尊，然無成則不若農賈。（《大泌山房集》卷一〇六）

又韓邦奇「大明席君墓誌銘」記山西商人席銘（一四八一－一五二三）「幼時學舉子業，不成，又不喜農耕」，曰：

丈夫苟不能立功名于世，抑豈為汗粒之偶，不能樹基業于家哉[117]！（《苑洛集》卷六）

王來聘雖用「農賈」的現成名詞，事實上他當然是說士而無成反不如商賈。席銘則十分坦率，明言得不到「功名」便從事商業，決不屑爲農夫。可見根據商人的四民觀，也是士爲尊而商則緊隨其後，農的社會地位則遠在商之下。這和上引何心隱、惲敬的價值觀是完全一致的。

到了清代，我們甚至發現有士不如商的一種說法。歸莊（一六一三－七三）「傳硯齋記」是爲太湖洞庭山士商兩棲的嚴舜工所作，其中有一段說：

士之子恒為士，商之子恒為商。嚴氏之先，則士商相雜，舜工又一人而兼之者也。然吾為舜工計，宜專力於商，而戒子孫勿為士。蓋今之世，士之賤也，甚矣。（《歸莊集》卷六）

此處歸莊引嚴氏先世「士商相雜」之例再度證實了他的曾祖父歸有光「士商常相混」的觀察。但是更可注意的則是他勸嚴舜工「專力於商，而戒子孫勿爲士」之語。這句話當然不能從字面去理解。歸莊是明遺民，他勸人經商而勿爲士是出於政治動機，即防止漢人士大夫向滿清政權投降。

117 以上兩條寺田隆信《山西商人の研究》（京都：東洋史研究會，一九七二），頁二八六及二九三亦曾引及並有討論。

明遺民的領袖人物中已偶有從事商業活動者，如顧炎武「墾田度地，累致千金」[118]，且相傳與山西票號有關；又如呂留良因行醫和從事刻書業，而被同輩攻擊其「市廛汚行」[119]。不過當時知名大儒從商者尚屬例外，而不知名士人因政治原因而「棄儒就賈」者則爲數或恐不少。玆舉偶見之兩三例如下。朱彝尊「布衣周君墓表」云：

> 君諱篔……，幼治書，年十九喪父居憂，讀喪祭禮，鄉黨以孝稱。遭亂，乃棄舉子業不治，就市廛賣米。

同文之末又記周篔故友之一云：

> 范路，字遵甫，自蘭谿遷長水。經亂，賣藥於市，有〔靈蘭館集〕。（〔曝書亭集〕卷七二）

姚鼐「鮑君墓志銘」云：

> 鮑氏世為歙人。明末有諸生遭革命不復出者，曰：登明，……生子元顥，賈於吳致富。（〔惜抱軒集〕卷十三）

這一類例子如果向文集、筆記、方志中去廣爲搜集，一定可以增加不少[120]。但以本篇主旨而言，

---

118 見全祖望〔鮚埼亭集〕卷十二「亭林先生神道表」。

119 見〔呂晚村文集〕（臺灣商務印書館影印本，一九七三年）卷二「復姜汝高書」。朱舜水（一六〇〇—八二）在日本「亦與諸商貿易往來」，見〔朱舜水集〕（北京：中華書局，一九八一）卷七「答安東守約書」之四，頁一七五。

120 按：Ping-ti Ho, *The Ladder of Success in Imperial China* 附錄引歙縣江國茂之例。國茂，明諸生，國變後在揚州以鹽業起家。我疑心也是出於遺民的動機，並非因易代之際有「黃金機會」而改業。（Ho, p. 287）。明末商人之忠於明室最可歌可泣者是崇明島的沈百五，其事蹟見錢泳〔履園叢話〕卷一「沈百五」條。

以上諸例已經够說明歸莊的絃外之意了。由此可知明清之際的政治變遷曾在一定的程度上加速了「棄儒就賈」的趨勢。更重要的是這一變遷也大有助於消除傳統四民論的偏見，使士不再毫無分別地對商人抱着鄙視的態度。

然而我們又不能過分強調政治的影響力。如果士之肯定商的社會價值完全出於一時的政治動機，那麼我們便無法解釋上述從王陽明到沈垚關於四民的新觀念了。以下我們要選錄明清幾個商業繁盛地區的社會價值觀來進一步說明這一論點。黃省曾（一四九〇—一五四〇）〔吳風錄〕說：

至今吳中縉紳士夫多以貨殖為急[121]。

張瀚（一五一一—九三）「商賈記」是十六世紀中國商業世界的一個橫剖面，極受近人重視。其中論福州會城及建寧、福寧地區云：

而時俗雜外事，多賈治生，不待危身取給。若歲時無豐，食飲被服不足自通，雖貴宦巨室，閭里恥之。（〔松窗夢語〕卷四）

汪道昆「明故處士谿陽吳長公墓志銘」云：

古者右儒而左賈，吾郡或右賈而左儒。蓋詘者力不足於賈，去而為儒；羸者才不足於儒，則反而歸賈。（〔太函集〕卷五四）

121　引自謝國楨〔明代社會經濟史料選編〕（福建人民出版社，一九八一），中册，頁一一三。

又「荊園記」云：

休、歙右賈左儒，直以九章當六籍。（同上卷七七）

崇禎本二刻〔拍案驚奇〕卷三十七云：

徽州風俗以商賈為第一等生業，科第反在次着[122]。

雍正二年（一七二四）山西巡撫劉於義奏摺云：

但山右積習，重利之念甚於重名。子孫俊秀者多入貿易一途，其次寧為胥吏。至中材以下方使之讀書應試。以故士風卑靡。

雍正硃批則曰：

山右大約商賈居首，其次者猶肯力農，再次者謀入營伍，最下者方令讀書。朕所悉知，習俗殊可笑。（均見〔雍正硃批諭旨〕第四七冊「劉於義　雍正二年五月九日」條）

以上所引資料或屬十六世紀或屬十八世紀，都與明清之際的政治變動無關。以地域而論，這些資料則概括了江蘇、福建、安徽、山西各省。其中尤以徽州和山西兩處最值得注意，因為這正是明清兩大商人集團的產生地。這兩地的人甚至把商業放在科舉之上，這話雖可能有誇張，但至少使我們不能不承認傳統的四民觀確已開始動搖了。所以前引歸莊的話除了政治涵義之外，也還有涉及社會價值的深刻意義。無論如何，在傳統四民觀的支配之下，敎子弟為商而不為士畢竟是很難

---

122 轉引自藤井宏「新安商人」（四），〔東洋學報〕第三六卷第四號（一九五四年三月），頁一一七。

想像的。這裏我們要引宋代儒者的看法作爲對照。陸游的家訓（「太史公緒訓」）有一條說：

子孫才分有限，無如之何，然不可不使讀書。貧則教訓童稚以給衣食，但書種不絕足矣。若能布衣草履，從事農圃，足跡不至城市，彌是佳事。……仕宦不可常，不仕則農，無可憾也。但切不可迫於食，為市井小人之事耳，戒之戒之。（見葉盛〔水東日記〕卷十五「陸放翁家訓」條）

放翁家訓是葉盛（一四二〇—七四）從陸氏家譜中抄錄出來的，不見於放翁集中，但其眞實性則無可疑，因爲其中所言與放翁思想完全吻合。放翁「東陽陳君義莊記」有云：

若推上世之心愛其子孫欲使之衣食給足，婚嫁以時；欲使之為士，而不欲使之流為工商，降為皂隸。（〔渭南文集〕卷二一）

不難看出，陸放翁所根據的是典型的傳統四民論。所以子弟只能在士、農二業中謀生，決不可流爲市井小人。另一與放翁約略同時的袁采在〔袁氏世範〕中也有類似的意見。他說：

士大夫之子弟，苟無世祿可守，無常產可依，而欲為仰事俯育之計，莫如為儒。其才質之美，能習進士業者，上可以取科第致富貴，次可以開門教授，以受束脩之奉。其不能習進士業者，上可以事書札，代牋簡之役；次可以習點讀，為童蒙之師。如不能為儒，則巫、醫、俗、道、農圃、商賈、伎術，凡可以養生而不至於辱先者，皆可為也。子弟之流蕩，至於為乞丐、盜竊，此最辱先之甚。（卷中「子弟當習儒業」條）

袁采的標準比陸游稍寬，但其堅持爲士之意是很顯然的。而且在萬不得已必須改業時，商賈的位置也差不多排在最末，不過比乞丐、盜竊略高一二級而已。以陸、袁兩家之說與明清時代某些地區「右賈而左儒」的傾向互較，中國四民觀的新變化便十分清晰地顯現出來了。我們不應過分誇張這種傾向，但歷史事實是：從宋到明清，一般人對士與商的看法確已不同。明清的社會價值系統之所以發生了如此深刻而微妙的內在變化，其原因當然是很複雜的，本文無法詳論。粗略言之，有兩點特別值得注意。第一是中國的人口從明初到十九世紀中葉增加了好幾倍，而舉人、進士的名額卻並未相應增加，因此考中功名的機會自然越來越小[123]。「棄儒就商」的趨勢一天天增漲可以說是必然的。據重田德的研究，僅以安徽婺源一縣而言，清代「棄儒就商」的實例便不下四五十個[124]。此外如明代山西也有大量的因舉業不成或家貧不能繼續讀書而轉入商業的例子[125]。第二、明清商人的成功對於士人也是一種極大的誘惑。明清的捐納制度又為商人開啓了入仕之路[126]，使他們至少也可以得到官品或功名，在地方上成為有勢力的紳商。茲舉一個很生動例子作為

123 詳見 Ho, *Ladder of Success*。例如明代（一三六八—一六四四）共取進士二四、五九四人，清代（一六四四—一九一一）共二六、七四七人（p. 189），所增微不足道。按：十六世紀時已有人明白指出：「士而成功也十之一，賈而成功也十之九。」這句話曾使一個習進士業的人改而從商。見〔南豐志〕第五冊「百歲翁狀」，引自〔明清徽商資料選編〕第七八八條，頁二五一。

124 重田德〔清代社會經濟史研究〕（東京：岩波書店，一九七五），頁二九四—三四九。

125 參看寺田隆信〔山西商人〕，頁二九一—九三。

126 參看許大齡〔清代捐納制度〕（〔燕京學報〕專號之二十二，一九五〇年）。捐納者多富商。見于頁三六及一三六所引王士禎與陸隴其之文。

說明。洪亮吉（一七四六—一八〇九）「又書三友遺事」記汪中（一七四四—九四）在揚州的故事，說：

> 歲甲午（一七七四）余館揚州榷署，以貧故，肄業書院中。一日薄晚，偕中至院門外，各騎一狻猊，談徐東海所著〔讀禮通考〕得失。忽見一商人，三品章服者，肩輿訪山長。甫下輿，適院中一肄業生趨出，足恭揖商人曰：昨日前日並曾至府中叩謁安否，知之乎？商人甚傲，微頷之，不答也。（〔更生齋文甲集〕卷四）

故事的後半段是汪中在憤極之餘折辱了這位大商人。但我們最感興趣的還是那位揚州書院肄業生對商人的兩次叩謁和見面時的禮敬。像汪中、洪亮吉這樣的士人恐怕是少數，那個肄業生倒是有代表性。這豈不是十八世紀士商關係一幅絕妙的白描圖嗎？不用說，商人的「三品章服」當然是捐納得來的。

最後，關於新四民論出現的問題，我們還要澄清一個可能發生的疑問：即一般而言，元代的商人地位似乎在儒士之上，那麼明清士商關係的變化是否直接淵源於蒙古人的統治？以我所知，元代恐怕祇能算是特殊情形，對十六世紀以後的社會變化至少看不出有直接的影響。蒙古政權所利用的巨商主要是所謂「色目人」，如〔蒙韃備錄〕中的回鶻田姓（王國維〔黑韃事略箋證〕曾考其人）、如阿老瓦丁、烏馬兒弟兄二人（見戴良〔九靈山房集〕卷十九「高士傳」），又如更著名的蒲壽庚，都是顯例[127]。最重要的是儒家的社會價值觀根本未變，依然是「重農輕商」。姚燧「中書左丞姚文獻公神道碑」記姚樞（一二〇三—八〇）向忽必烈獻「救時之弊」三十條，其一即云：

> 布屯田以實邊戍，通漕運以廩京都，倚債負則賈胡不得以子為母，如牸生牸牛，十年千頭之法，破稱貸之家。（「牧菴集」卷十五）

所謂「以子爲母」便是「黑韃事略」中所說的蒙古統治者「皆付回回以銀，或貸之民，而衍其息。一錠之本展轉十年後，其息一千二十四錠」。這種高利盤剝在元代叫做「羊羔利」。姚樞是元初大儒，他在獻策中力主重耕織、抑「工技」和「賈胡」，其用意正是要恢復傳統的「四民」秩序。元代是儒士沒有出路的時代，但是我們並看不到十六世紀以後那種「棄儒就賈」的現象，更看不到商人有「良賈何負閎儒」的自負。戴良在「玄逸處士夏君墓誌銘」中記載了一位鄞縣的成功商人夏榮達（一三一四—六一）。但他是在「進退皆困」的情形下才「爲貨殖」的。他所崇敬的還是「士大夫」。「銘」曰：

> 君讀書雖不多，然雅敬賢士夫而聽其話言。子若孫必延名師儒以教。（「九靈山房集」卷二

---

127 參看蒙思明「元代社會階級制度」（修正本，北京，中華書局，一九八〇年），頁九〇—九一；一四六—一五二。關於元代儒士的社會地位可看蕭啓慶「元代的儒戶：儒士地位演進史上的一章」，收在「元代史新探」（臺北，新文豐出版公司，一九八三年），頁一—五八。

三)

戴良在「銘」末也說他「所就僅如此……惜乎才不爲世用，志不行於時也。」夏榮達已是元末人，但士、商雙方仍對商業的價值無所肯定。上面我們曾引了南宋陸游和袁采重「士」而輕「商」的觀念；這種觀念在元代也依然很強固。楊維楨（一二九六——一三七〇）「孝友先生秦公墓誌銘」云：

余始來吳，聞崑、太倉為貨居地。不為習屈，挺然以文行自立者，二人也。

這二人之一便是秦玉（一二九二——一三四四）。「墓誌銘」記他的話曰：

士讀書將以惠天下，不幸不及仕，而教人為文行經術，亦惠耳。（見〈東維子文集〉卷二五）

這不正是陸、袁的話的再版嗎？元代的鹽商自然也顯赫一時，但是很少有像汪道昆一類的作者來爲他們唱讚詞。（參看程鉅夫〈雪樓集〉卷十九「清州高氏先德之碑」）相反地，他們卻遭到深刻的譏刺。楊維楨的「鹽商行」有云：

人生不願萬戶侯，但願鹽利淮西頭。人生不願萬金宅，但願鹽商千料舶。大農課鹽析秋毫，凡民不敢爭錐刀。鹽商本是賤家子，獨與王家埒富豪。亭丁焦頭燒海榷，鹽商洗手籌運幄。大席一囊三百斤，漕津牛馬千蹄角。司綱改法開新河，鹽商添力莫誰何。大艘鉦鼓順流下，檢制孰敢懸官鉈。吁嗟海王不愛寶，夷吾筴之成伯道。如何後世嚴立法，祇與鹽商成富媼。

此詩顯然認爲元代法律對鹽商過於寬大；而「鹽商本是賤家子」之句尤其反映了傳統「賤商」的

觀念。所以明代一開始朱元璋便立刻回到漢代「法律賤商人」的舊格局中去了。徐光啓〈農政全書〉卷三記：

> 〈洪武〉十四年〈一三八一〉上加意重本抑末，下令農民之家許穿紬紗絹布，商賈之家只許穿布；農民之家但有一人為商賈者，亦不許穿紬紗。

這些證據告訴我們：王陽明以來「四民異業而同道」之說決不是直接從元代延續下來的。事實上，戰國秦漢以降商人在中國社會上一直都很活躍[128]。但以價值系統而言，他們始終是四民之末。一直要到十六世紀，我們才看到傳統的價值觀念有開始鬆動的跡象。雖然十九世紀以後，傳統的偏見依然繼續存在，但是從王陽明到沈垚的許多見解在儒家社會思想史上則確是一個嶄新的發展。換句話說，我們可以在明代以前找到商人活躍的事實，也不難在清代中葉以後仍發現輕商的言論，然而新四民論的出現及其歷史意義則無論如何是無法抹殺的。

三、商人與儒學

128 關於先秦商人的活動，可看 Cho-yun Hsu, *Ancient China in Transition* (Stanford University Press, 1965); 關於秦漢時代可看 Ying-Shih Yü, *Trade and Expansion in Han China* (University of California Press, 1966).

現在我們要進一步討論明清商人和儒學的一般關係了。

在未進入正題之前，我們必須先說明一點，即商人是士以下教育水平最高的一個社會階層。不但明清以來「棄儒就賈」的普遍趨勢造成了大批士人沉滯在商人階層的現象，而且，更重要的是商業本身必須要求一定程度的知識水平。商業經營的規模愈大則知識水平的要求也愈高。即以一般的商人而言，明清時代便出現了大批的所謂「商業書」，爲他們提供了必要的知識。據寺田隆信在日本「內閣文庫」所見，已有以下數種：

〔一統路程圖記〕　八卷　明黃汴撰　吳岫校　明隆慶四年序刊

〔商程一覽〕　二卷　明陶承慶　明刊

〔士商要覽〕　三卷　清憺漪子編　清刊

〔路程要覽〕　二卷　清刊

〔天下路程〕　三卷　清陳其輯　乾隆六年刊

〔示我周行〕　全三卷附續集　清賴盛遠　清刊

此外寺田氏又列舉了以下兩書：

〔三臺萬用正宗〕　萬曆二十七年　余文臺刊

〔商賈便覽〕　八卷　乾隆五十七年吳中孚自序[129]

---

129 詳見寺田隆信〔山西商人〕第六章。

謝國楨也介紹了三種：

〔鼎鐫十二方家參訂萬事不求人博考全編〕　明刊

〔五刻徽郡釋義經書士民便用通考雜字〕　殘存二卷　崇禎刊

〔新刻增訂釋義經書世事通考雜字〕　二卷外一卷　徽郡黃惟質訂補　乾隆刊

最後一種卽是第二書的增補本[130]。這些書可以說是商人爲自己的實際需要而編寫的並且也是由商人刊行的。明、清商業書是從商人觀點所編寫的日用百科全書，從天文、地理、朝代、職官、全國通商所經的里程道路、風俗、語言、物產、公文書信、契約、商業算術、以至商業倫理等無所不包。從這類書的大量出版和一再刊刻，我們可以看到商人必須對他們所生活的客觀世界具有可靠的知識。書名中有「博考」、「通考」等字樣更可能暗示着明清考證學興起的社會背景。商人的世界觀與終老一村的農民恰恰相反，也和不出戶牖專講心性的儒者不同；他們不能滿足於主觀的冥想，而同時必須認識外在的世界。以十六世紀以來士商混而不分的情況而言，商業活動或竟是儒學向考證轉變的一種外緣，也未可知。這一點不是本篇的主旨所在，姑不深論。

明、清又是小說戲劇大爲流行的時代。近人已多言其與城市商人階層的興起或有關係。十五世紀的蕖盛在〔水東日記〕中已指出：

今書坊相傳射利之徒偽為小說雜書，南人喜談如漢小王（光武）、蔡伯喈（邕）、楊六

130 謝國楨〔明清筆記叢談〕（上海：古籍出版社，一九八一），頁三五四—五五。

使（文廣），北人喜談如繼母大賢等事甚多。農工商販，鈔寫繪畫，家畜而人有之。……有官者不以為禁，士大夫不以為非；或者以為警世之為，而忽為推波助瀾者，亦有之矣。（卷二十一「小說戲文」條）

到了十七世紀劉獻廷甚至以小說戲文比之六經，而說「戲文小說乃明王轉移世界之大樞機。聖人復起不能舍此而爲治。」（〔廣陽雜記〕卷二）可見這種商人階層所嗜好的民間文學愈來愈發達，也愈受士人的重視。馮夢龍（一五七四—一六四六）、凌蒙初（一五八〇—一六四四）所編的〔三言〕、〔二拍〕中往往取材於當時的商人生活。其中有些關於商人的故事，如〔醒世恒言〕中的「施潤澤灘闕遇友」和「徐老僕義憤成家」或可在方志中證實其歷史背景的眞實性[131]，或竟實有其人[132]。所以這些文學作品今天又成爲我們研究明清社會經濟史的重要資料了。由於商業書和社會小說中都包含了通俗化的儒家道德思想，它們又構成了商人吸收儒家倫理的另一來源。

131 關於明人小說的真實背景可看杜聯喆，「明人小說記當代奇聞本事舉例」，〔清華學報〕新七卷二期（一九六九年八月），頁一五六—七五。施潤澤故事的考證，見 E-tu Zen Sun, "Frugality and Wealth in a Ming Tale", 收在 *Selected Essays in Chinese Economic History* (Taipei: Student Book Co., 1981), pp. 183-191.

132 徐老僕的故事本於田汝成的「阿寄傳」（〔說郛〕本）。此故事大概因李贄的表揚而家喻戶曉。見〔焚書〕卷五「阿寄傳」。關於馮夢龍和凌濛初的生平和思想可看 Patrick Hanan, *The Chinese Vernacular Story*, Harvard University Press, 1981), chaps. 4 and 7. 商人喜談小說戲曲早已成為一傳統。清道光時黟縣商人舒遵剛說：「人皆讀四子書，及長習為商賈，置不復問，有暇輒觀演義說部。」（〔黟縣三志〕卷十五「舒君遵剛傳」，引自〔明清徽商資料選編〕第八七七條，頁二七六。）

此外還應該附帶一提的則是民間宗教。黃宗羲「林三教傳」曰：

> 近日程雲章倡教吳、彰之間，以一、四篇言佛，二、三篇言道，參兩篇言儒……修飾兆恩之餘術，而抹殺兆恩，自出頭地。余患惑於其說者不知所由起，為作林三教傳。（「南雷文案」卷九）

這裏值得注意的是程雲章的三教運動。雲章（亦作「雲莊」）名智，本是徽州典當商出身，落籍於吳，生於一六〇一年，卒於一六五一年。他提倡三教合一必極有影響，所以同時代的黃宗羲才特別要寫此傳來揭破他的底細。這是十七世紀徽商參加並領導三教運動的明證[133]。由此可見商人由於讀書識字之故，他們直接吸收儒家及其他宗教倫理的機會是非常多的。程雲章的例子更使我們瞭解：商人對於宗教和道德問題確有積極追尋的興趣，不僅是被動地接受而已。

以儒家思想而言，商人早在十六世紀時已表現出主動求瞭解的願望。何良俊（一五〇六—七三）「四友齋叢說」卷之四略云：

> 我朝薛文清（瑄，一三八九—一四六四）、吳康齋（與弼，一三九二—一四六九）、陳白沙（獻章，一四二八—一五〇〇）諸人亦皆講學，然亦只是同志。……何嘗招集如許人？唯陽明先生從游者最衆！然陽明之學自足聳動人。……而後世中才，動輒欲效之。嗚呼！幾何其不貽譏於當世哉！陽明同時如湛甘泉（若水，一四六六—一五六〇）者，

133 日本內閣文庫藏有「程氏叢書」附「年譜」，見酒井忠夫「中國善書の研究」（東京：弘文堂，一九六〇），頁二八二。

在南太學時講學，其門生甚多。後為南宗伯（按：甘泉一五三三年陞南京禮部尚書），揚州、儀真大鹽商亦皆從學，甘泉呼為行窩中門生。此輩到處請托，至今南都人語及之，卽以為談柄。甘泉且然，而況下此者乎？宜乎今之謗議紛紛也。

何良俊是反對「講學」的人，此書自序成於一五六九年，在張居正禁講學之前十年。因此他的議論未必完全公正。一五三三年以後揚州、儀眞的大鹽商向甘泉問學是純出於其他的動機，或對甘泉「到處體認天理」的說法發生了眞正的興趣，當然不易斷定。但此時王陽明已死，他的弟子如王畿、王艮等正在轟轟烈烈地向社會各階層展開傳教運動。鹽商中有人因此而產生了對理學的好奇心，也是很自然的事。根據上面關於士商關係的分析，我們應該承認甘泉的鹽商弟子之中不乏求「道」之士。何良俊所說「到處請托」之事也許不虛，但是我們也不能據此而對鹽商一筆抹殺。

商人之所以對儒學發生嚴肅的興趣是由於他們相信儒家的道理可以幫助他們經商。十六世紀的陸樹聲在「贈中大夫廣東布政司右參政近松張公（士毅）暨配陸太淑人合葬墓誌銘」中說：

（士毅）捨儒就商，用儒意以通積著之理。不屑纖細，惟擇人委任責計出入。（「陸文定公集」卷七）134

---

134 轉引自重田德「清代社會經濟史研究」，頁一七九。另一同時的例子是歙商黃長壽：「以儒術飾賈事，遠近慕悅。不數年貲大起。」（「潭渡黃氏族譜」卷九「望雲翁傳」），見「明清徽商資料選編」第一三六四條，頁四四九。又如前引黃崇德「博覽多通，上自「春秋」、「管子」之書，東漢鹽鐵之論，唐宋食貨之志，明與「大明會典」，講求周悉。」（同上第二三一條，頁七四。）尤可見商人所讀之書與一般儒生不同。

這篇銘文中最觸目的是「儒意」二字。但「儒意」在此究作何解?以上下文來看,張士毅並不指儒家的道德而言,毋寧指儒學中「治人」、「治事」以至「治國」的道理或知識。所以下文所強調的是「知人善任」的原則。換句話說,士人如何運用他們從儒家教育中所得來的知識以治理國家,商人便運用同樣的知識來經營他們的商業。吳偉業(一六〇九—七二)爲我們提供了一個更有意義的例證。他在〈卓海幢墓表〉中介紹了一位浙江瑞安商人卓禺的事跡。其文略曰:

公諱禺,姓卓氏……居京師五載,屢試於鎖院,輒不利,歸而讀書武康山中,益探究為性命之學。先是公弱冠便有得於姚江知行合一之旨。姚江重良知,頗近佛氏之頓教,而源流本殊。後之門人推演其義,以見吾道之大,於是儒釋遂合。公旣偕同志崇理學、談仁義,而好從博山、雪嶠諸耆宿請疑質滯。……公之為學,從本達用,多所通涉。詩詞書法,無不精詣。卽治生之術亦能盡其所長。精強有心計,課役僮隸,各得其宜。歲所入數倍,以高貲稱里中。(《梅村家藏稿》卷五〇)

卓禺顯然也是一個「棄儒就賈」的人,〈墓表〉不著其年代,但當略早於吳梅村。尤其難得的是:他的例子具體地說明了明清之際的商人中確有王陽明學派的信徒。他大概受到王畿一派的影響,因此有意滙合儒釋。雪嶠是雪嶠圓信(一五七一—一六四七),浙江鄞縣人。博山不易定爲何人,疑是博山元來(一五七五—一六三〇)另有博山智誾(一五八五—一六三七)及博山道舟(一五八五—一六五五)則嫌年代稍遲,不足與雪嶠比肩。卓禺顯然對理學和佛學都有很深的信仰,但他卻憑藉着這些精神資源以爲經營商業之用。他可以說是以出世精神做入世事業的一個典型例子。這可由他的從弟卓爾康（左車）對他的評價獲得實證。吳梅村引卓左車之言曰：

> 白圭之治生也，以為知不足與權變，勇不足以決斷，仁不能以取予，強不能有所守，雖學吾術，終不告之。夫知、仁、勇、強，此儒者之事，而貨殖用之，則以擇人任時，強本力用，非深於學者不能辨也。今余之學不足以及余兄，而余兄之為善里中，嘗斥千金修橋梁之圮壞者，歲饑出囷粟，所全活以百數。彼其於吾儒義利之辨，佛氏外命之說，深有所得，豈區區焉與廢著鬻財者比耶！

白圭知、仁、勇、強之說出〈史記〉「貨殖列傳」。這些雖然都是儒家的德目，但可以中立化（或普遍化）而用之於貨殖。這正可以說明上引張士毅所謂「用儒意以通積著之理」。這種「儒意」是廣義的，不限於儒家的學說。從「貨殖列傳」和卓左車的話來看，其所指者毋寧是如何掌握商業世界的客觀規律。因此卓左車所謂「非深於學者不能辨」，其「學」決非儒家的「聖賢之學」，而是陶朱公、白圭之「學」，卽以最理性的方法達到致富的目的[135]。但是卓左車後半段所說的「吾儒義利之辨」則是明指儒家道德觀念對卓禺的影響而言。其所舉卓禺「爲善里中」之事恰可證明沈垚所謂「睦婣任卹之風轉見於商賈。」這類例子在明清文集中俯拾卽是，其意義留待下文再論。總之，我們對吳梅村的〈卓海幢墓表〉細加分疏，便可知所謂「儒」與「賈」的關

135 〈史記〉「貨殖列傳」引白圭之語：「吾治生產，猶伊尹、呂尚之謀，孫吳用兵，商鞅行法是也。」這正是韋伯所謂「工具理性」("instrumental rationality")。這一思想在明清被重新發現。參看〈汪氏統宗譜〉卷三十一「序送汪世賢（按：明正德間人）還鄉」，〈明清徽商資料選編〉第九五八條，頁一九八。

係必須分開兩個不同的層次來理解。第一個層次的「儒學」指商人的一般知識和文化的修養，包括經、史、子、集各方面。由於這種修養必須通過儒家的教育才能取得，因此凡是受過教育的商人都可以說是具有「儒」的背景。但是我們必須記住，這是一種廣義的、知識性的「儒」。如前引陸樹聲所用的「儒意」便屬此類。這種「儒」在道德上是中立的。第二個層次則是儒家的道德規範對於商人的實際行為所發生的直接或間接的影響。這是有關商人倫理的來源問題。不過嚴格地說，這個問題也不簡單，因為其中涉及個別商人的教育程度有高下之別。文化水準高的商人如卓禹，可以直接從王陽明的良知之教中汲取道德的啓示，但是粗識文字的商人也許便要依賴通俗化的儒家倫理了。並且無論是高層文化或通俗文化中的儒家思想都已混合了釋、道以及其他的成份。不但如此，中國的兩層文化又無法清楚地劃分界線。這些問題都給研究工作帶來不易克服的困難。本篇但求觀其大略，精密的分析在此是不必要的。

另一方面，我們把商與儒的關係分為兩個層次乃是出於討論上的方便，並不表示商人可以分成兩類，有的專利用儒家的知識，有的專接受儒家的道德。事實上，就具體的例子而言，這兩個層次也是往往混而難辨的。以下我們先討論第二個層次，卽道德影響的問題。

上引卓禹是浙江人，因此早年便服膺王陽明的知行合一之旨。這是商人受鄉土儒風影響的顯例。同樣地，徽州商人也頗受朱子的感發。趙吉士（一六二八—一七〇六）說：

新安各姓聚族而居，絕無一雜姓攙入者，其風最為近古，出入齒讓。姓各有宗祠統之，歲時伏臘，一姓村中，千丁皆集，祭用朱文公家禮，彬彬合度。（〔寄園寄所寄〕卷十二）

戴震（一七二四—七七）在〈戴節婦家傳〉中也指出：

> 吾郡少平原曠野，依山為居，商賈東西行營於外，以就口食。然生民得山之氣，質重矜氣節，雖為賈者，咸近士風。（〈戴震文集〉卷十二）

趙、戴皆休寧人，他們總結十七、八世紀徽州的風氣，當然是可信的。清代各地徽州會館中「崇祀朱子」，而現存徽人族譜中也收入朱子的〈家禮〉。這些都是徽商尊崇朱子的明證[136]。徽商受朱子的影響，吳偉業的〈汪處士傳〉提供了一個實例。徽州唐模村的汪鳳齡（一五八三—一六六七）「試有司，輒不利」。他曾慨然歎息，曰：

> 吾新安非徽國文公父母之邦乎？今紫陽書院先聖之微言、諸儒之解詁具在，奈何而不悅學乎？且吾汪氏仕而顯、賈而贏者，世有其人矣。苟富貴堙滅不稱，何如吾為一卷師而以兎園終老也。

可見汪鳳齡出於一個士商混而不分的家世。他的八個兒子後來都是「以孝謹起家，篤修行誼」的商人。他教訓他們說：

> 陶朱公之傳不云乎，年衰老而聽子孫。吾以隱居廢治生，諸子有志於四方甚善。但能禮

136 見張海鵬、唐力行之文，頁六八。此文所用清雍正本休寧〈茗洲吳氏家典〉已有牧野巽的研究。詳見「明代に於ける同族の社祭記錄の一例」，〈東方學報〉（東京，第十一冊之一，一九四〇年三月），頁三〇五—二〇。關於徽商會館中供奉朱子的實例，可看吳江盛澤鎮在道光十二年（一八三二）所立的「徽寧會館緣始碑記」及「徽寧會館碑記」（收在〈明清蘇州工商業碑刻集〉，江蘇人民出版社，一九八一，頁三五五—五七）。

義自將，不愧於儒術，吾願足矣。（「梅村家藏稿」卷五二）

這個例子具體地說明了朱子的道德觀念是怎樣傳播到商人身上的。

明、清商人對儒家思想抱有熱烈的興趣，還有其他的重要證據可資說明。首先是他們之中頗有人偏好儒家的道德訓誡如「語錄」、「格言」之類。現在姑舉幾個例子如下：

(1)席本久（一五九九—一六七八），江蘇太湖洞庭山的大商人之子。數不利於場屋，棄儒就賈。「暇則簾閣據几，手繕寫諸大儒語錄至數十卷。又嘗訓釋孝經，而尤研精覃思於易。」（見汪琬「堯峯文鈔」卷十五「鄉飲賓席翁墓誌銘」）

(2)席啓圖（一六三八—八〇），是席本久的堂侄，是洞庭山的大企業家。汪琬「席舍人墓誌銘」曰：「君好讀書，貯書累萬卷。於是偏葺先賢嘉言懿行，條晰部居，共若干卷，名曰：畜德錄。晚歲病風痺者數年，益鍵戶著此書。嘗題於書尾曰：『吾病瀕死，惟以書未成爲恨。今幸少瘥，有不強力成書，而敢自惰媮者，沒無以見先賢地下。』病不能轉側，至置書牀簀上，俛睨之。蓋其勤於問學如此。予故考君行事本末，以爲得之先賢者居多。」（「堯峯文鈔」同卷）

以上二例都出自洞庭山席家，叔侄之間可能互有影響。其中席啓圖不僅經營紡織業極具現代性[137]，

137 傅衣凌有「明代江蘇洞庭商人」一文（收在「明清時代商人與商業資本」）論及席啓圖的紡織業經營帶有「資本主義」的新性質。見頁一〇三。「資本主義」與否可置之不論，但席啓圖的經營確是新穎的。明清之際洞庭席氏這一大商業家族極為重要，可參看張履祥「楊園先生全集」卷三四「言行見聞」四，論席氏一條。

而且對宗族鄉里的「睦婣任卹」也無所不至，又爲沈垚的觀察增添了一個有力的證據。所以汪琬說他的「行事得之先賢者居多」是特別值得注意的。

(3)章策（一七九二—一八四二），徽州績溪人，父卒後，棄儒就賈。他一方面「精管（仲）、劉（晏）術，所億輒中，家以日裕。」但另一方面在經商時又勤閱「先儒語錄，取其益于身心以自勵，故其識量有大過人者。」（《西關章氏族譜》卷二六）[138]

按：這個例子最便於說明上面所指出的儒商關係的兩個層次。章策「精管、劉之術」，這是他受儒家教育（子、史之學）所得到的客觀知識。他因此而掌握了商業世界的規律，獲致成功。但他同時又用「先儒語錄」來律己，這便是他的商業倫理的來源了。

(4)王大來（一六七六—一七一二，籍貫不詳）。方苞記其兄王蒼平之言曰：「昔吾兄弟三人，吾父命某學書，仲弟治家，而大來行賈。仲弟卒，內外事皆屬焉。凡可以適吾親者，無不盡也。其家居戚黨之窶艱者皆賴焉。父執某無子，奉以終其身。其客京師鄉人，底滯而無歸者，無不資也，而未嘗有私財。……大來雖未涉書史，聞古今人懿行，必低徊久之。入其闥，牕壁戶牖皆所書格言也。其名雖不彰，實無愧士君子。其爲我誌之。」（《方望溪先生全集》卷十「王大來墓誌銘」）

138 引自《明清徽商資料選編》第一三七八條，頁四五三—四五四。其他商人好「前人嘉言懿行」或「聖賢格言」之例，尚可見同書，三七一、一〇〇六、一三八一、一三八五諸條，頁一三二、三一六、四五五。

⑸佘兆鼎（一六三三—一七〇五），安徽歙縣人。方苞「佘君墓誌銘」說他「少廢書，讀大學未半。行賈後，益好書，日疏古人格言善事而躬行之。」（同上卷十一）

以上方苞所銘二人都是教育程度不高的中小商人。他們不研究「語錄」，而專收集「格言」，這便說明他們的精神資源主要取自通俗文化中流傳的儒家倫理。這一點是極可注意的。此外尚有幾個例子，雖未標明「語錄」、「格言」，而事實上也是同一類的。

⑹沈方憲，明末清初浙江海寧人。陳確〈書潘烈婦碑文後〉附記其事如下：「確十年前過峽山，訪所親，見紙屏上血書曰：『願終三年不飲酒，不食肉，不內寢。』問所親：『血書者何人也?』曰：『佘同居表兄沈方憲，爲其父遠客，死王事，旅櫬未歸故也。』『何業?』『業布米。』『旡論其志行，卽其書，豈米賈哉!』曰：『向固業儒，因貧旡以爲養，棄而業賈。』於是確胸中遂時時有一沈方憲。嘗竊從硤之長老參察其日用，益知方憲不獨志行篤實，能精勤愼密，以振起其家業。旣爲死父盡償夙負，益以其餘孝養母，勤撫敎諸弟妹而昏嫁之，皆以禮。而硤人又亟稱其賈法之廉平。確曰：『異哉!今之儒者皆以學賈，而以方憲乃以賈學。若方憲者，眞可謂好學矣。學豈惟舉業之工已哉!』」（〈陳確集〉文集卷十七）

這又是「棄儒就賈」之一例。陳確說沈方憲是「以賈學」，意卽將儒家倫理推廣到商業界，也就是王陽明所謂「異業而同道」。他以血書儒家喪禮之文於紙屏之上，更可見其信仰之誠而篤。他的「賈法廉平」必淵源於儒家倫理是無可置疑的。沈方憲的事跡在當時浙江曾傳爲美談，所以張履祥（一六一一—一六七四）的〈言行見聞錄〉也記其事曰：

海寧沈方憲，本舊族，貿易硤石市，皆服其不欺。性篤孝，父母沒，刺血書「不飲酒，不喫腥，不內寢」九字於起居之所，守之不變。其妹適里中潘氏，夫死，畢殮事，慟哭七日而卒，人稱其殉節。（陳確文末原注所引）

張氏所記除「父母沒」當作「父沒」之外，和陳確所親見者完全一致。這應該是一件千眞萬確的事，決非諛墓文溢美之詞。但因有沈方憲血書紙屏之事，上舉「語錄」、「格言」諸例的可信性也更爲增加了。

(7)周世道（一七二二—八六），杭州鹽商。盧文弨在一七八六年撰〈周君坦之家傳〉曰：「君少英敏好學。年十七因金門公以勞得疾，所遺鹺業幾折閱，又無可委託者，不得已以身肩之。節嗇諸無名費，於後始稍稍復振。弟敬之歿時，孤載章始周歲。君撫愛教篤甚至，年十九，舉於鄉。他若營先人窀穸，修祠宇、家乘等事，罔不竭力，以爲諸子姓兄弟倡。其訓子則曰：『居家以孝友爲本，處世以和平爲先。』嗚呼！君實允蹈斯言。憶余弱冠時，嘗得君家乘讀之，大率皆以孝友著。今君可無愧其先人矣。」周世道是盧文弨的表弟，故後者對他的家世知之甚詳。這是一個鹽商世家，但其所遵行的則是典型的儒家倫理。盧文弨在傳末論曰：「吾聞君臨財也廉，故能不失其孝友之緖。」（見〈抱經堂文集〉卷二九）他在此以「廉」爲「孝友」的引申，是和沈方憲的例證相符合的。

盧文弨所引周世道訓子之語卽是當時所謂「格言」。淸代〈士商要覽〉有一則特別強調「凡人存心處世，務在中和」[139]，即與「處世與和平爲先」的意思完全相同。可見這是當時商人的信條之一。

(8)瞿連璧（一七一六—八六），浙江嘉定人。錢大昕（一七二八—一八〇四）「瞿封翁墓誌銘」云：「翁九歲而孤，哀毀已如成人。後以家計中落，治生爲急。吾鄉地產木緜，衣被四方，乃於吳門經理貿遷。試計然之術，積其奇羨，遂至饒裕。翁性耿介，動必以義，不苟然諾。慮事精審，纖悉畢周。治家接物，皆中法度。……手定宗譜，條列井井。故居在儒學之南，歲久敝漏。翁既葺而新之，後雖徙家吳閶，猶以學南自號，示不忘本也。少從侍御時西巖先生受業，故熟於邑中舊事，譚論鄉先輩嘉言善行，亹亹不倦。其訓子孫，嚴而有法。……晚歲多儲方藥，服食惟謹。嘗舉古人『善言不離口，善藥不離手』之語，爲予誦之。」

（〈潛研堂文集〉卷四八）

瞿連璧的祖父曾以「明經起家」，即中過舉人，而他的次子和好幾個孫子也都「習儒」，其中之一便是錢大昕的女婿。這又證實了沈垚「四民不分」及「士多出於商」的論斷。瞿連璧好談「鄉先輩嘉言善行」，即是平時留意「語錄」、「格言」之類。他所引「古人之語」是唐代孟詵的話，原文是「養性者善言不可離口，善藥不可離手。」（見〈新唐書〉卷一九六「隱逸傳」）但

139 見寺田隆信〈山西商人〉，頁三〇九。按：十四、五世紀英國倫敦的商人也好抄寫基督教的「格言」("mottoes") 以自激勵，是一個有趣的對照。見 Sylvia L. Thrupp, *The Merchant Class of Medieval London*, The University of Chicago Press, 1948, p. 174.

瞿連璧教育程度不高，未必讀過〔新唐書〕。「古人之語」當是錢大昕知其語源而加上去的。其實此語在清代早已成爲民間流行的諺語了。翟灝〔通俗編〕成於十八世紀上半葉。(有周天度乾隆十六年卽一七五一「序」)其書卷十七「言笑」類已收入此條，可證瞿連璧之能够信口道出，正是因爲他一向留心搜集「格言」的緣故。

以上所舉商人重視「語錄」、「格言」八例，在時間上涵蓋了十七、十八世紀，以地理言則分佈在江蘇、安徽、浙江三省，都是商業特別發達之區。必須說明，我並未有心尋找這類記載，以上所引的只不過是在閱讀諸家文集的過程中偶然摘錄下來的幾條罷了。如果刻意去作系統的搜集，所得當遠不止此。但是我深信這些抽樣而得來的例子是有相當代表性的，至少已足以說明本篇的主要論點之一。明淸商人究竟關不關心道德問題？他們是否曾主動地去建立自己的道德規範？如果答案是肯定的，那麼他們的道德源頭何在？又是通過何種具體的方式而得來的？這些都是相當吃緊的問題，而且不能以「想當然耳」的辦法作糢糊籠統的解答。我相信以上八例已對這些問題提供了部份的答案。由於這些實證的支持，我們對於前面所引十六世紀時揚州大鹽商向湛若水問學的記載也必須重新估定其意義了。以下我們將檢討商人的道德實踐的問題。

四、商人的倫理

明淸商人倫理是一個極有趣而又複雜的問題。限於篇幅，本節祇能從其典型意義上作一概括性的討論。我們的重點是在說明商人在倫理上的實踐，不僅是他們持有某些道德信條而已。但是這裏我們碰到一個方法論上的困難：我們固然可以找到不少明清商人實踐其道德信條的證據，然而在現實世界中這種實踐究竟有多少代表性？據我對於有關這一方面的明清史料的認識，這個問題是無從用量化的方法求得解決的。不過這一方法論上的困難在史學上是普遍性的，它同樣存在於韋伯有關新教倫理的研究之中。我們祇能說：這個問題和史學家對於他所研究的歷史世界的全面判斷有關。如果我們承認明清的商業世界中存在某種秩序，而此秩序又多少是由某些倫理觀念在維繫着，那麼當時文獻中所透露的佔有主導性質的商人倫理便應該受到研究者的嚴肅注意。至少到今天爲止，言行完全一致在任何社會、任何時代都還沒有存在過。而言行完全相反或基本上背道而馳則是社會秩序即將或正在崩潰的象徵。以十六至十八世紀的中國社會而言，商人階層正處在上昇發展的階段，因此當時流行的商業道德對他們大體上確是發揮了約束的作用的。明清商人中雖有欺詐之事，如明末《杜騙新書》之所示，卻不足以否定商業倫理的存在。十六、七世紀的歐洲和英國商人又豈能人人都依新教倫理而行，全無欺詐之事？卽以今天的情形而言，我們也不能因爲有經濟犯罪的現象而否認經濟世界中仍受某種倫理規範的支配。事實上，「欺騙」或「犯罪」正是相對於某種公認的「規範」才能成立的概念。因此以下僅在客觀地刻劃出一般的常態，絕不是美化傳統的商人，說他們人人都遵守商業道德。特聲明於此，以免讀者誤會。

韋伯論新教倫理有助於資本主義的發展，首推「勤」(industry) 與「儉」(frugality) 兩大要目。在中國文化傳統中，勤儉則是最古老的訓誡。「克勤于邦、克儉于家」早見僞古文〈

尚書〉「大禹謨」，其源甚古。李商隱「讀史」詩也說：「歷覽前賢國與家，成由勤儉破由奢」。但是必須指出，「勤儉」的信條因宗教的入世轉向而更深入到日常人生之中。無疑地，禪宗的「不作不食」、新道教的「打塵勞」、和新儒家的「人生在勤」及「懶不得」都更加深了中國人對勤儉的信仰。到了明清時代，這種勤儉的習慣便突出的表現在商人的身上。山西和徽州兩大商人集團的一般作風最能夠說明這一問題。謝肇淛（一五六七—一六二四）〈五雜俎〉說：

富室之稱雄者，江南則推新安，江北則推山右。新安大賈，魚鹽為業，藏鏹有至百萬者，其它二三十萬則中賈耳。山右或鹽、或轉販，或窖粟，其富甚於新安。新安奢而山右儉也。然新安人衣食亦甚菲嗇，薄糜鹽虀，欣然一飽矣，惟娶妾、宿妓、爭訟，則揮金如土。（卷六四「地部二」）

初看這條記載，好像是山西商人「儉」，而徽州商人「奢」。但再讀下去，謝在杭又承認新安商人也是自奉甚薄，並非一味奢侈。我們在其他記載中當然也可以見到「新安奢」的說法。例如汪道昆「汪長君論最序」說：

新安多大賈，其居鹽筴者最豪，入則擊鐘，出則連騎，暇則召客高會，侍越女，擁吳姬，四坐盡歡，夜以繼日。（〈太函集〉卷二）

這條資料出自新安人之手，大足坐實〈五雜俎〉之說。但是這只是表面現象，其中尙有複雜的背景。以明代揚州的鹽業而言，山西商人和政府的關係較好，因此遠比新安商人佔優勢。例如嘉慶〈兩淮鹽法志〉說：

明萬曆中定商竈籍，兩淮不立運學，附入揚州府學。故鹽務無册籍可稽。且有西商、無徽商，亦偏而不全。（卷四七「人物六．科第表上」）

商、竈兩籍是專爲鹽商子弟在科舉中所保留的應試特權，使他可以在本籍之外的經商地區報考生員。明代揚州商籍有山西而無安徽，這便是政府優待山西商人而歧視徽商的明證[140]。甚至在清代早期，山西商人在政治方面所取得的優勢也依然沒有動搖[141]。徽商爲了爭取上風，自不能不採取交際的方式以籠絡政府官員。上引謝、汪兩家關於新安大賈「奢」的記述似乎都集中在搞好「公共關係」的一面，這是很可注意的。「娶妾」、「宿妓」正是「召客高會」的場合。李夢陽任戶部郎中時撰「擬處置鹽法事宜狀」，其中論及揚州鹽商有云：「今商賈之家……畜聲樂伎妾珍物，援結諸豪貴，藉其蔭庇。」（〔空同先生集〕卷三九）尤可爲明證。至於「爭訟」則更是爲了在法律上爭取自己權利，不能算作「奢」[142]。顧炎武〔肇域志〕說：

新都勤儉甲天下，故富亦甲天下。……青衿士在家閑，走長途而赴京試，則短褐至骭，芒鞋跣足，以一傘自攜，而吝輿馬之費。聞之則皆千萬金家也。徽州人四民咸朴茂，其

140 詳見藤井宏，上引文（四），頁一一九—一二八。
141 見佐伯富，〔中國史研究〕第二（京都：東洋史研究會，一九七一），頁二六三—三二二。
142 按：顧炎武〔肇域志〕第三册云：「新都（卽徽州）人……商賈在外，遇鄉里之訟，不啻身嘗之，醵金出死力，則又以衆幫衆，无非亦為己身地也。」（轉引自傅衣凌〔明清經濟社會史論文集〕，北京：人民出版社，一九八二，頁一九二）這是徽商已有集體的權利意識的證據。新安出身的官僚所到之地也特別保護同鄉商賈，見根岸佶〔支那ギルドの研究〕（東京，一九四〇）頁一七二。

起家以資雄閭里，非數十百萬不稱富也，有自來矣[143]。

可見一般而言徽商仍然是以「勤儉」爲其基本特色的。

在明清商人倫理中「誠信」、「不欺」也是佔有中心位置的德目。韋伯在〔中國宗教〕一書中特別強調中國商人的不誠實（dishonest）和彼此之間毫不信任（distrust）。他認爲這和清教徒的誠實和互信形成了尖銳的對照。但他又對和外國人作生意的中國行商（Ko Hang，卽 Co-hong）的信譽卓著大惑不解，以爲或是因爲行商壟斷對外貿易，地位穩固之所致。他並且進一步推論，如果行商的誠實是眞的，那一定也是受了外國文化的影響，不是從內部發展出來的[144]。韋伯的說法大有商榷的餘地。是否十九、二十世紀中國商人的倫理已大不如前，這一點尚有待於經驗研究的證實或否證。但以十六至十八世紀的情形而言，中日研究者幾乎異口同聲地肯定了中國商人的誠信不欺。研究者已舉出了無數的具體的例證，限於篇幅，這裏一概不加徵引了[145]。韋伯不能直接利用中文資料，所以這一層可不深究。最不可解者則是他在〔新教倫理〕中明明強調清教徒有一種特殊的上帝觀，卽人除了完全信任上帝之外，對任何人（包括最親密的朋友）都絕對

143 謝國楨，〔明代社會經濟史料選編〕中册，頁九一—九二，原標點有誤，已改正。

144 Weber, *The Religion of China*, pp. 232-35.

145 關於山西商人以「誠」、「實」、「不欺」、「廉」等爲「金科玉條」，可看佐伯富「山西商人の起原と沿革」，〔東方學〕第五十八輯（一九七九年七月），頁二一及寺田隆信〔山西商人〕第五章第五節。關於徽商特別重視「誠」、「信」、「義」，可看張海鵬、唐力行，前引文，頁六三—六四。及〔明清徽商資料選編〕第四章第三節「商業道德」，頁二七二—二九一。

不能信任[146]。他在兩部著作中竟對清教徒的倫理觀作了完全相反的解釋，這便不能不說是一個相當嚴重的問題了。

韋伯對中國商人的誤解起於他看錯了中國的價值系統。他認爲中國人缺乏一個內在價值內核 (absence of an inward core)，也沒有某種「中心而自主的價值立場」(central and autonomous value position)。換句話說，卽沒有超越的宗教道德的信仰。現在姑就這一點舉例說明。「誠」與「不欺」是一事的兩面，在新儒家倫理中尤其佔有最中心的位置。在理學大興之前，這兩條德目已成爲儒家道德的始點。范仲淹以爲「惟不欺二字，可終身行之。」（邵伯溫〔邵氏聞見錄〕卷八）劉器之追隨司馬光五年，只得到一個字：「誠」。司馬光向他解釋：「誠者天之道，思誠者人之道，至臻其道則一也。」這當然是他精研〔中庸〕之所得。而致「誠」之道則必須自「不妄語人」卽「不欺」始。經過長久的修養，一個人最後才能達到「言行一致，表裏相應，遇事坦然有餘地」的境界。（見邵博〔邵氏聞見後錄〕卷二十）「誠」和「不欺」上通「天之道」，這便爲此世的道德找到了宗教性的超越根據。經過新儒家和民間宗教的長期宣說，這種觀念在明清時代已深深地印刻在商人的心中。康海（一四七五—一五四一）在〔扶風耆賓樊翁墓誌銘〕中記商人樊現（一四五三—一五三五）語：

誰謂天道難信哉！吾南至江淮，北盡邊塞，寇弱之患獨不一與者，天監吾不欺爾！貿易

146 見 *The Protestant Ethic*, p. 106 及 n. 25, pp. 222-23.

之際，人以欺為計，予以不欺為計，故吾日益而彼日損。誰謂天道難信哉！（《康對山集》卷三八）

可見這位陝西商人對「天道不欺」的觀念信之甚篤。在本篇第二節，我們已引了李夢陽「故王文顯墓志銘」記山西王現「故利以義制，名以淸修，各守其業。天之鑒也如此，則子孫必昌，身安而家肥」等語。讓我們再引「墓志銘」中所載他父親的一段話。王現以信義待人，有一次逃過了盜刼。他的父親聞之，大驚喜，曰：

現也，利而義者耶！然天固鑒之耶！（《空同先生集》卷四四）

王現的父親是一貧士，曾任教諭，他對「天」的信仰大約來自儒家。王現本人也是「棄士而就商」的（「墓志銘」語），足證他的「天之鑒」之淵源所在。明清商人不但信「天」，而且也信「理」。李維楨《大泌山房集》卷七三「胡仁之家傳」記歙西商人胡仁之有云：

居平耳提面命其子孫曰：「吾有生以來惟膺天理二字，五常萬善莫不由之。……因名其堂曰：『居理』。

民國初年修《婺源縣志》記載一位晚清商人潘鳴鐸云：

性孝友，幼讀四子書，恒以不盡得解為憾。靜思數日，謂聖學不外一理字，豁然貫通，非關道學之書不閱。……方某運茶，不得售，欲投申江自盡。鐸照市價囤其茶，遣歸。

後寄番售，餘息銀五萬兩，仍與方某[147]。（卷四二「義行」八）

第二例已在十九世紀的下葉，新儒家「理」的觀念仍深入徽商之心如此。他的誠信行為應該是和「理」的信仰有關的。而且這條資料也為上一節論商人重視儒家「語錄」增添一證。

但是民間信仰是三教混合的，所以「鬼神」的觀念有時也和「天」或「理」有同樣的效用。明末江蘇洞庭山金汝鼐（字觀濤，一五九六—一六四五）之例可為說明。汪琬「觀濤翁墓誌銘」引其子之言曰：

> 凡佐席氏者三十年……席氏不復問其出入，然未嘗取一無名錢。所親厚或微諷曰：「君縱不欲自潤，獨不為子孫地耶？」翁叱之曰：「人輸腹心於我，而我負之，謂鬼神何？」……有寄白金若干兩者，其人客死無子，行求其壻歸之。壻家大驚，初不知婦翁有金在吾父所也。故山中人皆推吾父長者。（〈堯峯文鈔〉卷十六）

文集方志中這一類誠信不欺的事跡太多，舉不勝舉。以下就汪道昆〈太函集〉中擇數例以說明商人和道、釋二教的關係。〈太函集〉卷十四「贈方處士序」記鹽商方彬（字宜之）以重然諾而著義聲，晚年則歸向道教。其文略云：

> 季年喜黃老，築舍七寶峯下，與雙鶴道士俱。客諷之曰：「處士以賈豪，奈何近方士？」

147 引自重田德〈清代社會經濟史研究〉，頁三三一，按民國〈婺源志〉的記載乃由「採訪員報，經區董核轉」（見「凡例」），故較切實可信。按：司馬光的「誠」字確曾對商人發生過影響，見歙縣〈竦塘黃氏宗譜〉（嘉靖四十一年刊本）卷六「黃公璣芳傳」，收在〈明清徽商資料選編〉第一三四七第，頁四四一。

處士笑曰：「吾僕僕錐刀之末，終不欲老市井中，誠願卒業玄同。幸而蟬蛻於汚濆，足矣，惡用竊刀圭翔白日為也。」夫一處士也，其始也，輕身而就賈，不亦豪擧乎哉！及其以操行致不貲，蓋節俠也。卒之遊方外，歸乎篠真，非達者宜不及此。

這很像上篇新道教所說的神仙下凡歷刼，在人間成就事業後再「歸正位」、「成正果」。同書卷二八「汪處士傳」記一位十六世紀在上海經商成功的汪通保，其人是有操守而好有「好仁義」之稱的廉賈。其中有一段說：

處士嘗夢三羽人就舍，旦日得繪事，與夢符，則以為神，事之謹。其後或中他人毒，賴覆毒，乃免灾。嘗出丹陽，車人將不利處士，紿失道。既而遇一老父，乃覺之。處士自謂：幸保餘年，莫非神助。乃就獅山建三元廟，費數千金。

這位汪通保顯然深信他之所以能處處逢凶化吉是出於「神助」。又同書卷三五「明賜級阮長公傳」記大賈阮弼的事蹟。其人「雅以然諾重諸賈人，不言而信，其言可市。諸賈人奉之如季河東（按：季布）。」傳云：

季年崇事二氏，種諸善根。嘗……繕三茅宮，飾諸神像，樂善而無所徼福，其費不貲。……長公故多陰德，務施恩於不報，加意於人所不及知。……族母私蓄數十緡，陰託長公取息。有頃，族母亡。長公握子母錢畢歸其子。其子不知所出，力却之。長公語之故，稽首而後受。

汪道昆最後用「天報」的觀念解釋阮弼的成功曰：

> 要之，人能負長公父，而天報以長公；人能負長公，而天報以昌阜。

可見汪道昆本人也相信民間三教混合的「天」的觀念。清初歸莊在其「雜著」中記載了下列的故事：

> 丁未（按：康熙六年，一六六七）春，杭州大火，延燒一萬七千餘家，惟有一家，巋然獨存於四面灰燼之中。問其人，則業賣油者再世矣。惟用一稱，雖三尺童子不欺之。余謂此事甚小，但即此一事觀之，則其平生必每事誠實。當末世詐僞百出之時，而有此篤厚君子，得天之庇，宜哉！（〔歸莊集〕卷十）

歸莊的「末世詐僞」乃隱指當時變節的士大夫，不是專對商人而發。但值得注意的是他似乎確已接受了誠實不欺可「得天之庇」的民間信仰。這一點事實上並不足異。自南宋以來，〔太上感應篇〕一類的善書也同樣對士階層有深切的影響。南宋的眞德秀，明代的李贄、焦竑、屠隆等都曾宣揚過此篇。清代經學大師惠棟（一六九七—一七五八）且曾爲此文作註。朱珪（一七三一—一八〇七）爲惠註本作序有云：

> 憶予兄弟少時，先大夫每日課誦是書，即以教諸子。……其恂恂規矩，不敢放佚者，於是編得力焉。

汪輝祖（一七三一—一八〇七）〔病榻夢痕錄〕卷上云：

> 檢先人遺篋，得太上感應篇註，覺讀之凜凜。自此晨起必虔誦一過。終身不敢放縱，實得力於此。（乾隆十年條）

同書卷下又記：

還先人遺願，赴雲棲建水陸道場。余素憒內典，讀蓮池大師（即袾宏，一五三五—一六一五）雲棲法彙、竹窗隨筆，事事從根本著力。乃知天下無不忠不孝神仙，成佛作祖，皆非倫外之人，實與吾儒道理，異室同堂。（乾隆五十八年條）

朱珪和汪輝祖都承認他們的「不敢放佚」是得力於〔太上感應篇〕。汪輝祖更進一步接受三教「異室同堂」之說。可見民間信仰並不專屬於下層人民，而同樣是上層士大夫文化的一個組成部分。所謂「上層文化」(elite culture) 和「通俗文化」(popular culture) 在中國傳統中並不是截然分明的，其間界線很難劃分。士大夫當然有他們的「上層文化」，但是他們同時也浸潤在「通俗文化」之中。不但中國如此，歐洲在一五〇〇至一八〇〇之間，據說貴族、僧侶也同樣參加「通俗文化」中的許多活動。根據上面所引朱珪和汪輝祖的話，天地、鬼、神、報應等觀念對他們的確發生了拘束的力量，形成了他們的「第二文化[148]」。士大夫尚且如此，則商人更可想而知。把商人看成只知「孳孳為利」，毫不受宗教道德觀念的約束的一羣「俗物」，在大量的文獻面前是站不住的。

148 歐洲在十六世紀初，據 Peter Burke 說，「通俗文化」也是上層受教育的貴族所分享的，是他們的「第二文化」。見 Peter Burke, *Popular Culture in Early Modern Europe* (Harper Torch book edition, 1978)，特別是第二章。

五、「賈道」

明代商人已用「賈道」一詞，這似乎表示他們對商業有了新的看法，即在賺錢以外，還有其他的意義。但「賈道」又有另一層意思，即怎樣運用最有效的方法來達到做生意的目的。這相當於韋伯所謂「理性化的過程」（the process of rationalization）。韋伯在此特別重視清教倫理中所謂「天職」（calling）的觀念。西方資本家全心全意地賺錢，但是他們賺錢並不是爲了物質享受，因此依然自奉儉薄。依韋伯的解釋，這些資本家的宗教動機是要用經營成功來證明自己在盡「天職」方面已「才德兼備」（virtue and proficiency in a calling）[149]。此外當然也還有世俗的動機，如財富所帶來的「權力」（power）和「聲譽」（recognition），以及因能使無數人就業和家鄉經濟繁榮而得到精神上的滿足等[150]。

現在我們要問：明清中國商人的勤儉起家究竟是出於那些動機呢？以世俗動機而言，中西商人大致相去不遠。甚至中國人所謂「爲子孫後代計」的觀念在西方也並不陌生。更值得我們重視的倒是超越性的動機。明清商人當然沒有西方清教商人那種特有的「天職」觀念，更沒有什麼

149 Weber, *The Protestant Ethic*, pp. 53-54.

150 同上，分見 p. 70 及 p. 76。

「選民前定論」。但其中也確有人曾表現出一種超越的精神。他們似乎深信自己的事業具有莊嚴的意義和客觀的價值。在本篇第二節，我們已引了十五世紀山西商人席銘的豪語：「丈夫苟不能立功名於世，抑豈不能樹基業於家哉！」在這句豪語的後面，我們隱然看到他對即將投身的商業抱有一種自傲的心理。士的事業在國，是「立功名於世」；然而商的「基業」在家，也足以傳之久遠。明末曹叔明〈新安休寧名族志〉卷一記商人程周有云：

賈居江西武寧鄉鎮……遂致殷裕，為建昌當，為南昌鹽，創業垂統，和樂一堂[151]。

此處所用「創業垂統」四字實在非同小可。這四個字從來是開國帝王的專利品，現在竟用來形容商人的事業了。這一新用法所反映的社會心理的變化是不容忽視的。汪道昆「明賜級阮長公傳」也說：

先是長公將以歙為菟裘，蕪湖為豐沛。既而業大起，家人產具在蕪湖城內外，築百廛以待僦居。……中外傭奴各千指，部署之，悉中刑名。（〈太函集〉卷三五）

「菟裘」是用〈左傳〉的典故：「使營菟裘，吾將老焉。」（隱十一年）指退休養老之地。但「豐沛」是漢高祖「創業垂統」的根據地，此處即借以指阮氏的商業基地。另一個十六世紀徽商李大鴻的「行狀」則說他以姑孰為「關中」。（〈明清徽商資料選編〉第九三八條，頁二九七）「關中」是歷代的帝都，這也是把商業和帝業相提並論。可證以創建帝業比喻大商人的事業經營在十

151 引自〈明清徽商資料選編〉第七〇八條，頁二三四。另一婺源商人李大祈（一五二二—八七）也說：「丈夫志四方，何者非吾所當為？即不能拾朱紫以顯父母，創業立家亦足以垂裕後昆。」（〈三田李氏宗譜〉「環田明處士松峰李公行狀」，見同書第一四二七條，頁四七〇。）

六世紀已相當普遍。試看阮氏商業的規模之大、佈置之密，此「豐沛」一詞確不是隨便借用的。今天西方人所謂「商業帝國」(business empire)的觀念在中國早已出現了。〈新安休寧名族志〉卷一又有一條云：

> 黃球號和川，幼負大志，壯遊江湖，財產日隆。娶城北金公紅女，青年完節，克苦勤儉，佐子不逮。商賈池陽，家道大興[152]。

這「幼負大志」四字也是從來只用於士人的，現在又轉移到商人身上來了。而所謂「大志」，我們又可從徽商許秩（一四九四—一五五四）的話中得到確解。他說：

> 吾雖賈人，豈無端木所至國君分庭抗禮志哉？（歙縣〈許氏世譜〉第五冊「平山許公行狀」，見〈明清徽商資料選編〉第六四六條，頁二一六。）

許秩又是一個熟讀〈史記〉「貨殖列傳」的商人（亦見「行狀」），所以嚮往當年子貢「結駟連騎，束帛之幣以聘享諸侯」的聲勢。這和明代商人「創業垂統」的心理是完全相合的。把這許多證據聚攏在一起，其所顯示的歷史意義是非常重大的；這也可以說是「良賈何負於閎儒」的心理的一種表現。汪道昆「潘汀洲傳」記潘氏「既老，屬諸子為良賈，諸孫為閎儒。」（〈太函集〉卷三四）可見「良賈」和「閎儒」在他的價值系統中確已相差極微。不但當時商人如此想，士大

152 謝國楨，〈明代社會經濟史資料選編〉，中冊，頁九六。用「大志」加諸商人之例甚多，見〈明清徽商資料選編〉第六七二及八二一兩條，頁二二三及二五九。

夫也如此說。汪道昆〈范長君傳〉曰：

> 司馬氏曰：儒者以詩書為本業，視貨殖輙卑之。藉令服賈而仁義存焉，賈何負也。
> （〈太函集〉卷二九）

「服賈而仁義存」即發揮〈史記〉「貨殖列傳」中的思想。錢謙益（一五八二－一六六四）爲江蘇洞庭山的富商之子寫傳，也引司馬遷語而引申之曰：「人富而仁義附，此世道之常也。」（〈有學集〉卷三五「太學生約之翁君墓表」。此語也引於〈梅村家藏稿〉四七「太學張君季繁墓誌銘」）其實這種說法恰與王陽明「雖終日作買賣，不害其爲聖爲賢」及沈垚「其業則商賈，其人則豪傑」等語消息相通。不但如此，汪道昆「虞部陳使君榷政碑」更說：

> 竊聞先王重本抑末，故薄農稅而重征商，余則以為不然，直壹視而平施之耳。日中為市，肇自神農，蓋與耒耜並興，交相重矣。……商何負於農？（〈太函集〉卷六五）

汪氏顯然肯定商賈既不負於儒，也不負於農，他們所從事的也是正正當當的「本業」。他的說法不但遠在黃宗羲「工商皆本」（〈明夷待訪錄〉「財計」三）之前，而且更爲詳盡透澈。他的薄征商稅的主張在十六世紀也是十分流行的。例如張居正（一五二五－八二）和張瀚都同持此見，後者在南京兼攝榷務時並曾實行過薄征政策[153]。

由於商人自己和士大夫都開始對商業另眼相看，商業已取得莊嚴神聖的意義。王陽明說「四

153 見〈張文忠公全集〉文集卷八「贈水部周漢浦榷竣還朝序」及〈松窗夢語〉卷四「商賈記」。

民異業而同道」，現在商人確已有其「賈道」了。因此商人也發展了高度的敬業和自重的意識，對自己的「名」、「德」看得很重。歸有光「東莊孫君七十壽序」云：

> 崑山為縣在瀕海，然其人時有能致富埒封君者。近年以來，稱賢者曰孫君。……自其先人……為人誠篤，用是能以致富饒。至孫君尤甚，故其業益大。然恂恂如寒士，邑之人士皆樂與之遊。而有以緩急告者，時能賙恤之。於是君年七十，里之往為壽者，皆賢士大夫也。而予友秦起仁又與之姻，言於余，以為君非獨饒於貲，且優於德也。（「震川先生集」卷十三）

歸有光此文暗用太史公「貨殖列傳」「君子富，好行其德」的筆法，以「德」字爲這位孫姓富賈頌壽。這是一種極高的禮讚。崑山是人文極盛之地，而「賢士大夫」都肯爲一位商人祝壽。僅此一點，卽可見其人德望之隆。商人自己也非常重視「德」。汪道昆〈吳伯舉傳〉記大鹽商吳時英的「掌計」（卽今之經理之類）假他的名義向其他商人借了一萬六千緡，後來還不出來。有人向吳時英建議：「亦彼責，彼償爾，公何與焉！」他答道：

> 諸長者挈累萬而貸不知，何者？人信吾名也。吾黨因而為僭，而吾以僭乘之，其曲在我。是曰倍德；倍德不祥。（「太函集」卷三七）

最後這筆債還是由吳時英自己償還了。這個例子最可證商人對「德」的重視，和對「名」的愛惜。不但大賈如此，普通商人也是一樣。姚鼐在一八一三年寫的「贈中憲大夫武陵趙君墓表」記湖南商人趙宗海死後的情況，說：

初君所受託以財賄者，有數千金。及君沒，頗乏償貲。或謀以孤寡辭而弗與。太恭人（按：宗海妻）曰：吾夫信義，故人託之。今弗償，為夫取惡名也。乃破產鬻室中衣物以盡償其負。（〔惜抱軒全集〕「文後集六」）

甚至「伙計」（或「夥計」）也必須建立自己的聲名，才有前途。明代沈孝思〔晉錄〕（〔學海類編〕本）說：

> 平陽、澤、潞，豪商大賈甲天下，非數十萬不稱富，其居室之法善也。其人以行止相高，其合伙而商者，名曰伙計。一人出本，衆伙共而商之，雖不誓而無私藏。祖父或以子母息丐貸於人而道亡，貸者業舍之數十年。子孫生而有知，更焦勞強作，以還其貸。則他大有居積者爭欲得斯人以為伙計，謂其不忘死肯背生也。則斯人輸少息於前，而獲大利於後，故有本無本者，咸得以為生。且富者蓄藏不於家，而盡散之為伙計。估人產者，但數其大小伙計若干，則數十百萬產可屈指矣。

可見山西「伙計」的道德自律之嚴。新安的情形也是一樣。顧炎武〔肇域志〕云：

> 新都……大賈輒數十萬，則有副手而助耳目者數人。其人銖兩不私，故能以身得幸於大賈而無疑。他日計子母息，大羨，副者始分身而自為賈。故大賈非一人一手足之力也[154]。

「副手」即前引〔太函集〕之「掌計」，這是徽州的「伙計」。其人必「銖兩不私」，才能得到

---

154 謝國楨，上引書，中册，頁九一一。

大賈的信任，然後再自謀發展。這兩條資料當然是指一般的情況而言，「伙計」舞弊的事終是不可免的，上引吳時英的「掌計」即是一例。以徽商而論，其「副手」、「掌計」大抵以親族子弟爲多。王世貞（一五二六—九〇）「贈程君五十序」云：

門下受計出子者恒數十人，君為相土宜、趣物候，人人授計不爽也。數奇則寬之，以務究其材；饒羨則廉取之，而歸其贏。以故人樂為程君用。而自程君成大賈，其族之人無不沾濡者。（〔弇州山人四部稿〕卷六一）

休寧金聲（一五九八—一六四五）「與歙令君書」也說：

夫兩邑（按：休寧、歙縣）人以業賈故，挈其親戚知交而與共事。以故一家得業，不獨一家得食焉而已。其大者能活千家百家，下亦至數十家數家。（〔金太史集〕卷四）

這些證據都是說明「伙計」制度對明清「賈道」發展的貢獻。「伙計」制在當時相當普遍，除上述山西、安徽外，江蘇也有之。歸莊「洞庭三烈婦傳」記江蘇洞庭山一個名葉懋的「伙計」的事，說：

凡商賈之家，貧者受富者之金而助之經營，謂之夥計。葉懋婚僅三月，出為同宗富人夥計。（〔歸莊集〕卷七）

可證江蘇的「夥計」也多來自宗族或親戚子弟之貧者。由於「伙計」制度對明清商業發展具有特殊的重要性，我們有必要扼要地指出其中幾個特點。但限於篇幅及體例，詳細的論證無法涉及。第一、這是一個全新而普遍的制度。以規模和組織言，以前中國史上實無前例。因此〔晉錄〕和歸莊才覺得有必要爲「伙計」下一界說[155]。第二、以上引資料及其他個案來看，大賈和「伙計」斷然是現代「老闆」和「雇員」的關係。顧炎武所引資料說新安的「副手」後來可以「分身自爲賈」，這不但與山西「伙計」的「獲大利於後」相合，而且在《太函集》中實例甚多。我們不能因爲偶有一個例子，即「掌計」太「跋扈」，欺負老主人，被年輕力壯的少主人「面數而抶之庭下」（《太函集》卷五八「程次公墓誌銘」），便推斷大賈和「伙計」是「主奴關係」或「封建土地關係在商業上的一種表現形式」[156]。第三、「伙計」、「掌計」大體都是親族子弟。這一事實恰好說明明清商人如何一面利用傳統文化的資源，一面又把舊的宗族關係轉化爲新的商業組合。這正是中國從傳統到現代的一種過渡方式。清末民初中國新型的資本家仍然走的是這條路。難道現代型企業的發展必須以「六親不認」爲前提嗎？試問在中國傳統社會中還有比親族更可信托的「助手」嗎？西方的宗教組織在社會上佔主宰地位，而中國無之。以社會功能言，中國的親族組織

155 明代陸容《菽園雜記》卷十一云：「客商同財共聚者名火計。」又說：「俗以火計為夥計者，妄矣。」陸容所指的是「合本」或「合夥」，但正可見「伙計」制是新現象，才易與「火計」相混。「合本」或「合夥」的歷史甚久，唐、宋已流行。宮崎市定、日野開三郎都有專文研究。（見《東洋史研究》第十三卷第五期及第十七卷第一期）即使是「合夥」制，在清代也有新發展，如「本股」與「人股」之分化已出現，似具有「近代性」。見波多野善大《中國近代工業史の研究》（京都，東洋史研究會，一九六一），頁五五—六〇。現在我們所知的最早「合伙商販」資料是江陵鳳凰山漢墓中所發現的《中販共侍約》的合伙契約。詳見黃盛璋《歷史地理與考古論叢》（濟南：齊魯書社，一九八二），頁一六六—六九。

156 此說見李龍潛「明代鹽的開中制度與鹽商資本的發展」，收在《明清資本主義萌芽研究論文集》（上海：人民出版社，一九八一），頁五〇六。

卽相當於西方近代各教派的組織。例如教友派（Quakers）的通婚必須限於派內。韋伯以爲新教倫理的一大成就卽在打破親屬的束縛，使家與商業完全分開。而中國則太重親族的「個人」關係，沒有「事業功能」（"functional tasks" 或 "enterprises"）。因此經濟發展受到限制[157]。這是由於他對中國史缺乏認識的緣故。明清大賈與「伙計」的關係卽已向「事業功能」邁出了一大步。所以山西以誠實不欺著名的「伙計」才會成爲其他大賈「爭欲得之」的對象。不但如此，親族關係妨碍現代企業之說根本便站不穩。據艾施頓（T. S. Ashton）對十八世紀初期英國鋼鐵工業的研究，鐵業當時幾全在教友派的控制之下，而其中重要的企業家都和創業的達比（Darby）家族有親族關係，包括兒子、族人、女婿、連襟等。還有少數人是其「伙計」（employees）出身。而且這還不是例外。在工業革命初期的西方，企業和家族關係的結合（the union of business and family relationships）是一個極爲正常的現象[158]。總之，我們對「伙計」制度的出現應予以最大的重視，因爲他們可以說是中國經營管理階層（managerial class）的前身。

「伙計」制度是應運而生的，因爲當時有些大賈的商業已遍及全國。例如上文已提到的那位以「蕪湖爲豐沛」的阮長公，「其所轉轂，徧於吳、越、荆、梁、燕、豫、齊、魯之間，則又分

---

157 *The Religion of China*, pp. 236-37; *The Protestant Ethic*, pp. 21-22.

158 Ashton 的原著是 *Iron and Steel in the Industrial Revolution* (2nd edition, 1951)。以上據 K. Samuelsson *Religion and Economic Action*, pp. 122-23.

局而賈要津。長公爲祭酒，升降贏縮，莫不受成。」（「太函集」卷三五「阮長公傳」）其經營的規模可以概見。而且此中「祭酒」一詞也極爲流行，更可注意。這又是商人已奪得士大夫的尊號之一證。吳偉業「太僕寺少卿席寧侯墓誌銘」記江蘇洞庭山的席本禎（一六〇一—五三）的商業規模有云：

其於治生也，任時而知物，籠萬貨之精，權輕重而取棄之，與用事者同苦樂。上下戮力，咸得其任。通都邸閣，遠或一二千里，未嘗躬自履行。主者奉其赫蹏數字，凜若繩墨。年稽月考，銖髮不爽。（「梅村家藏稿」卷四七）

這種組織的嚴密，僅憑一紙書信（「赫蹏」）[159]即可指揮至一二千里之外，較之現代企業何嘗遜色？其「用事者」（「夥計」）又何嘗沒有「事業的功能」？大賈必賴「伙計」，「非一人一手足之力」，這是一個實例。

席本楨「讀書治詩、春秋」，他做生意能「任時而知物」、「權輕重而取棄之」自然是拜儒家教育之賜。明清商人因多「棄儒就賈」，而且爲賈後仍多不斷地讀書，他們的文化和知識水平並不在一般「士」之下。他們之擅「心計」，並能掌握各地市場變化的規律，是和這一儒學背景分不開的。這一點現在已有研究者初步予以證實[160]。當時的商人「直以九章當六籍」（「太函

159 袁桷「清容居士集」卷四「送馬伯庸御史奉使河西」八首之五：「飛翼西北來，遺我雙赫蹏，中有陳情詞。」可證「赫蹏」即書信。

160 上引張海鵬、唐力行之文，頁六二—六三。

集〕卷七七「荆園記」），這更說明商人對算術的重視。明末「商業書」中便往往附有「算法摘要」一類東西，以備商人參考。〔指名算法〕、〔指名算法宗統〕等商業算術書的大量出現尤其與商業發達有密切的關係。韋伯特別看重近代西方的複式簿記（double book-keeping）和算術在商業上的應用，認爲是「理性化的過程」的證據。中國雖無複式簿記，但十六世紀的商業算術是足以和同時代的西方抗衡的[161]。現在讓我們另舉一些比較被忽略的證據以說明中國商業經營的「理性化的過程」。顧憲成（一五五〇—一六一二）〔小心齋劄記〕卷十四有一條云：

何心隱輩坐在利慾盆中，所以能鼓動得人。只緣他一種聰明，亦有不可到處。耿司農（按：定向，一五二四—九六）擇家僮四人，人授二百金，令其生殖。其中一人嘗從心隱請計。心隱授以六字訣曰：買一分，賣一分。又有四字訣：頓買零賣。其人遵用之，起家至數萬。

這個故事是否眞實，無關緊要。但由此可見知識對於經營商業的重要性。據淸代檔案，呂留良的孫輩在雍正十年（一七三二）發遣寧古塔爲奴，但在乾隆四十年（一七七五），其曾孫等已因開藥舖（這是呂留良的舊業），販賣米、鹽、以及貂皮、人參等致富，並申請捐納監生了[162]。這是一

161 見武田楠雄「東西十六世紀商算の對決」，分刊于〔科學史研究〕第三六號（一九五五年十—十二月，頁一七—二二），第三八號（一九五六年四—六月，頁一〇—一六）及第三九號（同年七—九月，頁七—一四）。韋伯之說見 *The Prostestant Ethic*, pp. 22, 24-25。

162 見陳垣「記呂晚村子孫」，收在〔陳垣學術論文集〕（北京：中華書局，一九八二），頁八八—九一。

個千眞萬確的事實，正可與何心隱的傳說互證。何心隱的六字訣其實卽是要轉手快，薄利多銷，也就是韋伯所說的"principle of low prices and large turnover"。[163]「薄利多銷」事實上是明淸商人的一個最重要的指導原則，實例不勝枚舉。以下我們祇選幾個最有代表的個案對此點略作說明。康海在「叔父第四府君墓志銘」中記載了他的四叔康鑾對一個待高價而售貨的商人的批評。康海引他叔父的話並加以論斷曰：

> 「彼不知賈道也。俟直而後賈，此庸賈求不失也，可終歲不成一賈。凡吾所為，歲可十數賈，息固可十數倍矣。」故長安人言善賈者，皆曰康季父云。（〔康對山集〕卷三九）

這裏「賈道」兩字是建立在「工具理性」的觀點之上的，故「善賈」之「善」卽是「工欲善其事」之「善」，在道德上原是中立的。這種「賈道」便是多做幾次生意，每次少賺一點，不必等到高價才脫手。但從另一角度看，此道又是合乎道德的。魏禧「三原申翁墓表」說申文彩：

> 業鹽筴，得廉賈五利之術，家以大昌。（〔魏叔子文集〕卷十八）

「廉賈」語出〔史記〕「貨殖列傳」：「貪賈三之，廉賈五之」。宮崎市定對這兩句話有新解，認爲是「貪賈」只跑三回生意，「廉賈」則跑五回[164]。其說若可信，則薄利多銷的原則早已出現，不過到明淸才大行其道。但「廉」字則有道德涵義。汪道昆「明處士江次公墓誌銘」記江氏戒其子之言曰：

---

163 *The Protestant Ethic*, p. 68.

164 宮崎市定「貪賈と廉賈」，收在〔アジア史研究〕第四，頁四九六—九七。寺田隆信〔山西商人〕也已論及此點，見頁二九〇。

且耕者什一，賈之廉者亦什一，賈何負於耕？古人病不廉，非病賈也。（「太函集」卷四五）

所以，儒家的知識和道德在「廉賈」的身上又獲得了統一。上一節所引金汝翔爲舅父席氏作「夥計」，大獲信任。汪琬「觀濤翁墓誌銘」續云：

翁善治生，他賈好稽市物以俟騰踴，翁輒平價出之，轉輸廢居，務無留貨而已。以故他賈每致折閱，而翁恒擅其利。（「堯峯文鈔」卷十六）

這是以薄利多銷而獲成功的典型例證。再舉一個十八世紀的書賈陶正祥（一七三二—一九七）之例。孫淵如「清故封修職郎兩浙鹽課大使陶君正祥墓碣銘」說他：

與人貿易書，不沾沾計利所得。書若值百金者，自以十金得之，止售十餘金。自得之若十金者，售亦取餘。其存之久者，則多取餘。曰：「吾求贏餘以糊口耳。己好利，亦使購書者獲其利。人之欲利，誰不如我？我專利而物滯不行，猶爲失利也。」以是售書甚獲利。……當是時，都門售書畫有王某，售舊瓷什器有顧某，意見悉如君，皆盛行於時。（「五松園文稿」收在四部叢刊「孫淵如詩文集」內）

這位書賈能對「薄利多銷」發揮出一番大道理，正見其深入理性化的「賈道」。同時尚有王某、顧某也不謀而合，尤足爲「賈道」盛行之證。

明清商人的高度理性化使他們能轉化許多傳統的文化資源爲經營企業的手段。前面我們已討論了他們怎樣在親族的基址上發展了「伙計」制度。現在再看下面的例子。錢泳「履園叢話」卷二四「雜記下」云：

蘇州皋橋西偏有孫春陽南貨鋪，天下聞名。鋪中之物亦貢上用。案春陽，寧波人，明萬曆中，年甫弱冠，應童子試不售，遂棄舉子業，為貿遷之術。始來吳門，開一小鋪，在今吳趨坊北口。……其為鋪也，如州縣署，亦有六房，曰南北貨房、海貨房、醃臘房、醬貨房、蜜餞房、蠟燭房。售者由櫃上給錢，取一票，自往各房發貨，而管總者掌其綱，一日一小結，一年一大結。自明至今已二百三四十年……其店規之嚴，選製之精，合郡無有也。

這簡直是現代百貨商店的經營方式了。但最值得注意的則是孫春陽竟能把州縣衙門的「六房」制度轉化爲經營南貨鋪之用。這種化腐朽爲神奇的本領當然是來自他的「棄儒就賈」的背景了。明清「賈道」的理性化也帶來了新的競爭方式。十九世紀上葉許仲元〔三異筆談〕卷三「布利」條記：

新安汪氏設益美字號于吳閶，巧為居奇，密囑衣工，有以本號機頭繳者，給銀二分。縫人貪得小利，遂群譽布美，用者競市，計一年消布約以百萬匹，論匹贏利百文，如派機頭多二萬兩，而增息二十萬貫矣。十年富甲諸商，而布更遍行天下。嗣汪以宦游輟業，屬其戚程，程後復歸于汪。二百年間，滇南漠北，無地不以益美為美也。

傅衣凌引此條，認爲這是類似資本主義的「自由競爭」，大致是不錯的[165]。益美布號憑布頭的商

165 傅衣凌，〔明代江南市民經濟試探〕（上海：人民出版社，一九五七）頁一三〇。按：寺田隆信指出益美名號是織入布匹上的「商標」，這是對的。他並疑心這段文字中的數字可能有誤。見「蘇、松地方に於ける都市の棉業商人について」，〔史林〕四一卷六號（一九五八年十一月），頁六六—六七。

標給銀二分即是西方的rebate，所不同者，似乎是給縫衣匠，而非直接還給顧客而已。這種廣告方式顯然也是當時「賈道」的一種新發展。

六、結語

本篇關於十六—十八世紀商人的社會地位和意識形態的研究使我們看到這三百年間中國社會史和思想史都發生了很深刻的變化。從社會史的角度看，商人的「睦婣任卹之風」已使他們取代了一大部分以前屬於「士大夫」的功能（如編寫族譜、修建宗祠、書院、寺廟、道路、橋梁等）。商人社會功能的日益重要也反映在政府對他們態度上。清代政府不但對商人的控制已較為放鬆[166]，而且態度也較為尊重。故至晚在十九世紀以後，政府的公文告示中已紳、商並提；在商業發達的地區，「商」有時尚在「紳」之前。例如麟慶（一七九一—一八四六）自述他一八二三年任徽州知府事，曾說：

> 余抵任後……即出示嚴禁棚民開墾山田；勸諭商、紳，疏通河道，以妨壅遏[167]。（《鴻雪因緣圖記》第一集下冊「昉溪迎母」）

166 詳見 Lien-sheng Yang, "Government Control of Urban Merchants in Traditional China" 一文。

167 光緒六年夏四月上海點石齋二次石印本（初刊於一八三九年）。這條材料是陳淑平告訴我的，附此誌謝。「紳商」一名究竟是混合詞還是分指紳與商，似乎尚可討論。但由麟慶所用「商紳」可知應指兩類人，正如《士商要覽》是指「士」與「商」一樣。江蘇巡撫費淳在嘉慶二年（一七九七）所立〈重浚蘇州城河記〉中有「于是郡中紳士商民，輸金麕至」一語，（見《明清蘇州工商業碑刻集》，頁三〇六）這四個字顯然分指兩類人，不是一個複合詞。此碑立於十八世紀之末，是我所見到最早的一例，後來的「紳商」應即是「紳士商民」的簡化。

這當然是因爲徽州商人的財力特別雄厚之故。士大夫對商人的改容相向也是一個極不尋常的社會變化。十六世紀以後著名文士學人的文集中充滿了商人的墓誌銘、傳記、壽序。以明、清與唐、宋、元的文集、筆記等相比較，這個差異是極其顯著的。這是長期的「士商相雜」的結果。本篇所引的李夢陽、康海、汪道昆，以迄清代的許多作者，或出身商賈之家，或與商賈有姻親，或與之相交遊。因此他們不但記述了商人的活動，而且有意無意之間爲他們的利益說話。這正如十九世紀不少美國牧師和作家爲資本主義、自由經濟作辯護一樣；這些人也都是工商企業家的子弟、親戚、或朋友[168]。

從思想史的觀點看，新變化也極爲可觀。儒家的新四民說以及理欲論和公私觀上的新論點不過是其中一小部份而已。最可注意的是商人自己的意識形態的出現。在明代以前，我們幾乎看不到商人的觀點，所見到的都是士大夫的看法。但是在明清士大夫的作品中，商人的意識形態已浮現出來了，商人自己的話被大量地引用在這些文字之中。如果全面而有系統地加以爬搜，其收穫必極爲豐富。更值得指出的是：由於「士商相雜」，有些士大夫（特別如汪道昆）根本已改從商人的觀點來看世界了。明、清的「商業書」雖是爲實用的目的而編寫，其中也保存了不少商人的意識形態，那更是直接的史料了。 我們尤應重視商人的社會自覺。他們已自覺「賈道」即是「

168 此見 I. G. Wyllie, *The Self-made Man in America: the Myth of Rags to Riches* (1954)。這是根據韋伯「新教倫理」說研究美國商人的一部社會學專論。參考 Samuelsson, *Religion and Economic Action*, pp. 67-68 對此書的討論。

道」的一部份。商賈「雖與時逐，而錯行如四時；時作時長，時斂時藏。其與天道，蓋冥合也。」（〈太函集〉卷十六「兗山汪長公六十壽序」）因此他們自然也可以「創業垂統」。一般的商人固然是「孳孳爲利」，正如一般的士人也是爲「利祿」而讀書一樣。但其中也有一些「幼有大志」的商人具有超越性的「創業」動機。他們同樣重視自己的「名」、「德」或「功業」。在中國自古相傳的「三不朽」中，他們至少可以希望在「立功」和「立德」兩項上一顯身手。

商人恰好置身於上層文化和通俗文化的接筍之處，因此從他們的言行中我們比較容易看清儒、釋、道三敎究竟是怎樣發生影響的，又發生了什麼樣的影響。現在一般研究中國思想史的人有兩極化的傾向：或者偏向「純哲學」的領域，或者偏向「造反宗敎」。這是有意或無意地把西方的模式硬套在中國史的格局上面。在這兩極之間，還有一大片重要的中間地區仍是史學研究上的空白。商人的意識形態在這一中間地區實佔有樞紐性的地位。思想自然並不是一切，但人的活動則未有不受思想支配的。商人也不可能是例外。韋伯關於新敎倫理與資本主義的論旨也許強調得過頭了；他對於中國宗敎的論斷更缺乏事實的支持。但是他所提出的問題卻是很有意義的。本篇的主旨之一便是要發掘出明清商人的精神憑藉何在。他們在經營上的成功當然有賴於許多客觀的因素，這是現代社會經濟史家熱烈討論的對象。本篇則取「人棄我取」、「相輔相成」之意，希望找出商人究竟是怎樣巧妙地運用中國傳統中的某些文化因素來發展「賈道」的。整個地說，他們確能「推陳出新」。我們決不能因爲他們依附了某些舊形式而忽視其中所含蘊的新創造，前面所論及的「伙計」制便是一個顯例。

我們也決不能誇張明清商人的歷史作用。他們雖已走近傳統的邊緣，但畢竟未曾突破傳統。他們所遭到的主要阻力是什麼呢？這個問題必須另有專文研究，此處無法全面討論。但是我們願意提出一點來略加闡明。

韋伯研究西方古代的經濟發展，曾提出一個看法，即自由商業在「共和城邦」中易於發展，在君主專政的官僚制度下則常遭扼殺，因爲後者以「政治安定」(political stability) 爲主要目標[169]。這一論點所蘊涵的前提是政治結構有時也可以對經濟形態發生決定性的作用。這個看法似乎能夠部份地解釋明清商人的困境。有些學者已注意到明清的「君主獨裁」[170]或「國家與官僚」[171]對商人的影響。以鹽商爲例，他們一方面固受君主專制下官僚體系的保護，但另一方面這個體系又構成他們發展的終極限制。如所週知，明清商人有下賈、中賈、大賈的分化。一旦到了大賈的地位，他們每年對政府便要有種種「捐輸」，至於貪官污吏的非法榨取則更不在話下。鹽商誠然表現了濃厚的政治興趣，如捐官、交結公卿權貴、附庸風雅等都是明證。但這些祇是表面現象；分析到最後，他們的政治投資還是爲了保護自己的商業利益。前面已引李夢陽語，揚州鹽商的「奢」如畜聲樂、妓妾、珍物等只爲了「援結諸豪貴，藉其庇蔭」。一般中賈也同樣受政府

169 見 Guenther Roth, "Introduction", in Max Weber, *Economy and Society* (Guenther Roth 和 Claus Wittich合編，University of California Press, 1978), p. LIV,

170 見佐伯富，〔中國史研究〕第二，頁六一—七四。

171 見藤井宏，前引文（四），第六節，頁一一五—三二。

和官僚的牽累。十九世紀甘肅省的「發商生息」便最爲病民之政。有些州縣官甚至將發商本銀一概吞沒，以致承領各商只好逃亡[172]。小賈的命運也同樣可悲。明末《士商要覽》卷三「買賣機關」中有一條爲「是官當敬」。其下註曰：

> 官無大小，皆受朝廷一命，權可制人，不可因其秩卑，放肆侮慢。苟或觸犯，雖不能榮人，亦足以辱人，倘受其叱撻，又將何以洗恥哉！凡見官長，須起立引避，蓋嘗為卑為降，實吾民之職分也[173]。

試看專制的官僚系統有如天羅地網，豈是商人的力量所能突破？「良賈」固然不負於「閎儒」，但在官僚體制之前，卻是一籌莫展了。

本篇既是思想史的研究，還是讓我們引幾位清代思想家的話來結束本文吧！顧炎武（一六一三—一六八二）「郡縣論」說：

> 天下之人各懷其家，各私其子，其常情也。為天子為百姓之心，必不如其自為，此在三

---

172 張集馨，《道咸宦海見聞錄》（北京：中華書局，一九八一），頁一二三—二五；一二六—二七。

173 引文見寺田隆信《山西商人》，頁三二〇。關於明清官僚系統對商人的干擾，《明清蘇州工商業碑刻集》提供了許多實例。其中如各種行業的「承值當官」（如〇一四、〇三九、〇四二、〇四八、〇六九、〇七四、〇七五、二五四等號碑文），如官府的「白取」、「借辦」甚至分文不償（〇七一、一二〇、一二七等號），如官方牙行的刁難、竊取、濫抽牙用錢等（〇一一、一五七、一六一等號）都是官方最常見的弊端。而這一切搔擾幾乎都和地方政府中的胥吏有關。關於牙行、胥吏等問題，參看吳奇衍「清代前期牙行制試述」（《清史論叢》第六輯，一九八五年六月，頁二六—五二）及任道斌「清代嘉興地區胥吏衙蠹在經濟方面的罪惡活動」（同上，頁一二三—三四）。

代以上已然矣。(〔亭林文集〕卷之一)

戴震「汪氏捐立學田碑」有云：

凡事之經紀於官府，恒不若各自經紀之責專而為利實。(〔戴震文集〕卷十二)

沈垚「謝府君家傳」之末論曰：

與造本有司之責，以束于例而不克堅。責不及民，而好義者往往助官徇民之意。蓋任其責者不能善其事；善其事者每在非責所及之人。後世之事大率如此。此富民所以為貧民之依賴，而保富所以為周禮荒政之一也。(〔落帆樓文集〕卷六「外集二」)

這三位思想家所討論的都是關於政府控制和人民自治之間的利害得失的問題。顧炎武的話是原則性的通論，戴震和沈垚則分別針對富商立學田和修橋樑之事而發議，但三人的見解竟不謀而合。從本文所研究的時代背景着眼，這是特別足以發人深省的。

一九八五年十一月廿一日於美國康州之橋鄉

附錄：韋伯觀點與「儒家倫理」序說

最近幾年來，中外學人因爲注意到東亞經濟發展的特殊現象，重新對韋伯的「新教倫理」問題發生了深刻的興趣。日本、中華民國、南韓、新加坡、香港等地區都在現代企業精神方面有突出的表現。因此有人提出了東方的「儒家倫理」是否有助於資本主義發展的問題。

這個問題的提出對於韋伯的原始理論而言具有兩方面的意義：一是繼承與引申，一是批判與駁正。韋伯認爲現代西方資本主義的精神可以在喀爾文教派的神學思想中找到某些根據。韋伯特別以英國清教徒爲例來建立他的論點。這便給現代資本主義的興起增加了一項文化的解釋。與馬克思的唯物史觀相較，韋伯的理論顯然更爲深刻、更爲細緻。今天企圖在儒家倫理和東亞經濟發展之間尋求因果關係的學人正是繼承並引申了韋伯的歷史假設。

但是另一方面，根據韋伯的原始理論，西方近代資本主義的發展只和清教倫理有關。不但正統的天主教與工商業的精神背道而馳，甚至新教的路德派也仍然在經濟問題上保持着傳統的偏見。至於東方的宗教，如中國的儒、道兩家，則與現代資本主義的精神更是格格不入了。從這一角度來看，今天西方若干學人企圖在儒家倫理中尋找東亞經濟發展的精神因子顯然又是對韋伯的說法有所批判與駁正。今天上距韋伯理論的正式提出已八十年之久，西方人對東方文化（特別是日本和中國）的認識已遠非韋伯當年所能及。韋伯對文化的比較研究乃採用「觀其大略」、「識其大體」的途徑。（此卽所謂「ideal type」）但是他的結論還是建築在經驗知識的基礎之上。經驗知識擴大了、進步了，舊的論點自然不能不受到修正甚至完全拋棄。所以現代學人對韋伯的駁正並不違背韋伯的基本精神。如果韋伯活在今天，他自己也必然會根據新的經驗知識來重新調整他的理論的。

以今天的歷史知識的水平來衡量，韋伯在〈中國宗教〉一書中關於儒家、道家的理解可以說基本上是錯誤的和片面的，儘管他從比較文化史的觀點所獲得的某些觀察仍不失其啓發性。韋伯所根據的儒道經典不出〈論語〉、〈孟子〉、〈老子〉等少數譯本；他的中國史的知識也大體限於〈通鑑綱目〉的法譯本以及早期傳教士與漢學家的作品。因此他不但不辨儒、道兩家有先秦與後世之異，更不知中國思想也有上層經典著作與下層通俗觀念之別。所以現在便有人（如Peter L. Berger）以爲影響東方人經濟行爲的「宗教倫理」可能出於通俗思想的層次。這一推測至少比韋伯向前跨出了一步。

韋伯的理論及其所引起的許多爭論，近來中國學人已多有論述，此處一概從略。不過我首先願意指出一點，卽新敎倫理與資本主義精神之間究竟存在着何種關係，甚至是不是一定有關係，卽使在西方史學界也還不能說已獲得一致的定論。至於這一假設究竟能不能適用於東亞，特別是日本和中國，在今天更是一個未決的問題。一般而論，現代學人對韋伯的理論依然保持着相當高度的興趣。這一事實至少說明，韋伯所提出的問題還是有其意義的。

但是到現在爲止，我所看到關於儒家倫理和華人地區經濟發展的討論主要都是一些推測之辭。關於日本方面，就我所知，貝拉(Robert Bellah)的〔德川宗教〕(*Tokugawa Religion*)至少是一部以經驗知識爲基礎的社會學專著。無論是接受或否定韋伯的理論，我們最後都不能不訴諸經驗性的證據，而不宜長期停留在理論爭辯的階段。所以我們現在已面臨一個新的階段，卽史學家和社會學家必須根據經驗事實來重新建構問題，以進行各種專題的研究。

我說「重新建構問題」，其涵義是仍然假定韋伯的中心理論涵有某些普遍性的成份，但不必拘執於他關於新敎倫理所提出的種種具體的問題。理由很簡單：不但中西文化之間具有基本性的差異，而且西方自宗敎革命以來的歷史經驗和中國自明淸以來的歷史經驗尤其不能相提並論。如果我們把韋伯的原始理論看作一套絕對性的敎條，因而認定其中每一個構成的環節——如上帝選民的前定論(predestination)及由此而產生的心理緊張之類——都是資本主義所不可或缺的精神因子，那麼這個問題便根本不可能和中國史研究發生任何關係。事實上我們都知道，喀爾文敎派的上帝觀和社會觀都是獨一無二並且自成一系的。所以祇有略其枝節，韋伯的理論才可能在中國思想史和社會史的研究上發生某種程度的關聯。

如果我們要在中國史的研究上提出韋伯式的問題，我們的提法便必須根據中國獨特的歷史經驗而另行設計。因此像「西方現代式的資本主義爲什麼在中國史上遲遲不能出現?」或「儒家倫理對於今天資本主義在東亞的發展究竟是一種助力還是一種障礙?」這一類的問題都是不太恰當的。這樣的問題多少是建立在一個未經檢驗的假定之上，即西方現代式的資本主義是每一個社會所必經的歷史階段。

過去三十多年來，中國大陸的史學界曾廣泛地展開了「資本主義萌芽問題」的討論。但是這一討論雖產生了數不清的論文和專著，卻始終沒有獲得大家共同接受的結論，唯一的副收穫是發掘出不少以前未受注意的有關明清工商業發展的史料。大陸史學界在這次討論中之所以勞而無功，正是由於誤認西方式的現代資本主義的出現是歷史的必然，把西方的特殊歷史經驗當作人類社會發展的普遍規律。

「資本主義」有種種不同的涵義，如果我們把它理解爲一般的商業資本主義，那麼無論是在古代中國、印度或巴比倫，它都早已出現了。但是韋伯所特指的是現代歐洲和美洲所發展出來的工業資本主義。「新教倫理」正是爲這一特殊型態的資本主義提供了精神上的支持。這一點韋伯在他的原著中（見 "*The Protestant Ethic and the Spirit of Capitalism*" 頁五二及註六）交代得非常清楚。依據他的理論，新教倫理只是這一特殊資本主義的精神層面的必需條件，既非充足條件，更非唯一的根據。而且這一精神因子之發揮作用也僅僅限於現代資本主義剛剛興起的那個階段。等到資本主義經營所帶來的巨大利益已爲人人所共知時，宗教的動機便已退居無足輕重的地位了（參看韋伯原著頁七〇所論）。

稍後英國經濟史家陶奈（R. H. Tawney）出版了〔宗教與資本主義的興起〕（*Religion and the Rise of Capitalism*）一部名著。其書雖大體以韋伯的理論爲出發點，但在細節方面也頗有修正。特別值得注意的是：陶奈在一條長註中曾著重地指出，十六、七世紀荷蘭和英國的資本主義的發展，其最重要的因素不是宗教而是經濟活動，尤其是美洲的發現。（見一九三七年版第四章，注三二，頁三一一—三。）但是美洲的發現在人類史上祇能出現一次，這就更不是西方以外的社會所必經的歷史階段了。

此外如科學和技術的背景也是現代資本主義的重要憑藉。這又與西方文化對待自然的基本態度和觀點有關，其遠源甚至可以上溯至古代希臘。

以上的簡略分析是要說明現代西方資本主義的興起具有非常複雜的歷史背景，其中有偶然的因素，也有必然的因素。但無論是偶然還是必然，都是內在於西方文化而成立的。迄今爲止，我們還沒有在中國史上找到這些特殊因素的明顯痕跡。如果西方的力量沒有東來，依照中國社會原有的發展趨勢來看，我們並沒有充足的理由可以斷定這種特殊形態的資本主義已經或即將在中國「萌芽」。

資本主義今天在東亞地區的發展顯然是直接從西方移植過來的。根據上述韋伯之說，東亞商人只要有強烈的經濟動機，便自然會走上西方企業經營的道路。宗教動機在此是無足輕重的。因此，我們決不能機械地套用韋伯的理論，貿然提出儒家倫理與東亞近幾十年資本主義的興起有什麼關係這樣的問題。因爲嚴格地說，這個問題的存在尚有待證實。我們眞正要追問的是下面這一系列的問題：西方資本主義在東亞移植的成功，除了一般經濟的和制度的背景之外，還有沒有文化的因素？如果答案是肯定的，那麼這個文化因素是不是卽可歸結到儒家倫理？如果這一答案又是肯定的，那麼究竟儒家倫理中的那些具體的成份與現代的經濟發展有彼此配合、互相誘發的功用？中國的宗教狀態與西方截然不同，一般人對儒、釋、道三教往往兼容並包。而三教之間也互相影響，不像西方宗教（包括同一教內之各派）那樣壁壘分明，並要求教徒毫無保留的全部信奉。在這種情形下，所謂「儒家倫理」又是不是純粹地來自儒家？佛教與道教在所謂「儒家倫理」的形成過程中有沒有發生過作用？其作用又屬何種性質？依韋伯之說，西方清教徒在彼世與此世之間，內心感到無比的緊張與焦慮。但這是「外在超越」型的西方文化所特有的心理狀態。中國文化則屬於「內在超越」的一型，其此世與彼世之間的關係與西方大異。（關於「外在超越」和「內在超越」的分別，請參看我的〈從價值系統看中國文化的現代意義〉）。韋伯認爲中國人專重「和諧」，似乎沒有什麼緊張與焦慮，顯然是受了「外在超越」觀點的限制。以當時西方對中國文化的認識而言，韋伯是不太可能克服這一限制的。因此，他誤以爲中國人生活在一個世界之中，而看不見中國人是處在「不卽不離」的兩個世界之間的。（這一限制今天仍爲李約瑟所繼承。）中國人旣同樣有兩個世界，（用王陽明的話說，卽「不離日用常行外，直造先天未畫前」）那麼他們的內心中存不存着緊張和焦慮？這種緊張和焦慮又表現爲何種方式？

以上我僅就一時思慮所及，提出了一連串有關中國傳統倫理的韋伯式（Weberian）的問題。（這一類的問題當然還可以續有增添。）這些問題都不是容易獲得確定的解答的。在這些問題仍然懸而未決的今天，我們不能輕率地對儒家倫理與東亞經濟發展之間的關係下任何斷語。

如果用常識的語言來簡化上面這些問題，我們也可以總括成以下一點，即三十多年來東亞的華人社會究竟憑藉着那些精神傳統才能成功地把資本主義移植了過來？這是我們所要追尋的最原始、同時也是最基本的問題。至於資本主義在東亞所表現的形態是否與西方不同？如有不同，其原因又何在？這些問題都必須在上述的基本問題初步澄清之後才能找到解答的線索。

從歷史角度來看，在我們對三十多年來東亞經濟發展的文化基礎進行系統的研究之前，我們最好能先對中國傳統的商業發展和商人倫理有一個大體的認識。換言之，我們必須先弄清楚本土的商業傳統，然後才能進一步討論西方影響下的現代轉化。

上文已指出，大陸史學界曾爲「資本主義萌芽問題」發掘了不少有關中國商業發展的資料。這些資料雖不能解答大陸史學家所提出的問題（因爲他們所提出的問題是不恰當的），但卻頗有助於我們的研究工作。此外日本學者也先後研究過明清時代的中國商人；其中且有人偶然觸及韋伯式的問題，不過由於研究的焦點不同，未加深究而已。但中日這些大量的專題討論已爲今後「儒家倫理」的研究提供了一些重要的線索。我個人相信，如果我們根據新的概念建構，全面地掌握有關史料，繼續不斷地追尋下去，「儒家倫理」這一富有意義的歷史命題終有獲得澈底澄清的一天。

一九八五年六月十八日於臺北旅次

士商互動與儒學轉向

——明清社會史與思想史之一面相

引言

自十五、六世紀以來，中國社會開始了一個長期的變動歷程。由於變動是在日積月累中逐步深化起來的，當時身在其中的人往往習而不察，後世史家也不免視若無睹。尤其是十九世紀中葉以後，這一內在的漸變和西方文化入侵所激起的劇變匯合了，前者因此也淹沒在後者的洪流之中，更不易引起現代人的注意。李鴻章說鴉片戰爭以後，中國面臨著「三千年未有之變局」。這自然是一個無可爭議的事實。但是我們如果眞想對這一個半世紀的中國「變局」有深入的歷史理解，那麼明清時期的內在漸變便必須儘早提到史學研究的日程上來。據我所見，這一內在漸變雖爲近代的劇變所掩，卻並未消逝。相反地，在李鴻章所說的「變局」開始展現的早期，它曾在暗中發生了導向的作用。換句話說，近代中國的「變局」決不能看作是完全由西方入侵所單獨造成的，我們毋寧更應該注意中國在面對西方時所表現的主動性。從思想史上看，淸末民初出現了一批求變求新的儒家知識人，他們在西方的價值和觀念方面作出了明確的選擇。但這些選擇並不是任意性的；明淸儒學的新動向在很大的程度上決定了他們的選擇。這是明淸以來中國的內在漸變在近代繼續發揮影響力的顯證。

從明清的內在漸變與近代的「變局」之間的關係著眼，歷史向我們提出了「通古今之變」的新要求。在這一要求之下，我們必須重新挖掘十六世紀以下的社會史和思想史。現代史學家在這兩方面的研究都很不少，但大體言之，在概念上有兩個主要傾向：一是把明清史看作中國傳統或帝國時代（“traditional”or“imperial”age）的最後階段，因此與十九世紀中葉以後的「近代」不相連貫；中國的歷史傳統由於西方文化的入侵而斷裂了。另一傾向則是將明清的社會變遷套進馬克思主義的歷史公式之中，因此而產生了所謂「資本主義萌芽」的說法。但是根據此說，「萌芽」始終未能「成長」，近代中國的「資本主義」最後還是從西方移植過來的。明清的一點點「萌芽」到了近代便像一股細水流入江河一樣，沒有多大的作用可言了。

這裡毋須對以上兩種歷史觀點作任何評論；而且我們也必須承認：在這兩種觀點指導下的明清史研究至少有發掘了大量史料和提出了許多新問題的功績。但是由於在概念上過分強調了「傳統」與「近代」之間的斷裂，一般地說，這些研究還不足以充分承擔「通古今之變」的史學任務。所以我們今天有必要去開闢新的視野，重新檢討明清社會史與政治史，並追尋明清漸變與現代劇變之間的內在關聯。在〈現代儒學的回顧與展望〉中，我的注意力側重在儒家如何開拓民間社會的一方面；在歷史背景的方面，我則特別強調明代專制皇權的惡化怎樣促成了儒家的異化。本文擬更進一層，從社會變動的背景著眼，觀察儒家價值意識和思想的轉向。所以這兩篇研究所涉及的範圍和史料雖然完全不同，但基本旨趣則是一致的[1]。

十五、十六世紀儒學的移形轉步是一個十分複雜的歷史現象。大體言之，這是儒學的內在動力和社會、政治的變動交互影響的結果。以外緣的影響而論，特別值得注意的是「棄儒就賈」的社會運動和專制皇權惡化所造成的政治僵局。這二者又是互相聯繫的：前者以財富開拓了民間社會，因而爲儒家的社會活動創造了新的條件；後者則杜塞了儒家欲憑藉朝廷以改革政治的舊途徑。這兩種力量，一迎一拒，儒學的轉向遂成定局。以下試就新獲史料提出幾點具體的論證。讀者儻取與《中國近世宗教倫理與商人精神》與〈現代儒學的回顧與展望〉一併讀之，則更可了解本文的宗旨所在。

1 「資本主義萌芽」說不但是硬套馬克思主義的歷史公式，而且是直接爲毛澤東的話作注釋。毛在一九三九年所寫〈中國革命和中國共產黨〉一文中說：「中國的封建社會繼續了三千年左右。直到十九世紀中葉，由於外國資本主義的侵入，這個社會的內部才發生了重大的變化。中國封建社會內商品經濟的發展，已孕育著資本主義的萌芽，如果沒有外國資本主義的影響，中國也將緩慢地發展到資本主義社會。」（見《毛澤東選集》，北京：一九六九，第二卷，頁五八九）近幾十年來中國大陸史學家關於明清「資本主義萌芽」的研究都是爲了要證明毛的這一段話是正確的。「萌芽說」在今天大陸史學界仍然流行，但其說在理論上不能成立，國外早在一九五〇年代便已有駁論。參看Albert Feuerwerker, "From Feudalism to Capitalism", *Journal of Asian Studies*, 18（1958）。毛並不是史學家，他的說法最初也是從左派史學界拾來的。但一九四九年以後，這一說法已取得「欽定」的地位，正如清代康、雍、乾三帝的「欽定程、朱」一樣，它已不再是一個普通的史學假說了。拙著〈現代儒學的回顧與展望〉，原刊於《中國文化》第十一期（一九九五年七月），現已收入《現代儒學論》（River Edge, NJ：八方文化企業公司，一九九六）。

一、科舉名額與「棄儒就賈」

「棄儒就賈」作爲一個普遍性的社會運動首先與人口的成長有關。我在《商人精神》一書中曾指出，明代科舉名額——包括貢生、舉人和進士——並未與人口相應而增加，士人獲得功名的機會於是越來越小[2]。十六世紀時已流行著一種說法：

士而成功也十之一，賈而成功也十之九[3]。

這當然不是精確的數據，但它在社會心理上所產生的衝擊力則甚大，足以激勵不少士人放棄舉業，獻身商業。據人口史研究的大略估計，十四世紀末中國人口約爲六千五百萬，至一六〇〇年時則已在一億五千萬左右，增長了一倍多[4]。所以我們可以假設「棄儒就賈」與科舉名額的限制有關。但是如果要進一步證實這一假設，我們還必須找到直接的證據，進一步證明科舉名額確

2 拙著，《中國近世宗教倫理與商人精神》（台北：聯經，一九八七），頁一一七。這三項名額雖時有增減，但變動的幅度不大，與人口增加不成比例。見《明史》（中華書局標點本）冊六，頁一六八一及一六九七。

3 《豐南志》第五冊〈百歲翁狀〉，引自張海鵬、王廷元主編《明清徽商資料選編》（合肥：黃山書社，一九八五），頁二五一。

4 見 Ping–ti Ho, *Studies on the Population of China, 1368–1953*（Cambridge, MA：Harvard University Press, 1959），p.264.

已應付不了士人數量的不斷增長。因爲這既是一個嚴重的政治、社會問題，當時的人似不可能完全視若無睹。最近遍檢十六世紀有關文集，果然發現了下面兩條重要的材料。

文徵明（一四七〇—一五五九）〈三學上陸冢宰書〉云：

開國百有五十年，承平日久，人材日多，生徒日盛，學校廩增正額之外，所謂附學者不啻數倍。此皆選自有司，非通經能文者不與。雖有一二倖進，然亦鮮矣。略以吾蘇一郡八州縣言之，大約千有五百人。合三年所貢不及二十，鄉試所舉不及三十。以千五百人之衆，歷二年之久，合科貢兩途，而所拔才五十人。夫以往時人材鮮少，隘額舉之而有餘，顧寬其額。祖宗之意誠不欲以此塞進賢之路也。及今人材衆多，寬額舉之而不足，而又隘焉，幾何而不至於沉滯也。故有食廩三十年不得充貢，增附二十年不得升補者。其人豈皆庸劣駑下，不堪教養者哉！顧使白首青衫，羈窮潦倒，退無營業，進靡階梯，老死牖下，志業兩負，豈不誠可痛念哉！比聞侍從交章論列，而當道竟格不行。豈非以不材者或得緣此倖進，而重於變例乎？殊不知此例自是祖宗舊制，而拔十得五亦古人有所不廢。豈可以一人之故，併餘人而棄之[5]。

5 見《甫田集》（文淵閣四庫全書影印本）卷二五，頁四—五。

陸冢宰是陸完，據《明史．七卿年表二》，他任吏部尚書在正德十年至十五年（一五一五—二〇）。又據開頭幾句賀語，知此書作於陸完初接任時，即一五一五年。文徵明所討論的是蘇州地區的生員名額和貢、舉兩途三年總數之間的比例。以一千五百名生員，三年之間只有五十人可以成爲貢生或舉人，則每一生員在三年之中只有三十分之一的成功率。可見「士而成也十之一」估計是太保守了。此書中有兩點應該特別解釋一下。第一、「學校廩增正額之外，所謂附學者不啻數倍」這句話最能說明士的人口激增。《明史》卷六十九〈選舉志一〉云：

> 生員雖定數於國初，未幾即命增廣，不拘額數。宣德（一四二五—三四）中定增廣之額。……增廣既多，於是初設食廩者謂之廩膳生員，增廣者謂之增廣生員。及其既久，人才愈多，又於額外增取，附於諸生之末，謂之附學生員[6]。

現在蘇州地區的生員，附學者已比廩、增兩項正額多出了好幾倍，足見士的人口增加之速。這也間接地反映了明代人口總額的大幅度上升。至於尚未成生員的士人，其數量自然更大得驚人，不過我們已無從估計了。第二、文徵明在此書中所要求的是增加貢生的名額。書中又有「比聞侍從交章論列，而當道竟格不行」之語，則當時朝廷上主張增貢額的大有其人，並不是文徵明一個人的主張。

6 《明史》標點本，册六，頁一六八六—七。

與文徵明同時的韓邦奇（一四七九—一五五六）也關心貢生長期沉滯、老死牖下的問題。他指出縣令是最重要的治民官，而明代縣令則分出於進士與舉貢二途。前者因往往少年得志，爲前途計，初出治民較能盡心；後者則垂老始得一官，「日暮途遠，必爲私家之計。」爲了老百姓著想，他主張大增舉人、進士的名額，以解決舉貢一途的過度壅塞。因此他說：

> 歲貢雖二十補廩，五十方得貢出，六十以上方得選官，前程能有幾何？不有以變通之，如天下斯民何！莫若多取進士，每科千名，鄉試量其地方加之，或三之一，或四之一，或五之一。庶乎無偏無黨，而治可成矣[7]。

可見他和文徵明所關注的同是當時科舉制度已無法容納士的人口激增的問題，不過他的解決方案與文徵明不同而已。根據這兩條史料，人口倍增與「棄儒就賈」之間的因果關聯便完全成立了[8]。

---

7 韓邦奇，《苑洛集》（四庫影印本）卷一九〈見聞考隨錄〉二，頁五。

8 據《明史．選舉志一》嘉靖十年（一五三一）和萬曆張居正當國時期（一五七三—八二），朝廷兩度下令「沙汰」或「核減」生員（第六册，頁一六八七）。這也反映了士人數量快速成長的事實。人口成長是一長期過程，大約自十五世紀中葉以後便在生員名額的不斷擴大中顯示了出來。「增廣生員」，尤其是「附學生員」的倍增最可注意。徐樹丕（卒於一六八三）《識小錄》（涵芬樓秘笈第一集，上海：商務印書館，一九二四）卷二〈沙汰生員〉條說明末生員「進者愈多，退者愈少。販夫俗子，皆列章縫」（頁一五），足見其中商人子弟之多。

「棄儒就賈」蔚成風氣以後，商人的隊伍自然隨之擴大了。限於史料，我們不可能對商人人口的增漲提出任何數據，甚至約略的估計也無從著手。從有關文獻出現的時代推斷，我們大致可以說，「棄儒就賈」在十六、十七世紀表現得最爲活躍，商人的人數也許在這個時期曾大量的上升。提及晚明的商人，我們首先想到的自然是徽商，其次則是山西商人。此外江蘇洞庭的商人也很有名，當時已有「鑽天洞庭遍地徽」的諺語[9]。其實十六世紀時商人在中國各地都顯出蓬勃的活力，張瀚（一五一一—九三）的〈商賈記〉便是明證[10]。由於商人的社會活動在當時特別引人注目，故晚明小說中往往以商人爲故事的主角，不但久已行世的《三言》、《二拍》如此，而且

9　此諺語見《今古奇聞》卷二，轉引自薛宗正，〈明代徽商及商業經營〉，收在《江淮論壇》編輯部編，《徽商研究論文集》（合肥：安徽人民出版社，一九八五），頁七六。關於這三地商人的研究，論著甚多。最有代表性的是藤井宏，〈新安商人の研究〉，連載於《東洋學報》第三十六卷第一至第四號（一九五三—五四）（中譯本見《徽商研究論文集》，頁一三一—二七二，有作者一九八三年的〈中譯本序言〉）；寺田隆信，《山西商人の研究》（京都：東洋史研究會，一九七二）；傅衣凌，〈明代江蘇洞庭商人〉，收在他的《明清時代商人及商業資本》（北京：人民出版社，一九五六）。

10　見《松窗夢語》卷四（北京：中華書局標點本，一九八五），頁八十—七。關於〈商賈記〉的研究，可看 Timothy Brook, "The Merchant Network in 16th Century China", *Journal of the Economic and Social History of the Orient*, Vol.XXIV, Part II (1981), pp.165－214.

最近重新發現的《型世言》也是如此[11]。這也可以看作是商人數量在此期內激增的一個折影。

「棄儒就賈」爲儒學轉向社會提供了一條重要渠道，其關鍵即在士和商的界線從此變得模糊了。一方面是儒生大批地參加了商人的行列，另一方面則是商人通過財富也可以跑進儒生的陣營。關於前一方面我們已認識得很清楚，不必再說。關於後一方面，我們所知較少，不妨略作補充。《型世言》第二十三回有一段話，寫得很生動：

> 一個秀才與貢生何等煩難？不料銀子作禍，一竅不通，纔丟去鋤頭匾挑，有了一百三十兩，便衣冠拜客，就是生員；身子還在那廂經商，有了六百，門前便高釘貢元扁額，扯上兩面大旗[12]。

小說家諷世之言，自不足據爲典要。但當時確有類似的現象，故說故事的人才能順手拈來，涉筆成趣（例證見後文）。我們不難想像，在十六、十七世紀之際，文徵明所說的超出生員正額

11 《型世言》共四十回，編者爲陸人龍，初刊大概在一六三一—三二。此書在中國久已失傳，韓國漢城大學奎章閣圖書館藏有孤本。法國科學研究中心陳慶浩先生在一九八七年發現了此本，並於一九九二年由台北中央研究院文哲研究所影印問世。詳見陳慶浩爲該書所撰〈導言〉。關於小說中的晚明商人，可看黃仁宇，〈從《三言》看晚明商人〉，香港中文大學，《中國文化研究所學報》，第七卷第一期（一九七四年十二月），頁一三三—五三。《型世言》中的商人故事，見第五、六、二十六諸回。按第六回寫徽商遇娶唐貴梅事是眞實故事，出自楊慎〈孝烈婦唐貴梅傳〉，李詡，《戒庵老人漫筆》卷四〈唐孝烈婦〉條曾節錄楊文。又第五、七、十二諸回也都有明代本事，斑斑可考。

12 《型世言》中冊，頁一〇二七。按：「衣」下一字漶漫不清，姑暫定爲「冠」字，但與文義無妨。

數倍的「附學生員」之中，已有商人子弟用一百三十兩買得的，甚至他所重視的「貢生」也已有商人用六百兩銀子從地方官手上活動得來的。《型世言》的描寫雖誇張卻不背史實，點出了當時商人進入士階層的一條最常用的途徑。在明、清文集中我們常常讀到商人背景的「太學生」或「國子生」的墓誌銘。這便是因爲貢生例入太學——國子監——爲監生的緣故。下面的例子可以說明這個問題。韓邦奇〈國子生西河趙子墓表〉云：

> 西河子諱瓘字汝完，姓趙氏，別號西河。……關內馮翊之朝邑、大慶關人也。未弱冠，入爲縣附學生，以朱子詩屢應秋試，補廩膳。甫五年朝廷用輔臣議，令天下郡縣選懷才抱德之士充歲貢。西河子應例上春官，遊國學，歷部事。天官考勤，籍入仕版，選期已居，而西河子死矣。……西河子之鄉，萬餘家皆習商賈，苦艱于息不益。西河子笑曰：何若是之艱哉！……世有無用之儒者哉！不數年起家數千金，而人莫窺其所自也[13]。

韓邦奇是這位西河子的業師，〈墓表〉未提及其先世，可證趙瓘原和其鄉人一樣，也是「習商賈」的，而且後來又以經商「起家數千金」。但是由於他已是監生的身分，故以「儒者」自居。

---

13 《苑洛集》卷七，頁五—六。按：《明史》卷六九〈選舉一〉說：「府、州、縣學諸生入國學者，乃可得官，不入者不能得也。入國學者，通謂之監生。舉人曰舉監，生員曰貢監，品官子弟曰蔭監，捐貲曰例監。同一貢監也，有歲貢，有恩貢，有納貢。」（第六冊，頁一六七五—六）《型世言》所說的也許是指「捐貲曰例監」或「納貢」。這種用錢買來的監生在當時是受輕視的。例如復社領袖張溥（一六〇二—四一），因爲同里的陸文聲「輸貲爲監生」，便拒絕他入社的請求。見《明史》卷二八八〈文苑五・張溥傳〉，冊二四，頁七四〇四。

從他的經歷看，他恰恰是先爲「附學生」，補上「廩膳生」，再「充歲貢」入國子監的。但我並不是暗示西河子取得「生員」的資格曾得力於一百三十兩銀子或他的「歲貢」是六百兩銀子買來的。他很可能是一個有才學的商人子弟，如他的老師在〈墓表〉中所敘述的。我舉此例不過是爲了證明十六世紀的商人子弟確有從「附學生員」到「歲貢」入國子監的一條入仕之途。上引《型世言》的話在這個具體的例子中已獲得充分的證實。最後我要指出，西河子以經商的成功來證明「儒者」並不是「無用」，這不但說明儒學已流入商人階層，而且商人也將儒學看成他們自己所擁有的精神資源了。當時的人所謂「四民異業而同道」（王陽明語）或「商與士異術而同心」（李夢陽語）在此都獲得了印證。

二、士商互動與價值觀念的調整

明代中朝以後士商關係進入了一個新的階段，我在《商人精神》中已有所論述。但該書專從商人方面著眼，而未多作推論。現在我想根據近年收集的若干資料，討論一下士商合流與互動的一般狀況，及由此而引發的價值觀念的改變。本節所涉及的僅僅是資料中所顯示的幾個定「點」。這幾個定「點」大致能夠連繫成幾條「線」，但尚不足以構成一個比較完整的「面」。這是我必須首先交代淸楚的。

㈠士商合流及其途徑

今天我們對於明清商人的活動情況能夠有所認識，主要的材料都是士大夫提供的；他們在文集和筆記中保存了大量的商人傳記，對商人的生活型態給予生動的描繪（尤以墓誌銘、傳記、壽序等最爲豐富）。其他的材料如官方文獻、史書、小說，甚至所謂「商業書」等都只能處於輔助的地位。這一事實的本身便說明了士商之間在日常人生的世界中已漸漸融成一片。關於這一層，下文將隨處點出，這裡不另作分析了。下面先談兩個較小但具有關鍵性的問題：一、傳統士大夫一向鄙視商人，現在忽然爲商人唱起讚詞來了，這個思想上的彎子是怎麼轉過來的？二、除了士商之間因家世背景、姻戚關係而時時交往之外，還有什麼其他的重要管道可以自然地使雙方互相溝通？限於篇幅，我只能舉一個一箭雙鵰的例子以代替旁徵博引的考證。這個例子是由李維楨（一五四六—一六二六）提供的。爲什麼單選李維楨呢？這是因爲《明史》本傳對他有如下的特筆介紹：

> 維楨爲人，樂易闊達，賓客雜進。其文章，弘肆有才氣，海內請求者無虛日，能屈曲以副其所望。碑版之文，照耀四裔。門下士招富人大賈，受取金錢，代爲請乞，亦應之無倦，

負重名垂四十年[14]。

《大泌山房集》中有數以百計的商人墓表、碑銘之類。其中不少大概都是在這樣情況下寫成的。可見他在這一方面確有代表性，甚至比公開宣稱「良賈何負閎儒」的汪道昆（一五二五—九五）還要合適，因為後者有太明顯的商人背景。李維楨有一篇〈蔣次公墓表〉恰好可以回答上面所提出的兩個小問題。蔣次公是新安的大鹽商，名克恕（一五二〇—八一）（按：「次公」或「長公」都指排行，不是名字，故商人墓表或銘中「長公」、「次公」甚多）。這篇〈墓表〉是應他的次子太學生蔣希任（字茂弘）之請乞而寫的。李維楨在〈表〉末有下面一段話：

國有四民，士為上，農次之，最後者工商，而天下諱言賈。新安賈人生好援內貴人（按：宦官），死而行金錢諛墓者之門，以取名高。士大夫至諱與賈人交矣。漢設科取士首孝弟力田。新安地千里，山陵居七，田居三。一歲食仰給四方居半，夫安得田而力之？夫安得不為賈？賈矣，與甿庶何異，即有材智氣節，行不能出閭閈之外，舍孝弟安之乎？……賈人有孝弟者，又諱不為傳，何也[15]？

---

14 《明史》卷二八八〈文苑四．李維楨傳〉，冊二四，頁七三八六。按：傳中「碑版之文，照耀四裔」一語是套用杜甫〈八哀詩〉詠李邕（北海）「碑版照四裔」的成句，並不是表示李維楨真的為四裔之人寫過碑版之文。今《大泌山房集》中也沒有為外國人寫的文字。

15 《大泌山房集》（萬曆刊本，日本內閣文庫藏本，普林斯頓大學葛思德東方圖書館影印本），卷一〇六，頁二五。

這段話說得曲折低昂，最能表露士大夫爲商人作傳者怎樣在調整他們的價值觀念。李維楨不但極力想糾正「士大夫諱與賈人交」的傳統偏見，而且更進一步鼓勵大家心安理得地爲商人作傳。儘管新安賈人有生前交結宦官（當然限於少數人，其原因詳見下文第四節）和死後「行金錢諛墓」的風氣，但一般的新安人則由於環境所逼才不得不投身商業。他特別引漢代「設科取士首孝弟力田」爲典據，然後再說明新安人爲什麼不能「力田」，最後歸結到新安商人的「材智氣節」只能表現在「孝弟」上面。通過這樣轉彎抹角的論證，他終於獲致一個自以爲是確切不移的結論：以「孝弟」爲唯一的「取士」標準，則新安商人是不折不扣的「士」，因此完全應該受到表揚。李維楨在此是用一種具體的語言來表達「士商異術而同心」或「異業而同道」那種抽象的觀念。但是他意識到儒家傳統偏見的強固和同時士大夫對他「受取金錢」爲富商大賈「諛墓」的批評，因此才用一番委婉曲折的話來給自己開脫。與本文以下各節所論合起來看，我們有理由相信李維楨的話代表了一部分士大夫的新觀點，不能全以飾辭視之。

〈蔣次公墓表〉也是說明士商之間如何互相交流的典型史料。〈墓表〉是這樣開頭的：

> 余友汪仲淹始受室蔣。蔣沒而仲淹每爲余言，未嘗不涕洟也。則又曰：吾婦之賢，實得之其父。余既稍聞蔣次公行事，無何，游武林，而仲淹以公中子太學生茂弘見。其人循循儒者，久之請從余游姑蘇。問所以遊，則曰：「今天下文章家能以隻字華袞人，能生死人而肉骨者，無如王司寇（世貞，一五二六—九〇）、汪司馬（道昆）。不佞希任（茂弘）于司馬有葭莩親，義當不忘先君子。將徼惠于司馬，而見王先生，乞爲銘先君子墓。以仲淹

之辱于子也，願以表屬子。」蓋言出而涕從之。（頁二三）

這裡可以看到，蔣茂弘之所以能請得李維楨爲他的父親寫〈墓表〉，首先是通過蔣家與士大夫的姻親關係。汪仲淹（名道貫）是汪道昆的同母弟，兩兄弟都娶了蔣家的女兒[16]。不但如此，蔣茂弘還準備通過汪道昆的關係請王世貞寫墓誌銘[17]。由此可見士商通婚是這兩個社會集團之間的重要橋樑。

另一方面，蔣茂弘的太學生身分也是值得注目的。〈墓表〉中還載有蔣克恕對他的侄兒希文（其伯兄克忠之子）說的一段話如下：

「吾不終爲儒，以成而祖志也；吾得爲良賈，以從而父策也。吾欲使汝賈，如汝母何？欲使汝儒，如汝病何？吾欲使汝處乎儒若賈之間，內奉母而外友天下賢豪長者，惟太學可耳。」希文之游太學，公實資之云。（頁二四）

---

16 汪仲淹是汪道昆的同母弟，見《大泌山房集》卷一一四，〈文學汪次公行狀〉，頁九。汪道昆的岳父也稱「蔣次公」，但是另外一個人，並非蔣克恕。蔣克恕比汪道昆年長五歲，不可能是後者的岳父，而且這兩個「蔣次公」的年齡、壽數和子女情況都不同，不過他們大概是同族的人，如堂弟兄之類。所以蔣茂弘說汪司馬（道昆）是他的「葭莩親」。關於汪道昆的岳父蔣次公，可看《太函集》（萬曆辛卯，一五九一，刻本，金陵徐知督刊，普林斯頓大學葛思德東方圖書館藏本）卷一三〈爲外舅蔣次公壽序〉，頁六一八及卷一九〈壽逸篇〉，頁一八—二〇。

17 見王世貞，〈清溪蔣次公墓志銘〉，《弇州續稿》（四庫影印本）卷九十三，頁二三—二七。據〈銘〉文，出面請求的人還是汪仲淹（頁二四）。〈墓誌銘〉與李氏〈墓表〉互有詳略，可以參看。

這話是否眞出蔣克恕之口，或是李維楨修飾成文，今已不易判斷。但無論如何，「處乎儒若賈之間」和「友天下賢豪長者」二語都不失爲對商人家庭出身的太學生的一種最確切的描寫。明代中晚期商家背景的太學生並不一定有入仕的機會，因此往往在幾年之後又回家去經營商業。前引韓邦奇〈國子生西河趙子墓表〉即是一例。此處蔣克恕之子茂弘與侄希文也屬此類。若依李維楨〈墓表〉所言，商人子弟入太學未必都以做官爲目的，至少其中有一部分人是想作士與商兩個世界之間的媒介，而所謂「友天下賢豪長者」，則包括了居官的士大夫。太學生的半官方身分使他們在緊急時，無論爲了挽救私人或公共的危機，可以直接與官方打交道。以私事爲例，新安汪虞龍的父親是大鹽商，忽然爲宦官逮捕。虞龍爲南京國子監的太學生，「聞之一日而馳至維揚，謁郡守，涕泣請命。郡守避席而勞苦之。……力言於璫而免之。[18]」汪虞龍如果不具有太學生資格，恐怕不能這樣容易便找到郡守爲他關說吧。再以公事而言，江陰黃宗周「自儒起，由邑諸生補太學上舍。其積纖累微，因便規息，用計然之筴而恢之，諸言治生者咸推冠，而竟以起。」嘉靖戊申（二十七年，一五四八），倭寇之釁未起之前，他便計畫爲江陰築磚石城牆以預防之。江陰縣令完全聽了他的意見，終於保證了江陰的安全[19]。這也是太學生資格發揮重要功能的例子。我們可以說，商人背景的太學生在明代中、晚期已形成了一股不容忽視的社會勢力；他們處於士

18 《大泌山房集》卷一一四〈文學汪長公行狀〉，頁一七。
19 王世貞，《弇州四部稿》（四庫影印本）卷七六，〈江陰黃氏祠記〉，頁一七。

與商之間，加速了雙方的合流。商人地位的上升和儒學的轉向都與此一勢力有深切的關係。以上所論聊以示例而已，這是一個值得專題研究的史學題目。

(二)從「潤筆」的演變看儒家辭受標準的修改

李維楨爲富商大賈寫墓碑而「受取金錢」，其事竟載之《明史》，這象徵了價值觀念上的一大改變。如〈蔣次公墓表〉所云，同時王世貞和汪道昆也特以此見稱於世。文人諛墓取酬，自古有之，但爲商人大量寫碑傳、壽序，則是明代的新現象。因此，我們有必要追溯一下明代文人「潤筆」觀念的轉變。下引兩條資料，一屬十五世紀，一屬十六世紀，在時代上恰符合我們的需要。葉盛（一四二〇—七四）記〈翰林文字潤筆〉云：

> 三五年前，翰林名人送行文一首，潤筆銀二三錢可求，事變後文價頓高，非五錢、一兩不敢請，迄今猶然，此莫可曉也。……張士謙先生……曰：「吾永樂（一四〇二—二四）中爲進士、庶吉士、中書舍人，時年髫壯，有志文翰，晝夜爲人作詩寫字，然未嘗得人一葉茶，非如今人來乞一詩，則可得一贊見悅怕。向非吾弟貿易以資我，我何以至今日耶！」繇此觀之，當時潤筆亦薄已[20]。

---

20 葉盛，《水東日記》卷一（北京：中華書局，一九八〇），頁三—四。

文中所言「事變」，指明英宗復辟的「奪門之變」（一四五七年），則此條筆記大約寫在一四六〇年左右。據此條，可知十五世紀中葉以後，文人潤筆忽然有了一次躍動，從二、三錢銀子漲到五錢、一兩。文中永樂時代張士謙的證詞更可見十五世紀初葉潤筆甚至還不普遍流行。但張士謙的俸祿顯然不足以養家，仍然要靠他的弟弟經商來支持。這不但給士商混合之家提供了一個較早的史例，而且也間接顯示出：明代不少士大夫（如在中央任清要之職的人）往往要靠潤筆來補貼生活費用。這種情況的造成主要是由於明代百官俸祿在中國各大朝代中幾乎是最微薄的。十五世紀中葉以後潤筆的大幅度提高和俸祿因折色而不斷下降之間似乎存在著微妙的關聯[21]。所以張士謙在一四六〇年左右說「乞一詩，則可得一贄見帨帕」確道出了當時士大夫以潤筆爲副業的實況。「贄見帨帕」便是明中葉以下金錢餽遺或酬報的一種變相[22]。

21　明初官俸以米爲標準，但不久便改爲折鈔，而折鈔則日賤。宣德八年（一四三三）戶部奏：折鈔由每石二十五貫減爲十五貫，以致「卑官日用不贍」。至成化（一四六四—八七）時更在折鈔之外加上折布，愈折愈少。故《明史・食貨志六》說：「自古官俸之薄，未有若此者。」（冊七，頁二〇〇三）參看姚瑩，《寸陰叢錄》（安徽古籍叢書本，合肥：黃山書社，一九九一）卷二〈內外官俸祿〉條，頁二五九—二六〇。

22　顧炎武論明代地方官入覲以刻書餽遺官長，自注曰：「昔時入覲之官，其餽遺一書一帕而已，謂之書帕。自萬曆以後改用白金。」見《原抄本日知錄》（徐文珊點校，台北：明倫出版社，一九七〇）卷二〇〈監本二十一史〉條，頁五二一。徐樹丕記晚明外官入京餽遺書帕，不但由三、四兩漸增至三、四十兩，且改白銀爲黃金。見《識小錄》卷四〈禁書帕〉條，頁八。但從《水東日記》此條看，「帕」似已是銀子的代稱，不必等到萬曆以後了。

更重要的是十六世紀時，詩文書畫都已正式取得了文化市場上商品的地位。李詡記〈文人潤筆〉曰：

> 嘉定沈練塘齡閒論文士無不重財者，常熟桑思玄曾有人求文，託以親昵，無潤筆。思玄謂曰：「平生未嘗白作文字，最敗興，你可暫將銀一錠四五兩置吾前，發興後待作完，仍還汝可也。」唐子畏曾在孫思和家有一巨本，錄記所作，簿面題二字曰「利市」。都南濠至不苟取。嘗有疾，以帕裹頭強起，人請其休息者，答曰：「若不如此，則無人來求文字矣。」馬懷德言，曾爲人求文字於祝枝山，問曰：「是見精神否？」（原注：俗以取人錢爲精神。）曰：「然」。又曰：「吾不與他計較，清物也好。」問何清物，則曰：「青羊絨罷。」[23]

此條所記四人都是十五、十六世紀之交的名士[24]。他們各以不同的方式表現出對於潤筆的重視。他們的共同態度是：爲人作文字必須取得適當的金錢或其他物質的酬報。我們可以說，潤筆發展

---

23 李詡，《戒庵老人漫筆》（北京：中華書局，一九八二），卷一，頁一六。

24 桑思玄，名悅（一四四七—一五三〇），都南濠，名穆（一四五九—一五二五），唐子畏（寅，一四七〇—一五二四）和祝枝山（允明，一四六一—一五二七），不但時代相同，且互有交往。其中桑悅和唐寅的父親則都是商人。唐寅事見下文。桑悅〈鶴溪府君泣血誌〉記其父桑琳（一四二三—九七）云：「吾父既贅於周，始棄舉子業。……好筆札，常主一巨肆。」（見《思玄集》卷七，頁一，明活字本，藏普林斯頓大學葛思德東方圖書館）更是「棄儒就賈」的一個較早的例子。

至此已超出傳統的格局，而和今天文學家、藝術家專業化的觀念很相近了。當時文藝家作品的商品化尤以唐寅直截用「利市」兩字題其作品簿最能傳神。他的著名的言志詩云：

不煉金丹不坐禪，不爲商賈不耕田；閒來就寫青山賣，不使人間造業錢。[25]

這表現了專業畫家的現代精神，「利市」兩字必與此詩合看始能得其正解。據祝允明〈唐子畏墓志幷銘〉言，「其父德廣賈業而士行[26]。」可見唐寅雖「不爲商賈」，卻出身於商人家庭，對於賣畫爲生是不會感到可恥的。而且商人必然是當時文藝作品的主要顧客，也不問可知。所以從十五、十六世紀潤筆觀念的新發展，我們可以看到傳統儒家的價值意識已面臨著嚴重的挑戰[27]。

---

25 〈唐伯虎軼事〉卷二，頁一—二，收入《唐伯虎全集》中（北京：中國書店，一九八五）。

26 《懷星堂集》（四庫影印本）卷一七，頁九。

27 明中葉以後潤筆觀念的改變具有深刻的社會涵義，這一點已引起顧炎武的特別關懷。顧氏仍持傳統的儒家觀點，反對文人爲潤筆而創作。因此他在《日知錄》中特寫〈作文潤筆〉一條。此條所引資料雖以明代以前爲主，但其批判的鋒芒則完全針對著當時的新風氣而發。他也看到了《戒庵老人漫筆》中唐寅「利市」的記述，並借杜甫詩（〈八哀・李邕〉中說李北海收碑版的潤筆是「義取」）而發議論曰：「昔揚子雲猶不肯受賈人之錢，載之《法言》（英時按：此非引文，乃顧氏推本《法言》卷一〈學行〉篇末節之意的概括語），而杜乃謂之『義取』，又不若唐寅之直以利爲也。」又云：「《新唐書・韋貫之傳》言：裴均子持萬縑請撰先銘。答曰：吾寧餓死，豈能爲是？今之賣文爲活者，可以媿矣！」（見《原抄本日知錄》卷二一，頁五六三。）可證顧氏此條是借古諷今，也是對正在變遷中的價值觀念的一種反響。但「賣文爲活」在十七世紀已有不能逆轉之勢。

但是當時士大夫並不是每爲一文必收潤筆。桑思玄也接受至交求文可以「無潤筆」的原則。他僅僅要求友人先給銀子激發他作文的興致，作完後仍然歸還。十六世紀的王愼中（遵巖，一五○九—五九）則對於潤筆的辭受問題提出了進一步的澄淸。他在〈與安膠陽〉的信中辭謝潤筆，其說如下：

> 承不遠三千餘里特使見存，屬以文字之事。……請文厚儀謹以奉還。僕非爲廉也，平生門戶甚寬，於辭受之際不能爲狷。尋常交際，如今人所謂接以禮者，猶多受之。況於請文之禮，固未嘗辭也。而乃介於膠陽數千里惓惓命使之所委者乎？凡僕所謂受其請文之禮者，皆爲其父祖之大事，或自名其堂室而乞記之類。僕爲之文，則爲有寵於其人之先與其身，故不可不受之，以副其誠，而不宜爲拒也。若膠陽所請序，乃有宋曾南豐與今唐荊川兩先

王應奎《柳南續筆》卷三〈賣文〉條論錢謙益云：「東澗先生（錢謙益的別號）晚年貧甚，專以賣文爲活。甲辰（一六六四）夏臥病，自知不起，而喪葬事未有所出，頗以爲身後慮。適鹺使顧某求文三篇……潤筆千金。先生喜甚，急倩予外曾祖陳公金如代爲之，然文成而先生不善也，會餘姚黃太沖（宗羲）來訪，先生即以三文屬之。太沖許諾，而請稍稽時日。先生不可，即導太沖入書室，反鎖其門，自晨至二鼓，三文悉草就。」（北京：中華書局標點本，一九八三，頁一八○）顧炎武所謂「今之賣文爲活者」不知是否也包括了對錢謙益的批評。但黃宗羲不但不反對「賣文」，而且還爲錢謙益代筆。不用說，這種代筆工作也是有代價的。下及近代，章炳麟晚年也賣文爲活，並有時請其弟子黃侃代筆。這是直接從明代傳下來的風氣。關於錢謙益靠潤筆爲生之事，詳見陳寅恪《柳如是別傳》（上海古籍出版社，一九八○，下冊，頁九○一—三、一二○四—六）。

生之文，此吾黨之同願，斯文之義舉。……今乃以作序之故受禮，非獨無復廉隅，且是都不有意氣也。幸鑒此心，請勿訝其爲拒，又請勿譽其不取。[28]

王愼中拒受安氏請序之潤筆蓋因所序之書是一種「斯文之義舉」，而非有私惠於請序之人。但他同時也明白承認，一般而言，對於「請文之禮」——潤筆，他是受而不辭的。尤其值得注意的是他特別提到兩類接受潤筆的文字：有關請文者「父祖之大事」（即墓誌銘、墓表之類）和爲請文者本人所立之堂或室寫〈記〉。因爲這兩類的文字都是爲請文者及其先人增加光寵的。王愼中所訂的辭受原則雖屬於他個人的，但在當時則頗有代表性。傳統儒家關於金錢辭受的標準大體上承自孟子所謂「可以取，可以無取，取傷廉。」（《孟子．離婁下》）其中本來便有相當大的彈性[29]。現在王愼中則在新的社會現實下修訂傳統的標準，這是儒家價值觀念順應世變而自我調整的顯證。在「取之不傷廉」的潤筆文字之中，他首先提到的便是「父祖之大事」的一類。這就難怪十六世紀以下的名家文集中會出現那麼多的商人墓表、傳記、壽序之類的文字了。

28 《遵巖集》（四庫影印本），卷二三，頁一五。按：安膠陽即無錫安如石，字子介。安氏居無錫膠山之南，故有「膠陽」之號。安如石請王愼中所寫的序文共兩篇，即〈曾南豐文粹序〉及〈唐荊川文集序〉，均已收入《遵巖集》卷九（頁九—一二、二九—三一）。據四部叢刊本《荊川先生文集》王序，署年爲嘉靖己丑（二十八年，一五四九）。〈與安膠陽書〉當即作於同年。

29 參看《孟子．公孫丑下》關於受餽與否答弟子陳臻之問及〈滕文公下〉關於「受於人」的問題答弟子彭更之問。

㈢商人「自足」世界的呈現

以上論士大夫爲商人樹碑立傳都是富商大賈的事。現在我們要進一步論證一般小商人也聞風而起，以致碑傳泛濫。如果說樹碑立傳的儒家文化向來是由士大夫階層所獨占的，那麼十六世紀以後整個商人階層也開始爭取它了。現存明清商人碑傳只是流傳下來的極小部分，因爲絕大部分都藏在私家，並未刊刻[30]。但當時碑傳的大量產生是和商人熱心表揚其父祖有密切關聯的。這一現象已引起同時人的注意。張瀚說：

> 墓志不出禮經，意以陵谷變遷，欲使後人有所聞知，但記姓名、爵秩、祖、父、姻婭而已。若有德業，則爲銘。今之作者紛紛，吾不知之矣[31]。

這顯然是因爲當時墓誌銘寫得太多太濫，張瀚才發出這種譏評的聲音。但是我們怎麼知道墓誌銘的泛濫特別和商人有關呢？唐順之（一五〇七—六〇）提供了一條關鍵性的證據。他說：

> 僕居閒偶想起，宇宙間有一二事人人見慣而絕是可笑者。其屠沽細人有一碗飯喫，其死後

30 陸容（一四三六—九四）《菽園雜記》卷一云：「前輩詩文稿，不惬意者多不存，獨於墓誌表碣之類皆存之者，蓋有意焉。……士大夫得覩戚故舊墓文，必收藏之，而不使之廢棄，亦厚德之一端也。」（北京：中華書局標點本，一九八五，頁一〇—一一）由此可見當時私藏墓誌之多及時人之重視墓誌。但因無刻本，多已失傳。

31 《松窗夢語》卷七，頁一四一。

> 則必有一篇墓誌；其達官貴人與中科第人，稍有名目在世間者，其死後必有一部詩文刻集。如生而飯食，死而棺槨之不可缺。此事非特三代以上所無，雖漢唐以前亦絕無此事。幸而所謂墓誌與詩文集者皆不久泯滅。然其往者滅矣，而在者尚滿屋也[32]。

這封信的主題是唐順之反對友人爲他刻文集，墓誌不過是順手拈來的一個陪襯，但因此正可見當時商人墓誌銘必已泛濫到觸目皆是的地步。在唐順之寫此信的五十年後，他的觀察在另一部明代筆記中獲得了印證。李樂（一五三二—一六一八）《見聞雜記》（自序署「萬曆辛丑歲秋七月七十老人」，即一六〇一）卷三第一六一條云：

> 唐荊川先生集中誚世人之死，不問貴賤賢愚，雖椎埋屠狗之夫，凡力可爲者，皆有墓文。此是實事[33]。

李樂肯定唐順之的譏評是「實事」，這更增加了原文作爲史證的價值。

唐順之所說的「屠沽細人」是指小商人而言，因此特別值得重視。明人文集中的大量商人墓誌，如李維楨《大泌山房集》、汪道昆《太函集》所載的，都是關於當時「大賈」的生平。現在

---

32 〈答王遵巖〉，見《荊川先生文集》（四部叢刊初編縮本）卷六，頁一一九。此書當作於嘉靖二十八年或次年（一五四九—一五五〇），參看註二八。

33 《見聞雜記》上冊（上海古籍出版社，影印本，一九八六），頁二八五。按：此書有謝國楨跋，說李樂是「嘉靖戊辰進士」，不確。嘉靖無戊辰，嘉靖乃隆慶之誤。李樂舉進士在隆慶二年戊辰（一五六八），見原書卷三第九十五與九十七兩條，上冊頁二二八—九。謝跋從《明清筆記談叢》（上海古籍出版社，一九八一）中節錄，原文亦同此誤。（頁一一）

從唐順之和李樂兩人的證詞中，我們知道小商人也同樣有爲他們的祖父以及本身樹碑立傳的強烈要求。所以僅就墓誌銘這一件事來看，十六世紀的中國商人階層的全體，無論是「大賈」、「中賈」或「下賈」以至「屠沽細人」，都在自覺或不自覺地推動著價值觀念的變化。傳統的見解以商人效法士大夫的生活方式，如收藏字畫和刊刻書籍之類，僅僅是一種「附庸風雅」。現代的史學家也往往繼承了這一看法。但是我們如果深入當時精神世界，便會發現這種說法雖似有表面的根據，卻不免稍有簡單化之嫌。在中國傳統社會中，價值觀念的改變確是很緩慢的。明清時期當然還有大批的商人企羨士的地位，他們鼓勵子弟治舉業也是爲了由商上升爲士。這是無可否認的事實。但是另一方面，由於商業的興盛，其吸引力與日俱增。明清時期也有商人寧願守其本業而不肯踏入風險的仕途的。汪道昆一再說徽州人「右賈左儒」，二刻《拍案驚奇》說「徽州風俗以商賈爲第一等生業，科第反在次著」以及雍正時山西巡撫奏摺言山西「子孫後秀者多入貿易一途，……至中材以下方使之讀書應試」。這些說法決不是嚮壁虛構的[34]。前引〈蔣次公墓表〉記蔣克恕早年不得不「棄儒就賈」時，他的父親對他說過一句話：「吾家世貨殖，不可忘先人之業。」（頁二三）王世貞〈清溪蔣次公墓誌銘〉記同一件事也引了一句蔣克恕父親的話：「天欲奪汝儒而還之賈，違之不祥。」（頁二四）即使蔣克恕是由於「不得已而求次」才退回到商業世

34 詳見拙著，《中國近世宗教倫理與商人精神》，頁一一四—五。

界，但這個「次」一等的世界已足夠他安身立命了。所以他的女婿汪道貫（仲淹）也說：「次公之於人倫厚矣，何必儒。」（〈墓誌銘〉引，頁二七）

在傳統中國社會，商不如士的關鍵主要在於榮譽——社會的承認和政府的表揚。但明代中晚期以來，商人也可以通過熱心公益之舉而獲得這種榮譽了。前引王世貞〈江陰黃氏祠記〉，這個祠便是江陰人後來爲報答黃宗周築城、捐金助軍、賑濟貧民等善舉而建立的，並且是「請之天子，下禮官議，報可而後行」的（頁一八—一九）。王世貞在〈清溪蔣次公墓誌銘〉又記蔣克恕：

> 歸黃山故居豐樂里。里大溪數漲，則病涉。捐千金爲大石梁數十丈以通之。自石梁至容溪，治馳道數十里。茂林深樾，可憩者必亭之，以息行旅。故通政張寰爲大書標之。里人指相詫曰：「蔣次公始不得志於儒，中自恨以不能承父屬而大吾里。今吾里乃巋然甚壯，賈故自足耳，何儒爲？」（頁二六）

即使王世貞在文詞上有誇飾，但終與虛美有別，因爲文詞所透顯的基本事實還是不難辨識的。所以明清時期商人的貢獻也已獲得了社會的承認和政府的表揚，他們和士的差距越來越縮短了。清代沈垚（一七九八—一八四〇）曾說：「睦婣任卹之風往往難見於大夫，而轉見於商賈，何也？

則以天下之勢偏重在商，凡豪傑有智略之人多出焉。其業則商賈也，其人則豪傑也[35]。」這樣公然以「豪傑」讚美「商賈」，可以說是士大夫對商人的社會價值給予了最大的肯定。但是這個讚詞並不是十九世紀才出現的，早在晚明已開始了。李維楨爲另一徽商「潘處士」（一五四九—一六一八）寫墓銘，開頭便說：「太史公傳貨殖，子貢、范、白，其人豪傑，貨殖特餘事耳[36]。」這話雖然說得委婉含蓄一點，其絃外之音豈不是很清楚嗎？這正好印證了蔣克恕的里人的感想：「賈故自足耳，何儒爲？」

我們已指出商人子弟入太學，未必都志在入仕，其中也有人是爲了取得太學生的資格，以便利商業的運作。其實商人子弟即使入仕也往往別有懷抱。姑舉正反兩例以明之。先說反面的例子。葉權（一五二二—七八）告訴我們一個商人作官的眞實故事如下：

> 余相識一監生，故富家，拜餘姚縣丞，緣事罷歸，居常怏怏。余戲而勸之曰：「公，白丁，以貲官八品，與明府分庭，一旦解官，家又不貧，身計已了，何不樂也？」丞以情告曰：「自吾營入泮宮，至上納費金千兩，意爲官當得數倍。今歸不勾本，雖妻子亦怨矣。」嗚呼！以勾本獲贏之心爲民父母，是以商賈之道臨之也。賣爵之弊，何可言哉[37]！

---

35 沈垚，〈費席山先生七十雙壽序〉，《落帆樓文集》（北京：文物出版社，一九八七）卷二四，頁一二。

36 《大泌山房集》卷八七〈處士潘君墓志銘〉，頁一四。

37 葉權，《賢博編》（北京：中華書局，一九八七），頁二〇。

這位商人納費千金才買得監生，比前引《型世言》所說的「六百兩銀子」還要多。但是他營謀地方官是從做生意的觀點出發的，他並不認爲作官是很榮耀的事。換句話說，在有些商人的眼中，官位也已經商品化了。

正面的例子是李維楨的〈董太公家傳〉。董太公是河北大名府的巨商，其子董漢儒（〈家傳〉中的「觀察」，即地方司道官的古稱）則由科第入仕途。〈家傳〉云：

久之，觀察以高第應徵，當授臺省（即都察院）。太公私念：臺省者，與天子執政相可否？脫不當，責四面至矣。已而除計戶郎（即戶部郎中），乃大喜。既榷稅吳關，太公敕以蠲苛政寬商。商吏輻輳，所入浮故額[38]。

董漢儒最早由地方官調入中央的職位可能是都察院的十三道監察御史。這是糾察政事得失的言官，明代許多名臣都由此出身。但御史可以預廷議，與皇帝、內閣接近，處於政治風暴的中心。董太公不願其子冒風險，故聞董漢儒由都察院轉調戶部則爲之「大喜」。後來董漢儒主管吳關稅務，太公更特別叮嚀他行「寬商」之政。很顯然的，戶部和稅關都是可以對商人發生保護作用的衙門。董漢儒是和張瀚同時代的人，後者也出身商人世家，所以兩人的經歷恰可互相參證，以見商人的影響力已開始在政治上露面了。張瀚說：

38 《大泌山房集》卷七〇，頁一七。

余……兼攝（南京）上、下關抽分，余謂征商非盛世之政，弛十之二。商販悅趨，稅額較前反增十之五[39]。

此二事若合符節，決非偶然。我們不能因此便說，董漢儒、張瀚等人代表了商人階層的利益。不過我們可以說，具有商人背景的士大夫，由於對商人階層的疾苦有比較親切的體認，他們在行使職權的時候多少發生了一些「寬商」的效果[40]。儒家重農輕商的傳統原則也因此不能不在新的社會現實面前有所調整。

概括言之，十六世紀以後商人確已逐步發展了一個相對「自足」的世界。這個世界立足於市場經濟，但不斷向其他領域擴張，包括社會、政治與文化；而且在擴張的過程中也或多或少地改變了其他領域的面貌。改變得最少的是政治，最多的是社會與文化。其理由不能在此詳說，因爲這是必須另作研究的專題。這裡應該提及的是：士商合流是商人能在社會與文化方面開闢疆土的重要因素。儒學適於此時轉向，決非偶然。

39 《松窗夢語》卷一，〈宦遊記〉，頁六。

40 這一類例子甚多，明萬曆時宦官奏加浙江鹽稅，歙縣生員汪文演上書御史葉永盛，得免歲徵十五萬兩，見嘉靖《兩浙鹽法志》卷二五〈汪文演傳〉。引自張海鵬、王廷元主編，《明清徽商資料選編》（合肥：黃山書社，一九八五），頁四八七。清代著名的例子是咸豐時户部侍郎王茂蔭論鈔法，主張通商情。咸豐皇帝「斥其爲商人指使」，見《清史稿》（北京：中華書局標點本，一九七七）卷四二二〈王茂蔭傳〉，冊四〇，頁一二一七四—五。王茂蔭的祖父是徽商，見《碑傳集補》卷五九莫友芝〈王節母贊〉，頁一六〇九—一〇（收在《清代碑傳全集》，上海古籍出版社，一九八七，下冊）。

商人既已有一個屬於自己的「自足」世界，他們便不可能在精神上完全是士大夫的「附庸」。這是爲什麼我要對商人精神生活「士大夫化」的舊說提出質疑，因爲這是從士大夫的立場上觀察歷史所得到的結論。如果從商人的立場出發，我們毋寧說，他們打破了兩千年來士大夫對於精神領域的獨霸之局。即使我們一定要堅持「附庸風雅」之說，我們也無法否認下面這個事實：即由於商人的「附庸」，士大夫的「風雅」已開始改變了。儒家的「道」也因爲商人的參加——所謂士商「異業而同道」——而獲得了新的意義。即以墓誌銘爲例，我們也清楚地看到，它已不再是士大夫的專利品，整個商人階層都要求分享這一專利了。誠如唐荆川所譏諷的，甚至「屠沽細人有一碗飯喫，其死後則必有一篇墓誌」。用現代的話說，他們也毫不猶豫地肯定自己的社會存在和價值了。張瀚說，「若有德業，則爲銘。」現在則是大大小小的商人都認爲他們對社會的貢獻也同樣傳之後世的價值。「德業」這兩個字的社會涵義也不得不隨之擴大了。

如果我們繼續保留商人「士大夫化」的概念，那麼我們也必須增加另一個概念——即士大夫的「商人化」。這在明清語言中本是同時出現的，即「賈而士行」和「士而賈行」（或「商而士」和「士而商」）。但是應該指出，明清時代流行的這一對概念還不免帶有道德判斷的意味。「賈而士行」是褒詞，「士而賈行」則是貶義了。今天我們無論說商人「士大夫化」或士大夫「商人化」都只限於客觀描述，在道德上是完全中立的。上面討論文人「潤筆」所涉及的辭受標準的修改，便是「商人化」的一個具體例證。士大夫「商人化」在當時也是一個無所不在的社會現象，不但小說、戲曲的流行與之有關，儒家社會思想的新發展也在很大的程度上受到「商人化」的刺激。這是下一節將舉例說明的。明、清的「士世界」和「賈世界」是互相交錯的，士大夫在日常生活中處處接觸到商業化潮流所帶來的社會變動。在這種情形之下，他們不可避免地要對從社會到個人的種種問題進行新的思考，因而也加速了儒學的轉向。

三、儒家社會思想的新發展

明清儒家在社會思想上的新發展，我已先後多有論述，此處概不重複[41]。下面要介紹的兩個觀念是我最近研究的結論。但這只是過去研究的延伸和擴大，而不是獨立自足的單元。特先聲明，以免讀者誤會明清儒家社會思想的新發展僅止於此。

㈠義利之辨

儒家義利之辨遠始於孔子。《論語．里仁》：「君子喻於義，小人喻於利」一章首先用義與利來劃分「君子」與「小人」。君子與小人最早是社會地位的分別，孔子則賦予道德的涵義，即「德」重於「位」。《論語》及後世文獻中「君子」與「小人」也還有兼指「德」與「位」

41 詳見〈中國近代宗教倫理與商人精神〉及〈現代儒學的回顧與展望〉。

的，但儒家理論中則強調「德」的一面[42]。就道德意義說，儒家大致認爲義利之分即公私之分。君子以公爲心，故喻於義，小人以私爲念，故喻於利。孟子、董仲舒以至宋儒大致都繼承並發揮這一說法。宋代只有陳亮反對義與利互不相容，因而與朱熹之間發生了一場激辯。朱熹與陸九淵宗旨雖異，在這一點上則是一致的。所以，象山在白鹿洞講「君子喻於義，小人喻於利」一章，極爲朱子所賞識。下逮明代，王陽明仍循傳統儒家之見。他沒有正面討論過義利的問題，但在《傳習錄》中〈答顧東橋書〉的末段則痛斥「功利之見」。可見他的想法和朱、陸相去不甚遠[43]。

從孔子到王陽明，儒家義利論有兩個主要特徵：一、它是針對士以上的人（包括帝王）而立說的，因爲他們是對於公共秩序的直接負責者。至於孟子所謂「雞鳴而起，孳孳爲利」的一般人民（包括商人在內）至少並不是儒家義利論的主要的立教對象。二、義與利基本上是互不相容的，人或者選擇「義」，或者選擇「利」，而不能「義利雙行」（朱熹駁陳亮語）。所以這二者之間的關係大致與「理」與「欲」、「公」與「私」相同。

42 詳見拙著，〈儒家「君子」的理想〉，收入《中國思想傳統的現代詮釋》（台北：聯經，一九八七），頁一四五—一六五。

43 見《王陽明全集》（上海古籍出版社，一九九二），上冊，頁五三—五七。又按：陽明《朱子晚年定論》中收入朱子〈符復仲〉一書，其中有云：「向所喻義利之間，誠有難擇者；但意所疑，以爲近利者，即便舍去可也。」（同上，頁一三一）這也表示陽明同意朱、陸關於義利的意見。不過下面所介紹的新義利說也未嘗不能從陽明的整體思想中推衍出來。

但是十六世紀以後，「義利」的觀念，也和「理欲」、「公私」一樣，發生了微妙的變化。前引韓邦奇〈國子生西河趙子墓表〉中，有一段作者自己的議論如下：

> 聖賢豈匏瓜哉！傅說之版築，膠鬲之魚鹽，何其屑屑也。古之人惟求得其本心，初不拘於形跡。生民之業無問崇卑，無必清濁，介在義利之間耳。庠序之中，誦習之際，寧無義利之分耶？市廛之上，貨殖之際，寧無義利之分耶？非法無言也，非法無行也，隱于干祿，藉以沽名，是誦習之際，利在其中矣。非其義也，非其道也。一介不以與人，一介不以取人，是貨殖之際，義在其中矣。利義之別，亦心而已矣[44]。

這番議論的主旨在於說明義利之辨不是士所能獨占，對於商人也同樣適用。故首舉殷周之際的商賈膠鬲爲例，以見古人並不以義專屬之士。下迄明代，更是如此。士於「誦習之際，利在其中」，而商於「貨殖之際，義在其中」。韓邦奇在這裡擴大了義利之辨的社會涵義，承認「孳孳爲利」的商人也同樣可以合乎「義」。這顯然是對傳統的義利觀念予以新的詮釋。但這一新說並非始於韓邦奇，比他稍早的商人已先有類似的見解。李夢陽（一四七三—一五二九）〈明故王文顯墓志銘〉說：

> 文顯（按名「現」，一四六九—一五二三）嘗訓諸子曰：夫商與士異術而同心。故善商者

44 《苑洛集》卷七，頁六。

處財貨之場，而修高明之行，是故雖利而不汙。善士者引先王之經，而絕貨利之徑，是故必名而有成。故利以義制，名以清修，各守其業[45]。

王現卒於嘉靖二年（一五二三），次年二月下葬，李夢陽的墓志銘當成於文顯卒年。這篇銘文相當有名，韓邦奇似乎受了它的影響。無論如何，韓〈表〉論「貨殖之際，義在其中」即是李〈銘〉所謂「利以義制」，而「利義之別，亦心而已矣」更與「商與士異術而同心」若合符節。〈銘〉的文字自然是李夢陽的，但思想則是王文顯本人的。〈墓志銘〉說他「爲士不成，乃出爲商」，而其父又是教諭，他能對義利說別出新解，是不必驚異的[46]。

這個新的義利觀並不是偶然一現於十六世紀，後無嗣響，而是持續有所發展的。十七世紀初年顧憲成（一五五〇—一六一二）爲他的一位同鄉商人倪珵（一五三〇—一六〇四）寫〈墓誌

---

45 《空同集》（四庫影印本）卷四六，頁四。按：張四維（一五二六—八五）《條麓堂集》卷三〈送展玉泉序〉云：「夫士賈無異道，顧人之擇術如何耳。賈，求利者也，苟弗以利馳行，則如展氏世其業，人益多之。仕，利人者也，而於此興販心焉，市道又豈遠哉！」轉引自小野和子，《明季黨社考》（京都：同朋舍，一九九六），頁七八。張四維之說與王現如出一口，不知曾受李夢陽〈墓志銘〉影響否？張氏出身山西鹽商之家，決非偶然。

46 關於李夢陽〈墓志銘〉所引的話代表王現的思想，我在《商人精神》一書中已另有考證，見頁一〇八—九。有關王現的家族系譜之研究，可看小野和子，前引書，頁七九—八二。韓邦奇在〈西河趙子墓表〉中自稱「尚書」，這是指他任南京兵部尚書，事在嘉靖二十六年（一五四七）。所以我疑心他已讀過李夢陽的〈墓志銘〉。參看 L. Carrington Goodrich and Chao-ying Fang, eds., *Dictionary of Ming Biography*, 1368-1644 (New York: Columbia University Press, 1976), Vol. 1, p.490.

銘〉，其銘曰：

> 以義詘利，以利詘義，離而相傾，抗爲兩敵。以義主利，以利佐義，合而相成，通爲一脈。人睹其離，翁（倪珵）睹其合。此上士之所不能訾，而下士之所不能測也[47]。

顧憲成此〈銘〉的重要性在於它直截了當地指出了傳統義利觀和明代新義利觀之間的區別：前者是「義利離」，後者則是「義利合」。這一判斷顯然是受到魏晉時代「才性離」、「才性合」的啓示。正因如此，新舊兩種觀點之間的界線才第一次得到最明白的劃分。顧憲成自己的立場更顯然是站在「合」的一邊。從前面所引韓邦奇和李夢陽的文字，我們知道這一新觀點醞釀已久。但由於顧憲成是思想家，他在寥寥數句中已將以前文學家的感性語言轉化爲較精確的哲學語言。「以義主利，以利佐義，合而相成，通爲一脈」可以看作是新義利觀的一個扼要的哲學界說，其中「主」、「佐」、「合」、「通」幾個字都是頗費斟酌的。現代的讀者也許會覺得這裡只有結論而無論證。但這是中國傳統思想的特色之一，不足爲顧氏病。

　　顧憲成當然有可能讀過韓、李之文，但他對義利的新思考並非完全根據前人的文字而來。更重要的是他的生活體驗。他的父親顧學是一個成功的商人，他的長兄性成、仲兄自成也都先後佐

47 《涇皋藏稿》（四庫影印本）卷十七〈明故處士景南倪公墓誌銘〉，頁一一。

其父經商。所以他是商人家庭中成長起來的，深知商業世界中同樣有義與利的問題[48]。現在他公然拋棄了「義利離」的儒家舊解，而別倡「義利合」的新說，對這一轉向我們不能予以最大限度的重視。

最後，讓我們再引一段十八世紀初年的資料，以見新義利說的流傳情況。張德桂在康熙五十四年（一七一五）爲北京的廣東商人所建立的仙城會館撰寫了一篇〈創建記〉，其下半篇暢談義與利的問題。〈記〉曰：

> 兆圖李子、時伯馬子謁余請〈記〉。余問二子，厥館所由。李子曰：由利。鄉人同爲利，而至利不相聞，利不相謀，利不相一，則何利？故會之。會之，則一其利，以謀利也，以是謂由利也。馬子曰：由義。鄉人同爲利，而至利不相聞，利不相謀，利不相一，則何義？故會之。會之，則一其利，以講義也，以是爲由義也。夫以父母之貲，遠逐萬里，而能一其利以操利，是善謀利也。以爲利，子知之，吾取焉。抑以鄉里之儔，相逐萬里，而能一其利以同利，是善篤義也。以爲義，子知之，吾重取焉。然而利與義嘗相反，而義與利嘗相倚者也。人知利其利，而不知利自有義，而義未嘗不利。非斯館也，爲利者方人自爭後先，物自徵貴賤，而彼幸以爲贏，此無所救其絀，而市人因得以行其高下刁難之巧，

---

48 參看同上書卷二一〈先贈公南野府君行狀〉，頁一—九；〈鄉飲介大兄涇田先生行狀〉，頁一四—二三；〈奉壽仲兄涇白先生六十序〉，頁二三—二七。

而牙儈因得以肆其侵凌吞蝕之私。則人人之所謂利，非即人人之不利也耶？亦終於忘桑梓之義而已矣。惟有斯館，則先一其利而利得也，以是為義而義得也。夫是之謂以義為利，而更無不利也。二子其即以此書之石，以詔來者，俾永保之。而義于是乎無涯，而利于是乎無涯[49]。

此〈記〉基本上即取「義利合」的立場。其大旨在強調商人如各逐其一己的私利而不相謀，則不僅無義可言，而且幷其利亦終失之。相反的，如果以會館為中心而求共同之利，則不但能成就義，而且還能滿足每一個人的私利。所以作者說義與利似「相反」而實「相倚」；義中有利，利中也有義。由此可見，在新說中，以「公」「私」判劃「義」「利」的儒家原始義並未喪失，但二者之間的關係不再是顧憲成所謂的「離而相傾，抗為兩敵」，而是「合而相成，通為一脈」的了。明清以來，「公」與「私」的關係已從「離」轉向「合」，「義」與「利」的關係也同有此轉向，可以說是題中應有之義，且為思想史的內在理路更添一證。但內在理路與外在的社會變遷是息息相關的。義利新說之所以興起於十六世紀，並持續發展到十八世紀以後，其故不僅應求之思想史，同時也必須求之於社會史。

49　見李華編，《明清以來北京工商會館碑刻選編》（北京：文物出版社，一九八〇）〈創黃皮胡同仙城會館記〉，頁一六。

(二)奢的社會功能

中國自古以來都崇儉斥奢，無待論證。雖然近人注意到《管子·侈靡》篇公開主張「莫善于侈靡」，但這種觀點並未流傳下去[50]。然而不早不遲，到了十六世紀，竟出現了一種肯定奢侈的思想，陸楫（一五一五—五二）《蒹葭堂雜著摘抄》中有以下一節重要的議論：

論治者類欲禁奢，以爲財節則民可與富也。噫！先正有言：天地生財，止有此數。彼有所損，則此有所益，吾未見奢之足以貧天下也。自一人言之，一人儉則一人或可免於貧；自一家言之，一家儉則一家或可免於貧。至於統論天下之勢則不然。治天下者將欲使一家一人富乎？抑亦欲均天下而富之乎？予每博觀天下之勢，大抵其地奢則其民必易爲生；其地儉則其民必不易爲生者也。何者？勢使然也。今天下之財賦在吳、越，吳俗之奢莫盛於蘇、杭之民。……蓋俗奢而逐末者衆也。只以蘇、杭之湖山言之，其居人按時而遊，遊必畫舫、肩輿，珍羞良醞，歌舞而行，可謂奢矣。而不知輿夫、舟子、歌童、舞妓，仰湖山而待爨者不知其幾。故曰：彼有所損，則此有所益。若使傾財而委之溝壑，則奢可禁。不

50　參看郭沫若，〈《侈靡篇》的研究〉，收在《文史論集》（北京：人民出版社，一九六一），頁一二七—一六七。

知所謂奢者不過富商大賈、豪家巨族自侈其宮室車馬飲食衣服之奉而已；彼以粱肉奢，則耕者庖者分其利；彼以紈綺奢，則鬻者織者分其利。正孟子所謂通功易事、羨補不足者也。……若今寧、紹、金、衢之俗，最號為儉。儉則宜其民之富也。而彼郡之民至不能自給。……要之，先富而後奢，先貧而後儉。奢儉之風起於俗之貧富。……或曰：不然。蘇杭之境為天下南北之要衝，四方輻輳，百貨畢集，故其民賴以市易為主，非其俗之奢故也。噫！是有見於市易之利，而不知所以市易者正起於奢。使其相率而為儉，則逐末者歸農矣，寧復以市易相高耶。……然則吳、越之易為生者，其大要在俗奢，市易之利，特因而濟之耳，固不專恃乎此也。長民者因俗以為治，則上不禁而下不擾，欲徒禁奢可乎？嗚呼！此可與智者道也[51]。

原文很長，所引略有刪節。首先讓我介紹一下這番議論在現代重新被發現的經過。四十年前兩位社會經濟史專家——在大陸的傅衣凌先生和在美國的楊聯陞先生——不約而同地發現了陸楫此文的重要性。傅先生將全文引在他的〈明代後期江南城鎮下層士民的反封建運動〉一文中，先師楊

51 收入沈節甫（一五三三—一六〇一）所編《國朝紀錄彙編》（萬曆刊本）卷二〇四，及二一四。《彙編》有台北藝文印書館《百部叢書集成》影印本。

先生則在他的名篇〈侈靡考〉中將全文譯成英文，以饗西方的同行[52]。傅、楊兩先生對此文都很推重，前者把它比之於曼德維（Bernard de Mandeville）的《蜜蜂寓言》（按：The Fable of the Bees or Private Vices, Public Benefits，初刊於一七二七年），後者也承認它以最接近「經濟分析」的方式提出了鼓勵「消費」的主張。換句話說，他們兩位都在這篇議論中看到了一種「現代的」精神。

傅、楊兩先生的評價基本上是正確的。在反奢侈傳統源遠流長的明代中國，陸楫居然轉而爲奢侈作公開的辯護，這不能不說是價值觀念上一個重大的改變。這一轉向確使我們自然而然地聯想到十七、八世紀英國思想家對於西方傳統中的「奢侈」（"luxury"）觀念的根本修正。西方從希臘亞里斯多德以來，經過羅馬及中古基督教，也發展了一個十分複雜的反奢、禁奢的思想傳統。其間各階段的持論雖頗不同，但大體都視「奢侈」爲惡德，節儉才是美德；十六、七世紀的英國清教徒仍持舊說不變。但在十七、八世紀之交，由於貿易日益重要（尤其是對外貿易），不

52 傅文收入《明代江南市民經濟試探》（上海人民出版社，一九五七），引文在頁一〇七—八；楊文原篇是"Economic Justification for Spending – An Uncommon Idea in Traditional China"，最初發表在《哈佛亞洲學報》第二〇卷（一九五七），後來收入他的 *Studies in Chinese Institutional History*（Cambridge, MA：Harvard University Press, 1961），英譯全文見頁七二—四。

少英國思想家開始改變立場，不再從純道德的觀點評價「奢侈」了。傅衣凌先生所特別提到的曼德維即其中之一人。於是英國思想史上便出現了一個對於「奢侈」的觀念進行「非道德化」的運動（"demoralization of luxury"）。這是一個劃時代的思想轉變，現代的研究者甚至用"sea change"（重大而深刻的變化）來形容它。[53]

陸楫反對禁奢的議論在中國政治、經濟思想史上也具有劃時代的意義。其中不少個別的論點和英國十七、八世紀的新思潮也確有可以互相參證之處，雖詳略精粗之間未可同日而語。業師楊先生指出陸楫發現個體與全體當分別論斷，儉德施之於一人一家爲美德，但施之於天下則適得其反。這正是英國新思潮中的一個主要觀念，巴本（Nicholas Barbon）的《貿易論》（*Discourse of Trade*，一六九〇）倡議於前，曼德維則暢發於後。其說大致以「奢侈」在個人是「惡德」（vice），但在整個國家則反爲「美德」（virtue）。富者在衣、食、住三方面的揮霍恰好爲貧者創造就業的機會。曼德維更舉一極端之例：偷竊（theft）自是「惡德」，然而鐵匠製鎖的生意卻因此爲之興旺。陸楫強調奢風先於市易，而不是市易造成奢風。這也與巴本的說法相似，即人的欲望、時尚、好珍奇之心是貿易興起的眞正原因。陸楫又以寧、紹、金、衢等地的尙儉爲其

---

53 可看 Christopher J. Berry, *The Idea of Luxury, A Conceptual and Historical Investigation*（New York：Cambridge University Press, 1994），特別是 Part III, "The Transition to Modernity". "Sea change"一詞見該書頁九八。

致貧之源，並以吳、越之尚奢反證其所以繁盛。巴本和曼德維也都運用這一論證的方式：尚奢的社會，人民都生活得很好，尚儉的社會往往不能贍養其大多數的人口，至於陸楫的主旨在反對政府「禁奢」，而應該「因俗以為治」，則更和英國的主奢論者的意見若合符節了。

但是我們必須避免斷章取義和牽強附會；這是中西思想比較中最易犯的謬誤。陸楫出於中國的傳統，明代也沒有什麼「資本主義萌芽」。因此他在思想上決不可能突然一躍而達到和英國十七、八世紀崇奢論完全相同的境界。他仍相信「天地生財，止有此數」，他反對「禁奢」的目的則在於「均天下之富」，這就表示他僅僅是對中國的傳統進行重要的修改，而不是要澈底推翻它。從這兩點說，他和英國的崇奢論者不但不同，甚至完全相反了。更重要的，英國崇奢論的背後一方面有一整套西方文化和思想系統，另一方面又處於截然不同的政治、社會、經濟的現實之中。換言之，英國崇奢論必須放在整個西方哲學、宗教、社會的脈絡中去求了解，其中一環套一環，牽一髮而動全身。從十七、八世紀的崇奢論發展到蘇格蘭學派的哲學、社會學和經濟學等（如休謨和亞當斯密），其過程極為複雜，牽涉到的問題也無窮無盡。因此我們不可能把陸楫的一言一語，孤立地和英國任何一個思想家的說法，互相比附，而企圖從其中歸納出任何普遍性的歷史概括。上面的幾點比較其實只是為了說明一個簡單的意思，十六世紀中國，主要由於商業的空前發展，許多傳統的（以儒家為主）價值和思想都經歷了重新評估，「奢」也是其中之一。而英國崇奢論的出現和發展也和商業（特別是國際貿易）的興盛有密切的關聯。英國思想家即由此而逐步變傳統爲現代。這是中西歷史上的一種平行現象，確有比較的價值。如果撇開十九世紀中葉以下的歷史不論，專就中國史本身論「傳統」與「現代」的問題，則十六世紀自有其劃時代的意義。至於中國的「現代」何以遲遲不能澈底突破「傳統」的格局，這則是另一問題，不是本文所能討論的。

純從語言上說，中文的「奢侈」，固然可以翻譯成英文的"luxury"，但從文化體系上說，二者的涵意大有廣狹之別，所占的位置和份量也迥不相侔。簡言之，"luxury"在西方思想傳統中的涵蓋面和指涉面遠比「奢侈」在中國爲廣大，資料也豐富得多，因此西方學人以此爲研究對象的專論至多。上引陸楫的議論雖與傳統的觀點極相違異，故爲現代學人所重視。但若把它僅僅看作是一個偶發的孤見，則它實不能和西方"luxury"的觀念作比較。我們只有把它看作是當時整個儒學轉向的一個構成部分，它的歷史意義才能淸楚地顯現出來。就我所知，明淸之際，治生、四民、賈道、理欲、公私、義利等觀念都發生了變化，而陸楫也恰在此時提出關於奢儉的新說，這決不是偶然的。同樣的，西方自十七、八世紀以來，尙奢論投射的影響力也遍及各不同領域中的觀念，如於美德（virtue）、惡德（vice）、公民特質（civic virtue，包括馬基維利以來的virtù）、理性（reason）、情感（passion）、人欲（desire）、公益（public benefits）、私利（private well-being）、自由（liberty）、人性（human nature）、貿易（trade）、財富（wealth）、消費（consumption）等。這也是成套的思想轉向，不能抽出其中任何一項作孤立的處理[54]。嚴格地說，比較思想史的研究首先必須著眼於這兩大體系的整體變化。

現在讓我們再回到陸楫的議論。陸楫這篇文字有一顯著的特色，即完全根據現狀進行分析，而並不引經據典。事實上，他的主張——從社會的觀點反對禁奢——也很難在儒家經典中找到明確的依據。由此可見他對於當時社會有直接而深入的觀察。這一點又和士商混而難分的情勢有關。他的父親陸深（一四七七—一五四四）是有名的詞臣，他自然應該屬於士的階層。但是他的曾祖父則是一個棄儒就賈的成功商人，祖父也「長於理財」，「雞初鳴即起，率家人事生產」[55]。這一家世背景也有助於我們對陸楫此文的理解。他並不是爲商人辯護，不過他的生活和商業世界至少有一部分是重疊的。

陸楫的崇奢論是否曾引起當時和後世的注意？這個問題，傅、楊兩先生都沒有提及。下引的材料爲我們提供了重要的線索。法式善（一七五三—一八一三）《陶廬雜錄》卷五引《推篷寤

---

54 除上舉Berry一書名，並可參看J. G. A. Pocock, *The Machiavellion Moment, Florentine Political Thought and The Atlantic Republican Tradition*（Princeton, NJ：Princeton University Press, 1975），特別是第三部第十三、十四的兩章；John Sekora, *Luxury*：*The Concept in Western Thought, Eden to Smollett* (Baltimore：Johns Hopkins University Press, 1977)；Joyce Appleby, "Consumption in Early Modern Social Thought," in John Brewer and Roy Porter, eds., *Consumption and the World of Goods* (London and New York：Routledge, 1994), pp.162–173.

55 見陸深，〈敕封文林郎翰林院編修先考竹坡府君行實〉，《儼山集》（四庫影印本）卷八一，頁一—六；〈竘松府君碑〉，同上，頁七—一〇。

語》云：

> 今之論治者，率欲禁奢崇儉，以為富民之術。殊不知天地生財，止有此數；彼虧則此盈，彼益則此損。富商大賈、豪家巨室，自侈其宮室車馬飲食衣服之奉，正使以力食人者得以分其利，得以均其不平。孟子所謂通功易事是也。上之人從而禁之，則富者益富，貧者愈貧也。吳俗尚奢，而蘇、杭細民，多易為生。越俗尚儉，而寧、紹、金、衢諸郡小民恆不能自給，半遊食於四方。此可見矣。則知崇儉長久，此特一身一家之計，非長民者因俗為治之道也。予聞諸長者云[56]。

這條筆記毫無疑問是陸楫原文的一個提要。《推篷寤語》的作者是李豫亨，他的另一部書《三事遡眞》有王畿（一四九八——一五八三）的序，則李豫亨當是十六世紀中葉的人，與陸楫（卒於一五五二）並世而略後[57]。《推篷寤語》原書未見，但法式善的轉錄必無大誤。末句說：「予聞諸長者云」，好像是聽前人說的。但細察遣詞用字，則非見陸氏原文不可能寫得成。這只有等將來找到《推篷寤語》原書時才能判定，姑且不論。重要的是這一摘要證實了陸楫的議論當時便有人欣賞，甚至輾轉傳述。法式善在十八世紀末或十九世紀初轉錄《推篷寤語》此條，更可證他也同

56 《陶廬雜錄》（北京：中華書局，一九五九），頁一六一。

57 見《四庫全書總目提要》（上海：商務印書館，萬有文庫本，一九三三），卷一二四，子部三四，雜家類存目一，冊二四，頁五七——五八。

情陸楫的見解[58]。事實上，到了十八世紀，陸楫以奢濟貧的說法已相當流行。顧公燮《消夏閑記摘抄》卷上〈蘇俗奢靡〉條說：

> 蘇郡尚奢靡，……雖蒙聖朝以節儉教天下，大吏三令五申，此風終不可改。而亦正幸其不改也。……即以吾蘇而論，洋貨、皮貨、紬緞、衣飾、金玉、珠寶、參藥諸鋪、戲園、遊船、酒肆、茶店，如山如林，不知幾千萬人。有千萬人之奢華，即有千萬人之生理。若欲變千萬人之奢華，而返於淳，必將使千萬人之生理亦幾于絕。此天地間損益流通，不可轉移之局也。……故聖帝明王從未有以風俗之靡，而定以限制者也[59]。

顧公燮與法式善是同時代的人，未必讀過陸楫的文字，但思路基本上與之相合。所以奢的社會功用在十六世紀被發現以後，也像新義利觀一樣，一直傳衍至十八世紀，未曾中斷。這也是明清儒學轉向的一項清楚的指標。

最後我更要指出，以奢侈維持社會就業在十八世紀下葉已不僅限於儒生之間的議論，而且逐漸影響到地方以至中央的社會政策了。註五十九所引顧公燮對於乾隆三十二年蘇州因荒年禁奢的

---

58 法式善又轉引〈推篷寤語〉中論「富民國之元氣」一條，反對政府對富民一再徵發，不加護惜。這也是明代的流行觀念，與崇奢論在思想上一脈相通。同上，頁一六一—二。

59 《消夏閑記摘抄》序寫於乾隆五十年（一七八五）。引文見《涵芬樓秘笈》第二集，上卷，頁二七。同卷〈荒政權宜〉條也指摘明萬曆時及乾隆三十二年蘇州地方官因荒年禁遊船與戲館，以致造成許多人失業（同上，頁四四）。可見作者的見解是一貫的。

批評，便是政策層面的一種新覺悟。乾隆帝在一七六五（乾隆三〇）年南巡揚州時，曾寫過下面一首詩。詩云：

> 三月煙花古所云，揚州自昔管絃紛。
> 還淳擬欲申明禁，慮礙翻殃謀食群。

詩末自註則說：

> 常謂富商大賈出有餘以補不足，而技藝者流藉以謀食，所益良多。使禁其繁華歌舞，亦誠易事。而豐財者但知自嗇，豈能強取之以贍貧民？且非王道所宜也。化民成俗，言之易而行之難，率皆如此[60]。

這首詩和註十分重要，表示皇帝也懂得了「禁奢」不可行的道理。「化民成俗」從來是儒家的理想，現在連皇帝也不得不承認它是「言之易而行之難」，這正是儒學轉向的一種背景。乾隆帝的公開言論對於地方以至全國性的政策必然發生重要的影響，可以斷言。

---

60 張世浣，《重修揚州府志》（嘉慶十五年，一八一〇），卷三〈巡幸志三〉，頁二。劉翠溶，〈中國人的財富觀念〉引《乾隆吳縣志》也有類似的說法，更可證奢的社會功用在清代的流行。見漢學研究中心編，《中國人的價值觀國際研討會論文集》（一九九二年六月），頁七一二。

四、商人與專制皇權

以上論儒學轉向大體以「棄儒就賈」的長期演變爲背景，現在我想換一個角度，扼要地檢討一下專制皇權與商人階層之間的關係。十六世紀以來，明代專制皇權的最大特色是宦官在皇帝默許甚至慫恿之下廣泛地濫用權力；其結果不但朝廷與士階層互相異化，而且也嚴重地損害了商人階層的權益。

由於商人在社會上的長期活躍以及商業的巨大利潤，皇帝也開始對商人發生了一種羨豔之情。據毛奇齡（一六二三—一七一六）說：

> 寶和六店，宮中儲材物處。……武宗嘗扮商估，與六店貿易，爭忿喧詬。既罷，就宿廊下[61]。

不知道這位風流的正德皇帝（一五〇六—二一）是不是有意仿效漢靈帝（一六八—一八八）扮作商賈與宮女在「客舍」中飲食戲樂的故事。（這是京劇舞台上正德皇帝「遊龍戲鳳」的原型。）無論如何，這幕鬧劇反映了商人在當時的聲勢浩大，以致連皇帝也在遊戲中演出了「棄權就賈」

61 《西河文集》（國學基本叢書本）〈詩話六〉，冊一四，頁二二〇四。按：陳洪謨，《繼世紀聞》（北京：中華書局，一九八五），卷一亦言武宗「開張市肆，貨賣物件」，頁六九。陳洪謨（一四七四—一五五五）是當時人，所言必可信。

的一幕。但明武宗並不僅僅「扮商估」而已，他當眞開起店來了。自正德八年（一五一三）始，他派宦官在京師和許多都市開設「皇店」，以種種方法科歛商人，而貴戚藩王也起而效尤。商人和市民怨聲載道。但這一作法一直沿續到明亡爲止[62]。

萬曆時則開始了騷動全國的礦稅和其他征榷，也都由宦官主持，其爲害之大而深更遠在皇店之上。《明史·宦官傳二》說：「通都大邑皆有稅監，兩淮則有鹽監，廣東則有珠監，或專遣，或兼攝。大璫小監縱橫繹驛，吸髓飲血，以供進奉。大率入公帑者不及什一，而天下蕭然，生靈塗炭矣。」但首當其衝的自然又是商人。

儘管個別的商人對專制皇權的壓迫採取種種不同的方式——如取媚、籠絡、逃避、反抗等，但商人作爲一個社會集體對於專制政府是絕不信任而且深懷恐懼的；他們對於宦官所代表的橫暴皇權更是深惡痛絕。下面讓我各舉一例對此作具體的說明。在明末所謂「商業書」中，下面這三條戒律尤具有典型的意義：

一、是官當敬。官無大小，皆受朝廷一命，權可制人。不可因其秩卑，放肆慢侮。苟或觸犯，雖不能榮我，亦足以辱我。倘受其叱撻，又將何以洗恥哉。凡見長官，須起立引避，蓋嘗爲卑爲降，實吾民之職分也。

62 關於武宗派宦官主持之皇店以及宗室、外戚的王店、私店等對商人階層的榨取和摧害，可參看鄭克晟，《明代政爭探源》（天津古籍出版社，一九八八）第十三章〈明代的官店權貴私店和皇店〉，頁二六七—二八三。

二、倚官勢，官解則傾。　出外經商，或有親友，顯宦當道，依怙其勢，矜肆橫行，屏奪人財，法爲臧否，陰挾以屬，當時雖拱手奉承，心中未必誠服。俟官解任，平昔有別故受譖者，蓄懷疑怨于我，必生成害，是謂務虛名而受實禍矣。……凡作客，當守本分生理，不事干求，雖至厚居官，亦宜自重，謝絕請謁，使彼此受益，德莫大焉。

三、少入公門，毋觀囚罪。　凡到司府州縣巡檢衙門，及水陸途中口岸處所，或見姦婦賊犯異常之事，切不可擠入人叢，進衙門觀看。恐問官疑人打點，漏泄機密，關門撲捉。或強盜受刑不過，妄指在近搪塞，苟遭其害，雖公斷自明，亦受驚駭矣[63]。

由於這幾條反覆出現在晚明的商人手冊中，我們可以斷定當時商人對政府衙門普遍地抱著一種「敬而遠之」的心理。他們不可能完全不和衙門打交道，但一涉公門便難免有不測之禍。這便是上述三條商人戒律的歷史背景。我最近恰好發現了一條碑刻史料，可以爲上引的戒律作證。清順治十二年（一六五五）江南提刑按察使司在上海立〈禁衙蠹乘參訪巧織款案陷害鹽商告示碑〉，

---

63 見李晉德，《客商一覽醒迷》（山西人民出版社，楊正泰校注本，一九九二），頁三九、三二六。按：此書在中國早已失傳，最近才由楊正泰先生從日本山口大學圖書館找到與黃汴《天下水陸路程》崇禎八年合刻本，現已與憺漪子《天下路程圖引》合印出版。此三條中，第一（「是官當敬」）與第三條（「少入公門」）亦見程春宇《士商類要》（天啓六年新安文林閣唐錦池梓行）卷二〈買賣機關〉，頁五九—六〇。第一條又見憺漪子《士商要覽》卷三〈買賣機關〉。（見寺田隆信，《山西商人の研究》，頁三二〇—一所引。）按：憺漪子是明末清初的汪淇，又自署汪象旭，錢塘人。他同時也信奉全眞教。見柳存仁，〈全眞教和小說西遊記〉，收在《和風堂文集》（上海古籍出版社，一九九一）下冊，頁一三二五—六。

碑文引商人汪鳳翔等訴冤之詞有云：

> 自分寄旅孤商，遠挾重資，兢兢自守，猶恐地口自開禍門。至於地棍衙蠹，自分兩途，畏之眞如蛇蝎。無奈商懼取禍，禍自尋商。此輩欺異商爲孤雛，羨鹽務爲奇貨，或不風起浪，或指鹿口作（按：空缺口當是「馬」字，即「指鹿作馬」），干證砌陷之毒，指不勝屈。即如上年訪犯潘文元一案，與汪鳳翔、畢恒泰從無半面，有何干涉？驀然縣差徐邦等踏門，奉憲拿人，一口鎖炙飽欲，始知砌入文元款內被害。彼時欲據實辨明，懼與訪款相左；欲照款登答，實則良心難昧。可憐有限脂膏，奚堪若輩敲剝？究竟脫免，身家無恙，而力存天理之被害，翻爲桃僵李代之虀粉矣。所以異商之苦，朝不保夕，人人自危[64]。

這一段話眞是如泣如訴，說得沉痛之至。這雖是清初之事，但其弊沿自明代，決無可疑。必須指出，鹽商在當時是最有勢力的富商，因此才能得到申雪的機會。至於一般商販在各地受到衙門中人的誣陷和訛詐，恐怕便很難得到〈少入公門〉的戒律中所說的「公斷自明」了。

在晚明宦官擅權之下，商人的遭遇則更爲悲慘。讓我舉一個最著名例子以概其餘。陳繼儒（一五五八—一六三九）〈吳葛將軍碑〉說：

> 萬曆辛丑（一六〇一），內監孫隆私設稅官于江南津渡處。凡米鹽、果薪、雞豚之屬，無

64 見《上海碑刻資料選集》（上海人民出版社，一九八〇），頁四五八。

> 不有稅。參隨黃建節者，憸夫也。隆昵而任之，乃與市儈湯莘、徐成等謀分壟斷焉。吳人罷市，行路皆哭。義士葛成攘臂而起，手執蕉葉扇，一呼而千人響應。時建節方踞葑關稅。一賣瓜者，其始入城也，已稅數瓜矣。歸而易米四升，又稅其一升。泣則反撻之。適成等至，遂共擊建節，斃之。……于是義聲大震，從者益廣。當事聞之驚，謀禦之以兵。獨太守朱公燮元曰：不可。兵以禦外寇者也，吾不能鋤奸，以至召亂。若又擊之，是重其毒也。且衆怒難犯，若之何抱薪救火哉！又率僚屬連騎入市，呼諸百姓而慰之。杖湯莘等而繫之于獄，衆皆悅服。成因請於太守曰：始事者成也。殺人之罪，成願以身當之，幸毋及衆也。遂請就獄。……既入獄，哭泣送之者萬人。其以酒食相饋者，日以千計。辭不獲，悉以散于諸囚。四方商賈之慕義者，醵百金遺之，堅卻不受。曰：我罪人也，焉用諸？皆再拜而退。歸而尸祝之，祠于江淮之間，稱爲將軍而不名，至于今因之。[65]

我之所以詳引這一段碑文是基於以下三個理由：第一、這是對宦官徵商稅的實況的一個最生動的具體描述；其竭澤而漁的手段至賣瓜者的遭遇而令人嘆爲觀止。第二、成千上萬的蘇州商人和市民公開支持葛成（一五六八—一六三〇）所組織的集體抗議。這可以看作商人作爲一個社會集體對於專制皇權的正式表態。更值得注意的是陳繼儒碑文撰於明末，但康熙十二年（一六七三）才

65 見《明清蘇州工商業碑刻集》（江蘇人民出版社，一九八一），頁三八三—四。關於此事的記載很多，可看陳學文〈葛成抗稅史料輯註〉，收在《明清社會經濟史研究》（台北：稻禾出版社，一九九一），頁二一七—二四七。

刻石立於葛成墓祠之前，上距抗議行動（一六〇一）已七十二年，距葛成之卒（一六三〇）也已四十三年。經過了這樣長的時間，而且朝代也已更換，當地的人仍然對這位社會領袖念念不忘，可見蘇州市民包括商人在內確已發展了某種程度的公民意識。第三、碑文也反映了士大夫在政治上對市民和商人階層抱著相當同情的態度。太守朱燮元對這件事的處置便是明證。他能說出「兵以禦外寇」這句話，因而堅持不用武力對付抗議的群衆，即使現代的專制政權對之也大有愧色。碑文作者陳繼儒和文末所提到的文震孟（一五四七—一六三六）和朱國禎（一五五七—一六三二）都是江浙地區最著名的士大夫。（文與朱均曾任內閣大學士。）他們都對葛成的義舉十分欽敬。朱國禎在他的著作中（如《皇明史概》卷四四〈大事記〉及《湧幢小品》卷九〈王、葛仗義〉條）更一再宣揚此事。葛的義聲播於天下後世，頗得力於同時士大夫的稱譽。在這一事件上，我們很清楚地看到士與商的政治聯盟以共同對抗宦官所代表的專制皇權。因為宦官孫隆徵稅的對象是商人，特別是中、下層的商販。葛成的社會身分今已不可考，或許他是當時失業的織工之一，他領導的抗議群衆大概也以失業織工為多。但織工失業是由於機戶（中、小商家）罷織。據官方事後調查報告，「機戶杜門罷織」是因為「每機一張，稅銀三錢。」不但如此，當時「榷網之設，密如秋荼」，以致「吳中之轉販日稀」。碑文中記賣瓜者的遭遇即一實例。換句話說整個以蘇州為中心的市場系統已陷於癱瘓了。所以整個事件象徵了專制皇權和吳中商人階層的一場生死搏鬥。葛成之所以獲得「四方商賈」的普遍愛戴，甚至「歸而尸祝之，祠于江淮之間」，正是因為他的義舉實質上為商人階層爭取了權利。而江南士大夫（包括現任地方官）也因此在暗中對抗議事件多所調護。所以官方報告最後將抗議之事全推在「自食其力之良民」——織工——的身上，使朝廷無從追究。事實上，在成千上萬的抗議民眾中不可能完全沒有中、小商人（如機戶）的參與的[66]。

66《明神宗實錄》卷三六一萬曆二十九年七月丁未條提到太監孫隆和應天巡撫曹時聘的兩個上疏，但可惜孫隆的疏文太簡，不能與曹疏對證。曹疏中屢言「罷市」和「機户罷織」，都是指紡織商人。但涉及「民變」過程，疏文則把責任全推在「織工」頭上，強調他們都是「自食其力之良民」。這顯然是在保護商人。因爲孫隆也有報告，不能預測皇帝最後如何決定。「數千織工」自然無法一一追究責任了，葛成既已挺身而出，整個事件便更容易處理了。見《明實錄》（台北：中央研究院歷史語言所影印本，一九六六），册一一二，頁六七四一—三。

爲了使讀者進一步了解這一次「民變」的背景，讓我徵引《明史·食貨志五》的一段綜述如下：「榷稅之使，自〔萬曆〕二十六年（一五九八）……始。其後高寀於京口，暨祿於儀眞，劉成於浙，李鳳於廣州，陳奉於荆州，馬堂於臨清，陳增於東昌，孫隆於蘇、杭，魯坤於河南，孫朝於山西，丘乘雲於四川，梁永於陝西，李道於湖口，王忠於密雲，張曄於盧溝橋，沈永壽於廣西，或徵市舶，或徵店稅，或專領稅務，或兼領開採，姦民納賄於中官，輒給指揮千户劄，用爲爪牙。水陸行數十里，即樹旗建廠。視商賈懦者肆爲攘奪，沒其全貲。負載行李，亦被搜索。又立土商名目，窮鄉僻塢。米鹽雞豕，皆令輸稅。所至數激民變，帝率庇不問。諸所進稅，或稱遺稅，或稱節省銀，或稱罰贖，或稱額外贏餘。又假買辦、孝順之名，金珠寶玩、貂皮、名馬，雜然奉進，帝以爲能。甚至稅監劉成因災荒請暫寬商稅，中旨仍徵課四萬，其嗜利如此。」（《明史》册七，頁一九七八—九）葛成一案的主角孫隆便是在這種情形下派到蘇州爲織造太監兼管稅務的。其他各宦官摧殘商民也有更甚於孫隆的。見《明史·宦官二》（册二六，頁七八〇六—一三）。《明史》強調神宗「嗜利」，一點也沒有冤枉他。所以我們決不能把皇權的濫用全推在宦官的身上。萬曆四十三年（一六一五）正月户科給事中官應震上言：「二十年來採山榷酤，商困於市，旅愁於途。」（《明神宗實錄》卷五二八，《明實錄》册一一九，頁九九二七）「二十年」舉其成數，正指榷稅使制度開始以後商人的慘況。「商困於市，旅愁於途」八個字道盡了專制皇權對商人階層的踐踏。

上述葛成的倡義事件最能說明晚明士商關係的密切：他們不但在社會背景方面混而難分，而且還在政治上同樣受到以宦官爲代表的專制皇權的高壓，因此互相支援之事往往有之[67]。這是中國史上前所未見的新現象，可見十六世紀社會變動的幅度之大。但士商聯手與專制皇權相對抗畢竟不常見，更重要的則是他們長期在民間開拓社會和文化的空間。舉凡建宗祠、修宗譜、建書院、設義塾、刊行圖書之類的民間事業都是士與商共同爲之，缺一不可。這也爲儒學轉向提供了一個重要的契機。即以明末的商業書而言，其書名常以士商合稱，如《士商類要》、《士商要覽》皆其著例。這是因爲士人出外考試也同樣需要這一類的旅行指南。商業書的作者大都是早年受過儒家基本教育的商人；他們在提供必需的商業知識之外，往往還要加上一些道德的訓誡。就我所見到的商業書而言，如《士商類要》卷二所載〈貿易賦〉、〈經營說〉、〈醒迷論〉、卷四〈立身持己〉、〈養心窮理〉、〈孝順父母〉、〈和睦家族〉等篇，和李晉德《客商一覽醒迷》

67 關於士人支援商人之例，萬曆六年（一五七八）安徽婺源縣生員汪時等十五人爲了支持程任卿反對加派絲絹，「聚黨脅迫官吏，過求申豁，幾於作亂。」最後首事者雖受嚴懲，但皇帝還是答應了當地人民的要求。婺源是徽商的根據地之一，生員中或有出身商人家庭者。見《明神宗實錄》卷七七，《明實錄》册一〇〇，頁一六五四—六。關於商人支援士大夫之例，最著名的是天啓六年（一六二六）蘇州數萬人聚集，保護家居的吏部侍郎周順昌，不讓太監魏忠賢的校尉逮捕他。抗議群衆打死了校尉一人，傷數人。倡亂的五大領袖中，便有四個是「市人」。見《明史》卷二四五〈周順昌傳〉，册二一，頁六三五三—五。此事轟動一時，記載甚多，不能備舉。據最新的研究，五人之中至少有兩個確定是商人，見岸本美緒，〈「五人」像の成立〉，收在小野和子主編，《明末清初の社會と文化》（京都大學人文科學研究所，一九九六），頁五〇三—三四。

都是經商原理和道德訓誡兼而有之。作者從商人的觀點，用通俗的文字，對儒家倫理加以淺近的詮釋，有些地方和明末的善書頗爲相近。這些文字雖然沒有學術思想上的價值，但卻告訴我們儒家的若干核心觀念是怎樣通過商人而流傳民間的[68]。這也是儒學轉向的一個實例。

五、儒學的宗教轉向——以顏山農爲例

最後，我想利用最近發現的資料，稍稍討論一下泰州學派所代表的儒學轉向。儒學自十五、六世紀面對民間社會以後，它便進入自己的軌道，其發展與歸趨往往不是事前所能逆料的。

儒學從政治取向轉爲社會取向，王陽明可以說是創始者。他的「良知說」和「滿街都是聖人」說爲後學開啓了無限的詮釋法門。但這一轉向的完成則必須歸功於王艮的泰州學派。王艮自初謁陽明，受到當頭棒喝，從此便走上不爲「政」而論「學」的一條路。他說：

> 社稷民人固莫非學，但以政爲學最難。吾人莫若且做學而後入政[69]。

---

68 根據商業書如《客商一覽醒迷》等分析商人的儒家倫理，可看夏維中〈從商業書看明清商人倫理及其評價〉一文，《文史研究》（山西文史研究館），一九九四年第一、二期，頁五六—六〇。

69 見《王心齋全集》，收在岡田武彥與荒木見悟主編的《和刻影印近世漢籍叢刊本》（台北：中文出版社、廣文書局印，無影印年代），卷二〈語錄〉，頁四九。

在〈答宗尚恩〉（名部、號丸齋，王艮弟子）的信中，他說得更爲露骨：

古人謂學而後入政，未聞以政爲學。此至當之論。吾丸齋且於師友處試之。若於人民社稷處試，恐不及救也。進修苟未精微，便欲履此九三危地，某所未許[70]。

王艮並非不關心政治，但他深知在君主專制的高峰時代，「入政」徒然陷自身於「危地」，絕不可能實現儒家的政治理想。所謂「且做學而後入政」不過是一句遁辭而已。他論「道」、論「學」則以「百姓日用」爲最後歸宿，這就確立了泰州儒學走向民間社會的一條新路。所以明代儒學轉向的政治背景在泰州一派的發展史上表現得最爲突出。

但以泰州學派而言，顏鈞（山農，一五〇四—九六）則是最具關鍵性的人物。同時代的王世貞（一五二六—九〇）撰〈嘉隆江湖大俠〉已說：「蓋自東越（王陽明）之變爲泰州，猶未至大壞。而泰州之變爲顏山農，則魚餒肉爛，不可復支。」（《弇州史料後集》卷三五）他對顏山農的聚徒講學，甚至有「黃巾五斗之憂。」後來黃宗羲雖不同意王世貞的偏見，但也說：「泰州以後，其人多能赤手以搏龍蛇。傳至顏山農、何心隱一派，遂復非名教所能羈絡矣。」（《明儒學案》卷三二〈泰州學案序〉）王、黃的評論，現代研究者常加引用。但是我們在何心隱、羅汝芳、李贄等泰州門下的著作中並無法證實這樣的看法。其原因即在顏山農的著作久已失傳，我們

70　同上卷五〈尺牘〉，頁一二九—一三〇。

看不到關於他的思想和社會活動的直接史料。最近《顏鈞集》突然出現了，爲泰州學派的研究開一新紀元。從全書來看，王世貞、黃宗羲把他看作是泰州學派史上劃時代的人物確是有根據的，甚至「黃巾五斗之憂」也不是完全沒有道理。本文不能全面研究他的生平和思想，以下僅就顏山農的劃時代性這一點上略作說明[71]。

先師錢賓四先生曾指出：「守仁的良知學，本來可說是一種社會大衆的哲學。但眞落到社會大衆手裡，自然和士大夫階層中不同。單從這一點講，我們卻該認泰州一派爲王學唯一的眞傳[72]。」這是一針見血的論斷。

朱熹、陸九淵的儒學傳授還是以士大夫爲直接的對象，對於社會大衆不免尙隔一層。雖然他們的終極關懷是如何給社會大衆建立一個合理的社會秩序。王陽明才在士大夫之外，同時也直接向社會大衆說教。但陽明本人仍然是士大夫。王艮則出於小商人背景。他的著籍弟子和私淑門人中有樵夫朱恕、陶業匠人韓貞、商人林訥等；還有七十人僅具姓名，不詳里居事蹟，看來至少不全是士大夫階層中人。這才眞是所謂社會大衆[73]。陽明學在泰州一派的手上發生變化，是很自然

71 關於《顏鈞集》的版本及其發現的經過，見黃宣民，〈顏鈞及其「大成仁道」〉，《中國哲學》第十六輯（一九九三年九月），頁三七三—七；《顏山農遺集》選刊，黃宣民〈引言〉，同上，頁六〇三—四。全書現以《顏鈞集》的名稱出版，黃宣民點校（北京：中國社會科學出版社，一九九六）。

72 錢穆，《宋明理學概述》（台北：學生書局，一九七七），頁三二七。

73 見《王心齋全集》附錄〈弟子錄〉，頁一六六—一七一。

的事。

現在我們要追問：王艮既已將儒學傳給了社會大衆，那麼顏山農的特別重要性究在何處？是不是他比王艮更深入民間呢？還是他在儒家思想方面別有創闢，因此更適合社會大衆的需要呢？對這兩個問題，我們都不能無條件地給予肯定的答案。首先，我想我們不能過份強調顏山農的「平民性」。以交遊而言，信仰和支持他的人似乎仍然以士大夫、各級官吏、普通儒生等爲最多。這只要細看他遭難時，捐錢營救者的那一張頗長的名單，便很淸楚了[74]。其次，以思想而言，他的信徒確認爲他開創了新的境界。羅汝芳在爲他鳴冤的〈揭詞〉中說他「辭氣不文，其與人札，三四讀不可句。細味之，則的的能晰孔孟心旨，發先儒之所未發[75]。」以我所讀到的顏山農文字而言，這段話的前半截是完全可信的，他的文字的確還沒有達到「通順」的程度。但後半截則要看我們用什麼尺度去衡量他的思想。如果從陽明學的傳統看，我們很難說他有什麼創新的地方。事實上，他已脫出了理學的範圍。但是如果從民間宗教的觀點說，他在〈道壇志規〉中所宣布的「自立宇宙，不襲今古」則很能表達出他的開創精神。這正是他在泰州學派發展史上能夠成爲劃時代人物的關鍵所在。

就我所見的顏山農有關思想的文字而言，他似乎不能算是思想家或哲學家，因爲他既沒有自

74 見《顏鈞集》，頁四四—四七。
75 同上，頁四四。

覺地發展一套思想系統，也無意將自己的有些想法放進當時理學或心學傳統之中。他的若干重要觀念如「大成仁道」之類基本上來自王艮；他引用經典中片言隻語如《大學》、《中庸》、《易經》之類，則不但望文生義，而且隨意變換，比「六經註我」還要自由。（〈耕樵問答〉篇可爲明證。）所以我認爲研究顏山農，最好不要把他看作是《明儒學案》中的人物。嚴格地說，他的議論如果放進《明儒學案》是很不調和的。但是如果我們認識到他所體現的是一種眞實的宗教生命，他的悟道和證道都是通過宗教的經驗，而他所承擔的主要也是一種救世的使命，那麼他在泰州學派史上劃時代的地位便十分清楚地顯現出來了。

顏山農自出手眼的第一個講學題目「急救心火」，詳說見於〈急救心火榜文〉。這便是十足地說明了他具有「救世」（salvation）宗教精神。儒學當然也一貫地講「明道救世」，但其基本性格是屬於俗世的（secular），即使有宗教的成分，也潛藏在後面。顏山農的「救世」則直接來自宗教的經驗。他受王陽明良知說的啓發而有「七日閉關」的悟道過程，從此形成了他的宗教性格。他在〈七日閉關·開心孔昭〉和〈耕樵問答·七日閉關法〉中詳述其經驗。原文太長，姑引他和門人談話的一段爲證。曾守約記他自敘說：

> 敘及平生事，……乃知先生事親至孝，學由天啓，觸陽明凝神融結之旨，而拳拳服膺。俄自覺堅如石、黑如墨、白氣貫頂而紛然汗下，至七日恍若有得，其所謂「七日來復者」，非歟？《易》曰：「《復》，其見天地之心。」蓋天地之心以《復》而見，而先生學由自

悟，學天啓也，學由心也。先生之志，上通乎天；而先生之學，又不見於此《復》乎？是故《復》以自知，而陽明良知之學，先生得之矣[76]。

如果僅止於此，我們還可以說，這是理學家「靜坐」所同有的經驗。下面引他在〈自傳〉中的一節，則毫無疑問地證實了他的宗教立場。他記嘉靖二十三年（一五四四）甲辰秋和門人羅汝芳（近溪）等在王艮祠堂中聚會的情形說：

秋盡放棹，攜近溪同止安豐場心師祠。先聚祠會半月，洞發心師傳教自得《大學》、《中庸》之止至。上格冥蒼，垂懸大中之象，在北辰圓圈內，甚顯明，甚奇異。鐸（按：顏山農因避萬曆帝之諱，改「鈞」爲「鐸」，即以「木鐸」自許之意）同近溪衆友跪告曰：「上蒼果喜鐸悟通大中學庸之肫靈，乞即大開雲蔽，以快鐸多斐之懇啓。」剛告畢，即從中開作大圈圍，圍外雲靄不開，恰如皎月照應。鐸等縱睹渝兩時，慶樂無涯，叩頭起謝師靈。是夜洞講轔轔徹雞鳴。出看天象，竟泯沒矣。嗣是，翕坂百千餘衆，欣欣信達大中學庸，合發顯比，大半有志欲隨鐸成造[77]。

這段文字有不甚通順之處，也有誤字，但大旨很清楚。從這一關於上天垂象的記述，我們可以認

76 曾守約，〈心跡辨〉，見《顏鈞集》卷九附錄一，頁七九。

77 〈自傳〉，見卷三，頁二五—二六。

識到上一節中所謂「學由天啓」、「上通乎天」的話並不是隨便說說的。顏山農確深信「七日來復」已使他的心和「天心」相通了。現代受過所謂「科學洗禮」或傾向於實證思維的人自然很容易對這一段自述採取「不值一笑」的態度，甚至還可能認爲這是顏山農和他的門徒故意僞造的「神道設教」。但是如果我們對古今的宗教經驗能保持一種同情的了解，則這一文件正是說明顏山農的宗教性格的重要證據。當時「天象」的眞相究如何，今天已無從討論，而且也不重要。重要的是顏山農率領門人跪告上蒼「大開雲蔽」，而居然好像立即得到了「天」的回應。這一「天象」的變化當然可能完全出於偶合，我們也只有置之不論。但問題在於在顏山農的意識中是不是眞誠地相信他的祈禱已使他的「心」和「天心」相通？在事隔四個半世紀的今天，無論我們說它是出於偶合、集體作僞、或眞誠信仰，都已沒有證實或反證的可能。不過我相信顏山農當時不但自以爲看到了某種天象的異變，並且更認定這是他祈禱的效應。我作此斷定的理由有兩個方面。

第一、這是宗教經驗中普遍的現象之一。據詹姆士（William James）的分析，「請願祈禱」（“petitional prayer”）不僅古今常見，而且構成了宗教的靈魂和精義。在一個具有生命力的宗教中，祈禱者往往深信他向上帝（或「上蒼」）的請求收到了實效，人神之間達成了溝通和協議。客觀世界是不是眞的發生了變化在此已不相干，唯一關鍵的所在是祈禱者的內心當下確已起了變化。用詹姆士的話說：「自然界的外貌不需要改變，但其中意義的表現改變了。」（"The outward face of nature need not alter, but the expressions of meaning in it alter."）對於顏山農自述的經驗，我們正應作如是觀[78]。

第二、顏山農在當時獲得羅汝芳和其他許多人的眞誠信仰並不是因爲他在儒學思想上有特殊的造詣，而完全由於他的宗教人格所發揮的感化力量。黃宗羲引羅汝芳的證詞云：

> 山農與相處餘三十年，其心體精微，決難詐飾。不肖敢謂其學直接孔、孟，俟諸後聖，斷斷不惑。（《明儒學案・泰州學案序》）

另一位門人程學顏也說：

> 顏叩面受心領，退省足發，遂申申錯綜曰：「大中學庸，庸中學大」。天下人聞之，皆曰：「此老好怪也。」顏初及門，聽之亦曰：「此老眞怪也。」自燕南旋，忽（按：原書誤作「勿」）迎此老，同舟聯榻不下三旬日，朝夕聽受，感悟隱思，漸次豁如，不覺自釋

78 關於「祈禱」（"prayer"）的討論見 William James, *The Varieties of Religious Experience*（New York：The Modern Library 1929），pp.453－464。引文見 p.463。

其明辨，乃知此老竭力深造，自得貫徹[79]。

羅、程兩人都是因和他朝夕生活在一起才信仰他的教旨的。羅汝芳親炙他的時間最久，故終生敬重他，且挺身而出，證明他「決難詐飾」。程學顏則最初也不信他所謂「大中學庸，庸中學大」的怪說，但一個月的「朝夕聽受」卻改疑為信。這都只有從顏山農的宗教人格方面才能得到解釋。如果說顏山農在一五四四年忽然決定夥同羅汝芳和其他門人一起弄「神道設教」的把戲，以取得號召信徒的效果，那麼整個泰州學派在此後幾十年的發展便不可理解了，除非我們認定顏山農領導的泰州學派從開始便是一個江湖騙子或神棍集團。他的〈自傳〉寫於萬曆壬午（十年，一五八二），相隔已三十八年，而他對當年天象的情況，記憶猶新，尤可見這一種經驗在他心中所留下的深刻印象。此時羅汝芳尚存（羅卒於一五八八），因此我們也不能說顏山農晚年編造天象

79　程學顏〈衍述大學中庸之義〉，見《顏鈞集》卷九，頁七六。從現存《顏鈞集》看，程學顏是羅汝芳以外，顏山農所最為器重的弟子。他的早卒是顏山農最痛惜的一件大事。詳見卷二〈門人程學顏生母貞節得奏受旌序〉（頁十一一一）、卷三〈明堯舜孔孟之道並繫以跋〉（頁一九—二〇）及〈程身道傳〉（頁二二—二三）。程學顏幾乎是他的「顏回」了。我疑心程學顏之「顏」即指「顏鈞」。此三文全用宗教性的語言，尤可玩味。在顏山農的晚年，何心隱似乎並不占重要的地位。《集》中雖提及「梁汝元」之名（見頁二三及二七），但無一字評語。這是一個值得作進一步研究的問題。按：鄒元標（一五五一—一六二四）〈近溪羅先生墓碑〉云：「夫顏（山農）橫離口語，學非有加於先生，而終身事之不衰。」（《願學集》，四庫影印本，卷六上，頁五一）可見同時學人對顏山農學術評價之一斑。鄒元標〈墓碑〉對顏山農有一段很露骨的描寫，蓋譏其喜怒無常，不近人情。可參看。鄒氏與羅汝芳生前頗有過從，並有論學書相往復（卷二，頁七），此碑又應汝芳之孫所請而撰寫，自屬可信。

的故事來神化自己，所以我斷定一五四四年的天象是他生命史上一個重要的宗教經驗，決無可疑。

顏山農的宗教人格在他的教主心態上表現得最爲明顯。他在〈邱隅爐鑄專造性命〉中說：

> 孔子一生精神，獨造大學中庸，晚創杏壇，聚斐居肆，肩承師任，陶冶己心人性。同修晬盎，自適乎左右逢原之身；各善立達，誘掖乎家齊國風仁天下。……叨天降生陽明，引啓良知，直指本心，洞開作人正路；繼出淘東王心齋，自師孔仁，印正陽明之門，晚造大成之止。授傳耕樵，肆力竭才，於七日閉關默識，洞透乎己心（人）性，若決沛江河，幾不可遏，如左右逢原，惟變所適，三年五年，自得孔子師道之法程，翼後《大學》、《中庸》之繩脈。……是故杏壇也，邱隅也，創始自孔子，繼襲爲山農，名雖不同，歲更二千餘年，學教雖各神設，而鎔心鑄仁，實無兩道兩變理也[80]。

這是顏山農的道統系譜，自孔子以下只有二王（有時他也「孔顏」或「孔孟」並提），他自己則老實不客氣以儒門的現任教主自居。孔子、王陽明、王心齋在這個系譜中也都「教主化」了。這是顏山農的眞信仰，所以他在〈自傳〉中記他初見王心齋，得到了《大學》、《中庸》的「心

80 見《顏鈞集》卷四，頁三六。

印」之後，寫信給心齋說：「千古正印，昨日東海傳將來。[81]」從儒學史說，他的道統系譜可謂荒謬絕倫，一無是處。但是如果我們認識到他並不是站在理學傳統之內發言，而是企圖化儒學爲民間宗教，那麼這一系譜便是可以理解的了。他在〈耕樵問答·七日閉關法〉中又說：

人生出世，各各同具有亦孔之昭，潛伏爲腔寰之靈，盡被知識見聞偃埋，名利聲色侵沸，勝若溺水益深、入火益熱矣。所以群類中突出一個人豪住世，自負有極樣高大志氣者，並遭拂逆危挫，人皆不堪其憂苦累累。然日夜自能尋思，何日得一出頭大路，竟步長往以遂志[82]？

這明明是「夫子自道」，大有「天生德于予」的意味；其救世教主的自信力也表露無遺。

我讀他的全集，包括不少詩、歌，差不多全講的是他個人「證道」的宗教經驗。他的一切文字都必須從宗教層面去了解，才能顯出他的特色。若以哲學或文學的眼光讀之，則會使人感到深深的失望。所以我相信他生前能感動許多第一流的學人，全靠這一股深沉的宗教精神。在這個意義上，我特別重視他在八十六歲時（萬曆十七年，一五八九）所寫的〈履歷〉一文。此文或包括九十歲左右的增補，故是晚年一篇最重要的精神自傳。茲引其中一小段以說明他的宗教歷程：

81　同上，卷三，頁二五。他在〈新城會罷過金溪宿疏山游記〉中曾說：「象山先生生於宋，以肇大道而顯山靈。」（頁七）這當然是因爲「陸王」的譜系而愛屋及烏。「程、朱」一系，在他的心中似乎根本不存在。

82　同上，頁六四一—二。

我朝天道中興，陽明喚醒良知，開人心目，功同東日之啓明；繼承心齋，洞發樂學，丕振大成，幾將聚斐爲顯麗。不期二老相繼不壽，不克顯比天下。樵當際會，有緣先立徐師波石之門，隨任住京畿三年，叨獲造就三教活幾，繼入淘東師祖王心齋壇上，規受三月，樂學大成正造，快遂自心，仁神間奥，直任夫子至德要道，以仁天下心，曰：「千古正印，昨日東海傳將來；四方公凭，今朝西江發出去。」如（無）何以別心齋，心齋在床，鼓躍曰：「今日斯道得人如此，天下慶幸，萬世慶幸。」樵農快志，畢力遂行，四十餘年，幾將通乎君相。……叨享天年八十有六，將渝頤百之外，皆可自致自滔滔也。此之謂自緒生平學道履歷，即今營圖結果，雖近溪仙游，農志尚能獨致。敢曰：「不儔宣尼忍自己。」復曰：「不續杏壇肯甘死」也[83]。

這段晚年回憶他繼承道統的經歷，特別添上王艮在病榻上親將「心印」傳授給他的故事，尤値得注意。此時羅汝芳已先逝，只剩下他一個人在獨承傳道、弘道的重任。他的信念依然堅定不移，但是語氣之中卻不免有蒼涼的意味了。儒學在他的手上已轉化爲宗教，這是毫無可疑的。

至於他的講學活動，那便更近於宗教性的傳道了。他講學最喜人多，少則數百，多至數千，〈自傳〉中詳記其事。從〈告天下同志書〉和〈道壇志規〉兩篇文字看，他其實是借「講學」以

83 同上卷四，頁三五。參看黃宣民，〈顏鈞年譜〉，同上，附錄二，頁一五一。

從事於「傳教」的工作。在他所處的時代，他自然未必能清楚地劃分二者之間的界線。但從現代的眼光看，他的基本旨趣在於化儒學爲宗教，則是無法掩飾的[84]。在此我們不能不繼續追問：顏山農「傳教」的對象究竟是誰？就我所見的資料說，他當然也歡迎一般平民來參加講會，但是他首先想吸引的還是中、上層的士人。他曾受輔相徐階之邀，在北京靈濟宮向三百五十名入覲官員會講三日，又與七百名會試舉人「洞講三日」，這兩件事都是他生平的得意之筆。其餘大規模的講會也往往是由地方官安排的，並且聽衆也以鄉試生員或南太學的監生爲主體。（均見〈自傳〉）不但如此，他還對江西巡撫何遷（吉陽）說過：「生平遊江湖，不得官舟，廣聚英材講學

84 黃宣民先生分析顏山農的〈道壇志規〉也看出他「要把道壇變成頗具宗教色彩的社團」，而顏氏本人「似乎不像是儒者而像一個教主」。（見前引文，頁三七一—二）這些看法我完全同意。顏山農的筆下常常在不知不覺中便滑入宗教的語言。他在〈自傳〉中說自己早年「孝行感天，得冗綸筆傳道祖陽明闡揭良知、引掖人心四語。」（《顏鈞集》卷三，頁二三）又在〈履歷〉一文中說：「道祖陽明大倡良知之學。」（卷四，頁三三）稱王陽明爲「道祖」即是用當時的宗教語言，如羅教的創始人羅清（一四四二—一五二七）在顏山農的時代便普遍地被稱爲「羅祖」。見喻松青，〈羅教初探〉，《中國哲學》第二輯（一九八〇年三月），頁二二五—二四〇。酒井忠夫，《中國善書の研究》（東京：弘文堂，一九六〇）列舉了十八個明末宗教結社，十二個教的創教者都稱「祖」。見頁四五六。當然，「祖」的最初來源是禪宗的「祖師」。但顏山農的用法大概受了流行的民間宗教的暗示。

爲恨耳[85]。」這句話清楚地表示出士人是他所最重視的「傳教」的對象。但這只是就「傳教」的程序言，才是如此。至於他的「救世」的對象則自然是社會上各階層、各行業的人。他顯然認爲「士」是最能影響其他社會階層的人；爲了「傳教」於天下，他每先和「多士商兌共事」，汲引他們會「會友」，然後由他們來「引掖四方」，則天下豈有不「觀化」、千古豈有不「式程」者乎？（見〈道壇志規〉）換句話說，他是要廣泛地接引士人，把他們變成他所需要的「傳教士」。這不但流露出他的儒學背景，而且也是社會現實使然。在中國或傳統社會中，「士」雖然號稱「四民之首」，但並不構成一個固定的社會階級，他們在科舉制度之下，或浮或沉。在本篇開始時，我已引了十六世紀人有關「士之成功也十之一」的說法。這就是說，上浮者才十分之一，下沉者竟高達十分之九了。但是，儘管如此，社會上普通的人仍然對「士」保持著一種敬意，認爲他們「讀書明理」，可以爲世人指點信仰上的「迷津」。晚明儒學轉向了，由「上行」的「得君行道」改爲「下行」的「化民成俗」。因此社會上一般人對「士」的期待也相應而提高

85 見賀貽孫，〈顏山農先生傳〉所引，《顏鈞集》卷九附錄一，頁八三。按：賀貽孫是明遺老，又是江西永新人，與顏山農同鄉，時代也很近，引語必有根據。賀貽孫的生平略見《清史稿》卷四八四〈文苑一〉（北京：中華書局標點本，一九七七），冊四四，頁一三三四—五。又據徐樹丕《識小錄》卷二〈講學〉條：「靈濟宮講學莫盛于嘉靖癸丑、甲寅間（一五五三—一五五四），蓋徐階、歐陽德、聶豹等主之。縉紳附之，輒得美官。」（頁二四）顏山農講學靈濟宮，在嘉靖三十五年丙辰（一五五六），正當盛時，宜其引此事爲得意也。徐階任輔相始三十一年壬子（一五五二），終四十一年壬戌（一五六二），次年升任首揆。顏氏自述，年代吻合無間。

了。顏山農化儒學爲宗教而首先重視「士」的階層，其社會和文化的背景便在於此。

但是我們要眞正了解顏山農化儒學爲宗教的歷史意義，便不能不引同時代的不同型的儒學轉向作一簡明的對照。晚明儒學轉向是一普遍的文化現象，但有的走得遠，有的走得近。走得近的可以東林學派的錢啓新、高攀龍等人在無錫組織的同善會爲代表。從高攀龍集中保存的三篇〈同善會講語〉來看，這確是儒家普及化的社會講學，其內容是善書水準的通俗儒學（包括天人感應說），其語言則是純粹口語，即今天所謂「白話」。但是同善會決無宗教氣味，而只能歸類爲地方性的道德兼慈善團體[86]。走得最遠的則是林兆恩（一五一七—九八）在福建莆田所創建的三一教。林兆恩雖比顏山農小十三歲，但是他們的活動期間幾乎完全重疊，正可視之爲處於儒學轉向大潮流下同時代的人。更重要的是林兆恩的「心法」和「三教合一」說都源於王陽明的心學，而且他與陽明的弟子羅洪先和顏山農的弟子何心隱也頗有交往。但他在嘉靖二十五年（一五四六）第四次鄉試落第之後，終於在嘉靖三十年正式創立了三一教。據他自己的解釋，三一教的歸宿處仍是儒，這是一種打通出世間與世間的立場。陽明後學持此立場者不計其數，王畿（龍溪）尤其著者。故李贄稱他爲「三教宗師」。因此我們有充足的理由斷定林兆恩所走的還是化儒學爲宗教

86 見高攀龍，〈同善會序〉，《高子遺書》（四庫影印本）卷九上，頁四三—四。又〈同善會講語〉三條，見同書卷一二，頁三三—三八。參看 Joanna Handlin, "Benevolent Societies: The Reshaping of Charity During the Late Ming and Early Ch'ing," *Journal of Asian Studies*, 46: 2(May 1987), pp. 309-337.

的一條路。只是由於儒家畢竟偏重於世間法，他才不得不把專講出世間法的釋、道兩教搬進來，因爲不如此則宗教的性格終不夠完整。在三一教草創期的十餘年間，林兆恩交往和接引的對象也是中、上層的士人。他甚至還以「習舉子業」爲號召教徒的手段。在這一立教的程序上，他和顏山農是完全一致的。但在萬曆末期（約在一五六三—六六之間），基礎確立之後，他便正式以教主的姿態出現了，而三一教也完全向民間各階層的人開放了[87]。

顏山農恰好處於同善會和三一教之間。他已超過了儒家的民間講學的階段，走上了化儒學爲宗教的道路。也許由於他的背景畢竟是王陽明和王心齋的儒家傳統，雖然他也暢談三教，卻認爲孔子的聖學發展到最高階段即是以「神道設教」；佛教、仙教終不及「尼父之傳」是「坦平之直道」[88]。所以，他主觀上雖已具備了宗教的基本要素，客觀地說，他化儒學爲宗教的工作並未完成，至少在三一教的對比之下是如此。但是他的宗教取向則是毫無可疑的，而且在宗教史上也自

87 關於林兆恩化儒學爲宗教的經過，可看 Judith A. Berling, *The Syncretic Religion of Lin Chao－en*（New York：Columbia University Press, 1980），pp.62-89和林國平，《林兆恩與三一教》（福建人民出版社，一九九二），頁四—一六、三〇—三六、一〇二—一一八。關於何心隱在林兆恩寓中居留時間，林國平先生書中（頁三三）據林兆恩弟子盧文輝《林子本行實錄》定於嘉靖三十八年（一五五九），這是記載的錯誤。據何心隱〈上祁門姚大尹書〉：「及辛酉（嘉靖四十年，一五六一）自此而南……訪於林，其林名號不暇上於書也。……講學於林宅五十四日，即知林之所學非元（按：何心隱本名梁汝元）所學也。」（見《何心隱集》，北京：中華書局，容肇祖整理本，一九六〇，卷四，頁七七。）這是當事人的證詞，自屬可信。

88 見《顏鈞集》卷二，〈論三教〉，頁一五—一六。

成一型態。如果用韋伯（Max Weber）所劃分的宗教類型，我想顏山農可以歸於「先知」（"prophet"）和「倫理教師」（"teacher of ethics"）的混合型；他的宗教組織則是由俗世門徒構成的「同志會」（這是用他自己的名稱，韋伯則稱之爲"congregation of laymen"）[89]。

結語

本篇的主旨在討論明清社會變動與儒學轉向的關係。在社會變動的範疇之中，我僅僅強調了士商合流和專制政治兩個方面，而且對前一方面所論稍詳，對後一方面則僅略舉例以示一二。但這是限於史料和我目前的研究重點而然，並不表示本篇所論已足以概括當時社會變動的主要內容。我所用的「社會變動」也是一個富於彈性的概念。和今天絕大多數的史學研究者一樣，我並不接受所謂「下層基礎」和「上層建築」這種誤導的陳舊二分法。因此社會變動可以來自任何方面，包括社會心理的變化。十六世紀以來的社會變動確爲儒學的轉向提供了契機。但轉向一經開始，儒學便通過各種型態的發展而參與社會變動，如上面提到的顏山農的傳道活動、東林的社會講學、林兆恩的三一教等都成了當時社會變動的一部分。所以這裡並不蘊涵著儒學僅僅是被動地

---

89 見Max Weber, *Economy and Society*, edited by Guenther Roth and Claus Wittich（Berkeley, CA：University of California Press, 1978）, vol. I, pp.444－6；425－7.

適應社會變動的意思。「棄儒就賈」在開始時自然一部分是由於商業發展本身的吸引力，但是大批儒生參加商人的行列之後，儒家的觀念和價值也或多或少對經商方式發生了某些規定的作用

儒學轉向包括了宗教化的途徑，而與釋、道兩教合流，這是一個特別值得注視的現象。從宗教史的角度看，這一現象恰好可以說明十六世紀的社會變動並不限於經濟和政治的領域，而必須擴大到社會心理的方面。但是這已佚出本篇範圍之外，此處只能略綴數語以明儒學的宗教化的歷史背景而已。十六世紀可以說是中國宗教史上一個最有活力的時代。除了上面已提到的王陽明一派的三教合一說之外，佛教的重振也是萬曆一朝的大事。以民間宗教而言，羅教、黃天道、弘陽教、大乘教等都興起於十五世紀末以後。下至十七世紀初年耶穌會教士東來，也取得了不少士大夫的崇信。明末清初又有徽商程智（雲莊，一六〇二—五一）創大成教；其教旨也是三教合一，或從林兆恩那裡轉手而來。程智在江浙一帶信徒很多，所以引起了黃宗羲的注意[90]。宗教活力在這一個多世紀中如此旺盛，而且遍及於社會各階層，這便不能不使我們想到這一突出的宗教現象也許是社會心理長期激盪不安的一種表現。換句話說，晚明以來中國人似乎經歷了一個長期的信仰或精神的危機。由於這個大問題史學家還沒有開始認眞地研究，我的話暫時只能到此爲止。

我之所以提到這一普遍的宗教現象，主要是想說明顏山農化儒學爲宗教的傾向不能僅從儒學

---

90 程雲莊是否與林兆恩有關涉，尚待進一步研究。但此點與本文主旨無關，可不置論。參看酒井忠夫，前引書，頁二八二—五。

內部的發展去求了解。即以外緣影響而言，本篇所討論的士商混合和政治背景也遠不足以解釋儒學爲什麼會和釋、道二教合流，走上宗教化的道路[91]。我們只有把宗教變動也當作社會變動的一個組成部分，然後將顏山農的宗教化運動放在這一更廣闊的視野之中，晚明儒學轉向的歷史意義才能獲得比較完整的理解。

一九九六年一月二十三日初稿，二月十八日農曆除夕增改完稿

一九九七年二月六日農曆除夕第三次改完

---

91 從狹義的社會學觀點說，十六世紀以後宗教活躍與「棄儒入賈」的背景也未嘗沒有共同之處。如林兆恩便因屢試不售，才走上創教的道路。蓮池大師袾宏（一五三五—一六一五）早年也攻舉業，後來決定三十不中鄉試、四十不中會試，則出家爲僧（參看Chün-fang Yü, *The Renewal of Buddhism in China: Chu-hung and Late Ming Synthesis* (New York: Columbia University Press, 1981), pp.11-12. 就是顏山農本人，早年也「習時藝」，但終因「窮年不通一竅」而不得不放棄舉業。（見〈自傳〉，《顏鈞集》卷三，頁二三）所以他後來認爲求「道」只要「甘心有爲，至死不變」便可「自致」，「豈若近代之習文業以求名如登天之難哉！」（同上卷六〈耕樵問答〉，頁五五。）可見在他的心目中科舉中式是多麼渺不可及。這句話正好可以和「士而成功也十之一」之語互相印證。但顏山農並不因此而勸人去「就賈」，卻是勸人去「入教」。我們可以說，十六世紀以下「棄儒入教」和「棄儒就賈」是一種平行現象。我們試看晚明出現那樣大量的「寶卷」，便可推知「棄儒入教」者的人數必定很大。「寶卷」的作者今已無法考證，但其中包括不少「不第秀才」大概是可以斷言的。這個社會學的觀察雖有助於我們對宗教運動的外緣的了解，但整個宗教現象則不能用這種簡單的方法加以處理。

余英時文集5

中國近世宗教倫理與商人精神(增訂版)

2023年1月四版　　　　定價：平裝新臺幣420元
精裝新臺幣650元

著　者　余英時
總策劃　林載爵
總編輯　涂豐恩
副總編輯　陳逸華
封面設計　莊謹銘

出版者　聯經出版事業股份有限公司
地址　新北市汐止區大同路一段369號1樓
叢書主編電話　(02)86925588轉5310
台北聯經書房　台北市新生南路三段94號
電話　(02)23620308
台中辦事處　(04)22312023
台中電子信箱　e-mail:linking2@ms42.hinet.net
郵政劃撥帳戶第0100559-3號
郵撥電話　(02)23620308
印刷者　世和印製企業有限公司
總經銷　聯合發行股份有限公司
發行所　新北市新店區寶橋路235巷6弄6號2F
電話　(02)29178022

總經理　陳芝宇
社長　羅國俊
發行人　林載爵

行政院新聞局出版事業登記證局版臺業字第0130號

本書如有缺頁，破損，倒裝請寄回台北聯經書房更換。
聯經網址 http://www.linkingbooks.com.tw
電子信箱 e-mail:linking@udngroup.com

ISBN 978-957-08-6707-7 (平裝)
ISBN 978-957-08-6708-4 (精裝)

國家圖書館出版品預行編目資料

中國近世宗教倫理與商人精神 / 余英時著．四版．
新北市．聯經．2023.01．340面．14.8×21公分．
ISBN 978-957-08-6707-7（平裝）
ISBN 978-957-08-6708-4（精裝）
[2023年1月四版]

1. CST:思想史 2. CST:宗教倫理 3. CST:中國

112.7 111021602